仕事に関する
9つの嘘

NINE LIES ABOUT WORK《ナインライズ アバウトワーク》

マーカス・バッキンガム
アシュリー・グッドール
櫻井祐子 訳

サンマーク出版

理解できることから始めるようにと教えてくれた、
クリスとグラムに捧ぐ

はじめに

厄介なのは、何かを知らないということではない。たしかに知っていると思い込んでいることが、実はまったくの的外れだということだ。*

――マーク・トウェイン

*皮肉なことに、この名言についてわれわれがたしかに知っている唯一のことは、マーク・トウェインの言葉ではないということだ。トウェインの言葉としてしょっちゅう引用されるが、実は誰の言葉なのか、たしかなことは誰も知らない。だからこの名言は、たしかに知っていると思い込むことの危うさを、二重の意味で戒めてくれる。

僕らが何者なのかを説明しよう。

マーカスはデータオタクだ。個性や業績、やる気といった、数字では表しにくいものを測定する方法を考案することに、たまらない喜びを感じる。

ギャラップ・オーガニゼーションでその仕事に長年携わったあと、働く人たちがベストな仕事ができるよう手助けするためのコーチングとソフトウェアの会社を興し、現在はA

DPリサーチ・インスティテュート（ADPRI）で、人材や業績に関するあらゆる研究を指揮している。アメリカに移住したイギリス人だ。

アシュリーは巨大企業の世界の住人だ。キャリアの初期にはコンサートホールの音響設計を手がけ、その後はデロイトやシスコ〔世界最大のコンピュータ通信機器メーカー〕といった企業の人材活用支援にキャリアを捧げてきた。

斬新なアイデアを、仕事の世界の厄介な現実に照らして徹底検証することに喜びを感じる、実行家タイプだ。現在はシスコの世界各地の拠点で働く14万人の従業員と契約社員のために、この仕事をしている。アメリカに移住したイギリス人だ。

「人事考課」の妥当性はいかほど？

2年ほど前、僕らはハーバード・ビジネス・レビュー（HBR）から、こんな話をもらった。マーカスの信頼性の高いデータの視点と、アシュリーの現実世界のリーダーの視点を組み合わせて、あの人事考課という、誰もが忌み嫌う儀式を行う、最も有効性、信頼性、妥当性の高い方法について記事を書いてみませんかと。

そうして僕らが書いた記事が、従来の慣行をこき下ろし、この分野をあまりに引っかき回したものだから、HBRはまたやってきて、こんな提案をしてくれた。その厳密かつ現実的な視点に立って、今度は仕事の世界全体をテーマに本を書いてみませんかと。僕らは「ぜひ」と答え、そうして書き上げたのが、あなたが手にもっているその本だ。

本書の出発点となったのは、あるパラドックスだ。

なぜ職場で「ホント」のこととして定着している考えや慣行の多くが、働く人々を助けるどころか激しくいらだたせ、疎んじられているのだろう？

たとえば、組織の目標を上から順次各階層に分割して与え、すべての目標を連鎖させることが、仕事での連携を図り、人材を評価するのに最適だとされているのに、なぜ現場で働くわれわれは、毎年恒例の目標設定プロセスを、実際の仕事とはほとんど関係のない、無意味でややこしいだけの手続きと感じているのだろう？

批判的なフィードバックの必要性がこれほど叫ばれているのに、なぜ現実世界では多くの人がそれを敬遠し、自分が受けるよりも誰かに与えることを好むのだろう？

上司は部下の仕事ぶりを正しく評価できると考えられているのに、なぜ現実のチームには完璧な客観性を備えたマネジャーなどいないのだろう？

最高のリーダーは特定の属性を兼ね備えていて、誰もがそれを身につけるよう努力すべきだとされているのに、なぜ現実世界ではそうした属性をすべて持ち合わせたリーダーにお目にかかったことがないのだろう？

やる気のある労働者は全世界で「20％」に満たない

このパラドックスから、本書の核となるアイデアと、対象読者が浮かび上がってきた。アイデアはこうだ。仕事の世界が欠陥の多いシステムやプロセス、ツール、前提で満ちあふれているせいで、われわれは日々の仕事で個性を発揮することができなくなっている。

このことは、職場に関するデータによっても裏づけられている。労働者のやる気、正確にいうとエンゲージメント〔仕事に対するポジティブで充実した心理状態〕は世界全体で低く、**熱意をもって仕事に取り組んでいると答える労働者の割合は20％にも満たない**のだ。*

また経済学者は、1970年代半ばから生産性が伸び悩んでいる原因として、**「かつて生産性を高める効果があった技術進歩や経営戦略が、ことごとく実行に移されてしまい、**

＊付録Aに詳しい調査結果を載せた。

もはや生産性向上に寄与していない」などという始末だ。(1) いい換えれば、現行の慣行はどんなものであれ、もはや大して役に立っていないということになる。

「組織」の管理欲求を満たすための労働

こういった慣行は、あまりにも広まり定着しているために、その本質が見えなくなっている。

そうした慣行のなかには、大企業が守り続けてきた、必要だがいらだたしい慣行もあれば、企業経営者の固い信念から生まれ、残りの従業員に一方的に押しつけられた慣行もある。

そしてこれらの慣行という背景や根拠のもとに、採用から評価、研修、給与、昇進、それに解雇までの、職場で起こるほとんどすべてのことが決定されている。

なのによくよく考えてみると、**ホントとされていることが「実はまったくの的外れ」**だということに気がつく。

こういう慣行を、「誤解」や「虚構」、はたまた「勘違い」と呼ぶこともできるが、まるでわれわれをありのままの世界から遠ざけるために用いられている気さえしてくるから、

「ウソ」と呼ぶことにしよう。

本書では9つのウソを見ていく。そして、「どんな創造活動も破壊活動から始まる」とピカソがいうように、何か強くて優れたものをチームでつくりあげるには、まず一つひとつのウソを破壊し――わずかな事例だけに通用する「ホント」として始まったものが、あらゆる事例に当てはめられるうちに「ウソ」になってしまったことを暴き――それからその陰に隠れた、より普遍的な真実を明らかにする必要がある。

1章から3章では、組織の文化、計画、目標が、なぜこれほど一方的にわれわれに押しつけられているのかを考えてから、全員が力を合わせるためのよりよい方法を教えよう。

4章から7章では、人間の性質の別々の側面を取り上げ、一人ひとりの人間がこれほど明白に、永続的に異なっているなかで、どうしたら自分や周囲の人の力を最大限に伸ばしていけるかを考えよう。

8章では、なぜ仕事と私生活の「バランス」の取れた状態が理想とされるのかを明らかにしてから、まったく違う目標を示そう。

最後の9章では、われわれが「リーダーシップ」というものに抱く畏怖の念について考え、誰かのビジョンに息吹と情熱を吹き込むときに起こることを、新しい観点から見ていこう。

読み進めるうちに、なぜ9つのウソが定着したかがわかってくるだろう。**どのウソも、組織の管理欲求を満たすために定着した**のだ。

大企業はとかく複雑だから、リーダーは強力で自然な本能として、単純さと秩序を求める。とくに、目標に向かって前進しているのだと、自分や利害関係者を納得させる必要があるからだ。

だが**単純さを求める気持ちは、やがて同調を求める気持ちに変わり、この同調圧力が個性を押しつぶすようになる。**いつしか個人の才能や関心は、組織にとって不都合なものと見なされ、人材は本質的に交換可能な部品として扱われる。

「組織人」であるあなたへ

僕らが当初想定していた読者層は、初めてチームを指揮する人だった。輝かしくも厄介な現実世界に向き合い、チームですばらしいことを実現し、ともに偉大なことを成し遂げ、チームメンバーの才能を引き出し、後々まで語り継がれるようなリーダーを目指す人。

チームメンバーを最大限に活かし、個人的な目標をもつ彼らを同じ方向に向かせ、チームを害するようなまちがいを犯さないように見守り、実験と学習の機会を与え、業績を公平に評価し、思いやりに満ちた本物の関係を築き、かつ1人の人間としての彼らを尊重するにはどうしたらいいだろうと思案するリーダー。

こうしたすべてに取り組みながら、9つのウソのせいで——たしかに知っていると思い込んでいるが、実はまったくの的外れなあらゆる考えのせいで——混乱させられ、行き詰まっているリーダーだ。

だが執筆を進めるうちに、頭の中の読者像はどんどん膨らんでいった。

初めてチームリーダーになった人だけでなく、従業員を管理し同質性を強いる組織の(ときには悪意のない)取り組みに不満をもつ、すべての人のために書いているのだと気づいた。

新米リーダーだけでなく、自由な発想で考えるリーダー。

一人ひとりのおかしな個性を、そぎ落とすべき欠点ではなく、複雑だが活用しがいのあるもの、健全でまっとうで成功する組織をつくるために不可欠な素材と見なす世界に生きるリーダー。

独断を拒否し、証拠を求めるリーダー。

一般通念よりも現に存在するパターンを重視するリーダー。

理念よりも発見を信じるリーダー。

そして何より、明日のよりよい世界をつくるには、今日のありのままの世界に勇気と機転をもって立ち向かうしかないことをわきまえているリーダーだ。

また、これからリーダーになるかもしれない人、ひいては組織に属するあらゆる人が本書の読者になり得ると思っている。

僕らはもちろん、あなたを個人的には知らないが、あなたがどんな人で、どんなことを感じ、成功するために何を必要としているのだろうと考え続けた。

本書はあなたのために書かれた。

NINE LIES ABOUT WORK

仕事に関する９つの嘘

目　次

がわかれば人は動く／「共通の目標」があってもまとまらない／ザッカーバーグは「使命」を何度も変えた／「行動」が意味を伝える／「可視化」で理解が一気に進む／「日曜」に開店せず高収益のファストフード店／会社に合う人材が「向こう」から来る／「言葉」そのものは弱い／くり返す姿勢が「メッセージ」になる／敗戦も語り継げば「教訓」になる／「他人の目標」に関わることはお勧めしない

ウソ #4

最高の人材は「オールラウンダー」である

「何でもできる人」vs「これしかできない人」

「神童」のハンデキャップ／メッシはほぼ「左足」しか使わない／「強み」を発揮するとは？／やりたくないと上手にならない／「仕事に喜びを」は軟弱な詩人の妄言か？／人は「これ」を毎日感じたい／突き抜けるほど「評点」が下がる／会社は「モデル」と「細分化」の虜／バーバラを知らずにバーバラを評価している／論理的に考えれば間違うロジック／人には「状態」と「特性」がある／評価基準は「混ぜ物」でできている／根拠のない「能力開発」をやらされる／「凹んだ能力を伸ばす」ことの問題点／どうしても「完璧な人間」を想像してしまう／「最低限必要な資質」はないかもしれない／「普通のパブ」と「すばらしいパブ」を分けるもの／「総合点」が高くなる仕組み／最速・最大の成長には「尖り」が必要／上層部に「個性を尊重」する暇はない／「困難」だから価値があると見なす／失敗は「重要」っぽいだけ／「罪悪感」があるからやってしまう／最も「アドバンテージ」があるところで勝負する／「成果主義」を貫く／教えないと学べない／いるはずの「平均的な人」はなぜいないのか？／「概念」の話を真剣にしている／「個性」を寄せ集めたチームが強い／コンピ

テンシーは「いいスローガン」にはなる

#5《ウソ》 人は「フィードバック」を求めている

年長者たちが広めた怪説

「容赦するな」という一般的な理解／メディアが「意外な秘訣」かのように煽る／何でも「成長の糧」にされる／本当に「フィードバックだらけ」になった会社の顛末／離職率が業界平均の3倍に／「財務報告」に端を発している／脳は「他人の行動と性格」を結びつけたがる／一方、自己採点は「激甘」になる／「つらい経験」が成功をつくるように思える／「いいね」以外押そうとしないFBユーザー／ミレニアル世代は「いいね」もいらない／彼らは何を望んで「投稿」するのか？／人間は「注目」がないと弱くなる／「照明」を明るくしても暗くしても生産性は上がる／「世界最悪のマネジャー」のマニュアル／「肯定的フィードバック」は批判的なそれの30倍いい／人は毎日少しずつ成長する／脳は「狭く、深く」進化する／批判が脳を「機能障害レベル」に落とす／ニューロンは「環境」で成長するかしないか決まる／脳は「ネガティブなこと」に注目する／「指摘」は内容問わずマイナスに働く／「称賛」が能力を確かに向上させる／「優れた行い」は自分ではわからない／意見せず「感想」を伝える／「ノーミス」でもうまくできない／称賛と指摘を「3：1」で行う／人間は「アドバイス」したくなる生き物／「助言」が他人の役に立つことは稀／自分で考えないと成長しない／「相談」を受けたら一緒に考える／「辞めて喜望峰を回ろう」とする部下を説得する方法

ウソ #6

人は「他人」を正しく評価できる

人事評価の疑わしい公平性・妥当性・正確性

資質に「点数」はつけられるのか？／みんなが「バラバラの基準」で採点する／「辞めてもいい人材」とわかりにくく示される／面倒だから「マトリックス」を全員に使う／「4の人が多いから、あなたは3」となる／評価者に「これをしたら○点」リストが配られる／「よく知らない人」の採点が正式になる／「最新ツール」を使っても不正確／一部が優れていると全部がそう見える／評価する人の「独自性」が54％入ってくる／「誰を評価しているのかわからない」ようなスコアになる／「対象者」をよく知らないまま評価する／「曖昧な基準」で余計に自己流になる／「群衆」は1人よりも正しいのか／360度評価は「雄牛の体内の原子数当て」のようなもの／「ビジネス感覚」はまったく信頼できない／多人数で評価すると「ノイズ」が拡大する／誤ったデータで「スター人材」を決めている／「ビッグデータ」は使いようがない／「信頼できる数字」とは何か？／5段階で評価させると、人は「4か5」ばかりを選ぶ／「数字が妥当」とはどういうことか？／統計学者の「前提」でものを見る／「知識労働」の評価はあやしい／自分のこととなると「まとも」になる／「主観的評価」のほうがよっぽど的確／「信頼性がある＝正確」と混同してしまう／「もし○○なら、自分はどうするか」という正しい評価法／「客観性」を求めるとうまくいかない／「お互い」に作用をおよぼし合っている／「評価」されるとがっかりする

ウソ#7

人には「ポテンシャル」がある

「将来性」が今わかると思う不思議

…… 290

「やる気」はあるのに降格を喰らったジョー／「ポテンシャル」は説明ができない／将来性と言いつつ「現状」で判断している／上司は「わからない」まま話を進める／「間引き手段」として企業は重宝する／「存在しようがない人材」が欲しがられている／よくわからないから「仮説」でランク付けされる／「IQ」でさえ、それが何かよくわからない／人間を「人間らしさ」で評価しているようなもの／「えり抜きの人材」を登用して生産性が下がる／ポテンシャルで評価すると「イーロン・マスク」は切られる／「見えない力」はこうして測る／「人となり×実績＝モメンタム」の公式／「冷たくて間違った評価」の逆になる／リーダーは「自分みたいな人」を評価する／「ちゃんと見てくれている」と感じられることがすべて／「キャリア」をフラットに考える

ウソ#8

「ワークライフバランス」が何より大切だ

なぜ、彼らは激務でも幸福なのか？

…… 322

やりがいがあるのに「自殺率」は2倍／「わが子に医療職を勧めない」医師が73％にのぼる／労働の本質は「取引」／「仕事が悪」で「私生活が善」という謎のコンセンサス／「はるか昔の説」がまだ生きている／それは「宇宙」まで説明できたはずだった／達成しても途中で崩れる／科学では「否定」されている／「病人が好きでない」のに仕事を満喫する医師／「一般論」は現実とは異なる／めっ

装丁　小口翔平＋岩永香穂（tobufune）
本文デザイン　荒井雅美（トモエキコウ）
DTP　山中 央
編集協力　株式会社鷗来堂
編集　梅田直希（サンマーク出版）

＊本書文中で「○章」と言及する際は、「ウソ#○」を指す。
〔　　〕は訳注を指す。

ウソ#1 「どの会社」で働くかが大事

パンフレットと現実は大体違う

リサを紹介しよう。リサは企業広報とマーケティングの分野でかれこれ20年以上仕事をしている。僕らは先日リサに会って、これまで何百人もの人にしてきたように、最近仕事でどんなことがあったかを尋ねた。

リサが一度転職してから、また元の会社に戻ったというので、詳しい事情を聞き出そうとした。これが彼女の話だ。

上司の「メッキ」が剥がれた

マーカスとアシュリー：18年も勤めたA社をやめたのは、なぜですか？

リサ：顧客や提携先のために大規模なイベントを企画する仕事から、マーケティングの比重の高い仕事に異動になりました。でもマーケティングでは創造性を発揮できないことがわかったんです。けれど、前の職務にはもう別の人が決まっていたから、行き場がなくなってしまって。イベント関係の仕事をするには、よそに移るしかありませんでした。

僕ら：そこでB社に目を向けたと？

リサ：そうです。それに、これだけ長い間A社にいたんだから、新しいことや新しい環境に飛び込んでみたくって。

僕ら：B社への転職を考えるようになったのは、何が決め手だったんですか？

リサ：ブランドですね、マーケットリーダーと見なされているかどうか。それにイノベーションを頻繁に生み出しているか、新しいことができそうか、職場がどこにあるか、リモートで働けるか、クールかどうか、何かを学んだり、新しいことを試しやすい環境か。大体そんなことを考えていました。

僕ら：それで、どうやってその一つひとつを評価したんですか？

リサ：もちろん、転職活動で受けた面接を通じてですね。でも事前にリサーチもしました――グーグルやグラスドア〔求人情報サイト〕で半年間、会社や仕事について調べたんです。インタビューの準備には2か月かけました。それに、できるだけ多くの人に話を聞くようにも心がけました。

僕ら：最後にどういう結論に達しましたか？

リサ：B社はたぶん、完璧な転職先とまではいかないけれど、十分安心して移れるくらいには調べ尽くしたと。

僕ら：それでB社に転職したんですね。どれだけ勤めましたか？

リサ：**2年です**。

僕ら：A社に18年も勤めたことを考えれば、B社にもっと長くいるつもりだったのでは？

リサ：ええ、当然です。

僕ら：それほど徹底的に調べ上げたのに、なぜ2年しかいなかったのかを説明してもらえますか？　何があったんです？

リサ：何があったかといえば、ある上司に出会ったことですね。もちろん、面接ですでに会っていたし、気になることもあったんですが。**でもメッキが剥がれて本当の姿が見えるにつれ、歯車が狂い始めたんです**。

僕ら：面接で気になったことというのは？

リサ：厳しくて堅苦しくて、ちょっと上下関係にうるさい感じなのかなと。でもきっと気合いが入っているからだろうと思ってました。それは外に向かって見せる顔で、私がチームの一員になったら変わるだろうと。でもそうじゃなかった。

僕ら：それに気づいたのはいつ？

リサ：13日目です。

僕ら：13日目？　それはまた正確ですね。

リサ：手帳に書いたから。B社にいたときの重要な日付は全部書きとめました——本当につらい経験を記録する、私なりの方法だったんです。13日目に上司と担当役員とのミーティングに出たとき、役員からホテルの予約に関する質問が出ました。何の変哲もない質問だと思ったので私が答えると、上司がぎくりとしたのがわかりました。ミーティングが終わったとたん、上司に脇に引っ張っていかれ、怖い顔で釘を刺されました。「うちの会社ではああいうことは重役には知らせないの。次からは勝手に答えたりしないで、私に任せてちょうだい」と。そしてそれ以降、私のやることなすことにいちいち口出ししてくるようになったんです。上司は自分が上役にどう思われているのか、チームをうまく運営していると思われているかどうかを、いつも気にしていました。

僕ら：ほかに手帳に書いた日付はありますか？

リサ：15日目には、2年後の日付に「B社最後の日になるかも」、4年後の日付に「B社最後の日」と書き入れました。

僕ら：確認ですが、転職先のリサーチに何か月もかけたと言いましたよね。それから7回面接を受け、転職がうまくいくかどうかを確かめるために、毎回注意深く準備した質問をして。なのに、たった2週間でやめると決めたうえ、やめる期限まで設けた。そうですね？

リサ：ええ。15日間で、ここには長くいられないとわかったんです。

僕ら：その主な理由が、上司とそのスタイルだったと？

リサ：そうです。それに私の上司だけじゃなかった——ほかのリーダーもいつも何かを恐れて行動しているようでした。

「会社案内」のウソ

僕ら：B社にいたとき、会社の経営理念や信条みたいなものを教わりましたか？

リサ：ええもちろん！　オリエンテーションで配られた、ラミネート加工された紙に書いてありました。とてもワクワクしました！

僕ら：それはどうして？

リサ：読んで「すごい！」と思ったから。とくに心に残ったのが、「異を唱え、そしてコミットしよう」。何かに賛成できないときに声を上げる勇気をもち、でも最終決定を本心から受け入れようというものです。すごくいいことだと思ったし、すばらしい環境になると確信しました。でも実際に働き始めてわかったんです——**なんだ、ほんとのことじゃなかったって**。おまけにそれを悪用する人もいましたから。

僕ら：悪用？

リサ：はい。信条を盾に、悪い行いを正当化するわけです。反対を封じるために、「腹を括《くく》ってこの方向に進もう」と命じる。信条が本来意図していることの正反対ですね。

僕ら：ああ、なるほど。それで、かなり早くにA社に戻る方法を探そうと決めたんですね。

リサ：はい。

僕ら：B社での経験を踏まえて、次の職務で何か重視したことはありますか？

リサ：3つあります――文化、リーダーシップ、自分の仕事。

僕ら：文化とはどういう意味の？

リサ：行動原則です。家訓みたいなものと考えています――うちではこういうふうに行動し、こういうふうに人に接するという。

僕ら：A社の文化をひとことでいうと、どうなりますか？

リサ：個性を尊重する、協調的、思いやりがある、寛容、信頼できる、公平、協力的……。それに上級幹部がよい人たちで、高い倫理観をもって会社を導いている。

僕ら：あなたの経験では、それはA社全体にいえることですか？

リサ：私はラッキーなんだと思います――私が働いたチームはそうでしたから。でもあまり運がよくなくて、こういう経験をしなかった人たちのことも知っています。

僕ら：なぜだと思いますか？

リサ：そうですね、チームリーダーが会社の文化を本気で信じているかどうかによるんじゃないかしら――文化を自分のものにしているかどうか。そういうチームリーダーの下で働ければ運がいいし、そうでなければ残念なことになりますね。

「働きがいランキング」ではよくわからない

ある会社で働くことがどういうことかを、外から見て理解するのはとても難しい。

職探しをする人は、リサのようにまずネットで――たとえば、従業員が自社を評価するクチコミ求人情報サイトを使って――リサーチをしたり、友人に勤務先のことを聞き回ったりするかもしれない。リクルーターに会うのもいいが、まだ転職するとはっきり決めていない場合はちょっと面倒だ。会社を取り上げた記事もいろいろあるが、文化よりはプロダクトや戦略に焦点を合わせるものが多いから、期待外れなこともあるだろう。

何を見聞きしても、「それは会社の実状を本当にとらえているのだろうか」「内部事情を的確に伝えているのか」と不安になる。

客観的な幅広い情報を求めて、『フォーチュン』誌の年間ランキング「働きがいのある会社ベスト100」を読む人もいるだろう。

ランキングが発表される毎年の1月号は、年間で最も売れ行きがいい号の1つになっている。

このランキングは、従業員による匿名評価（「信頼性指数」と呼ばれる）のほか、各社が提出する人材投資や給与、福利厚生などに関する情報（「職場文化の審査」）をもとにしている。同誌の編集者と、調査を実施するGPTW社のアナリストがこれらを総合的に判断して、その年の最も働きがいのある会社のランキングを作成し、各社の提供する様々な従業員特典の説明と、現従業員の簡単なコメントを合わせて掲載している。

2018年のトップ6社は上から順に、セールスフォース（IT）、ウェグマンズ（スーパーマーケット）、アルティメット・ソフトウェア、ボストン・コンサルティング・グループ、エドワード・ジョーンズ（金融・保険）、キンプトン・ホテルズ。

ランクインの決め手は、実際的な要因（従業員紹介報酬、繁忙期にスターバックスのギフトカードを支給する、社内託児所など）から、崇高な要因（数百万ドル相当の再生食材をお腹を空かせた人たちに提供する、環境に優しいオフィス、社内人材の優先登用など）、はたまた風変わりな要因（セールスフォースにはハワイ語で「家族」を意味するオハナをテーマとするフロアがある、キンプトン・ホテルズは新入社員にそれぞれのお気に入りスナックの入ったウェルカムケア・パッケージを提供する）まで、様々だった。

真剣に職探しをしている人は、『フォーチュン』のリストから特定の会社の情報を得ようとする。

同僚になるのはどういう人たちだろう？　自分はどういう扱いを受けるだろう？　職場での典型的な1日はどんな感じか？　仕事は興味深く、やりがいがあり、有意義だろうか？　従業員を本当に大切にする会社なのか？　応募、面接、条件交渉の長いプロセスを経てようやく職を得たあとも、会社は自分と同じくらいの熱意を、自分と自分のキャリアにかけてくれるだろうか？

勤め先で「人となり」を推しはかる

このリストは、正確には企業の何を測っているのだろう？

企業側が提供する情報やプレスリリース、『フォーチュン』によるランクインした企業の紹介文などを読んで行き着く答えは、**「文化」**だ。

セールスフォースには「家族の文化」があり、オハナのフロアが設けられている。ウェグマンズには「『食品を通じて健康的でしあわせな生活を』という使命にもとづく文化」があるし、キンプトン・ホテルズには「ありのままを受け入れる文化」がある。

これらの企業は目標とする文化を定め、それを断固として巧みに築き上げてきたからこそ、ランキング入りできたようにも思える。

こういった例から判断すると、「企業文化」とやらはとても重要なようだ。もしかすると企業が何をどのように行うか、従業員に給与をいくら支払うか、果ては現在の株価がいくらかといったこと以上に重要なのかもしれない。「文化は戦略に優る！」だ。

企業文化に関するあまたの文献によれば、文化が重要なのは、次の3つの強力な役割を果たすからだという。

第一に、文化はその会社で働く人のことを教えてくれる。

あなたがパタゴニアの社員なら、サーフィンが好きなはずだ。風光明媚なカリフォルニア州オックスナードで働き、新人研修と称して行われるビーチでの1日がかりのパーティーに参加し、CEOの自伝『社員をサーフィンに行かせよう』を贈られ、最初のミーティングはキャンプファイヤーを囲んで行う。

ゴールドマンサックスの社員なら、サーフィンのことは忘れよう——それより勝つことが好きなはずだ。毎日オーダーメイドのスーツを着るのは、勝ち組だからだ。

デロイトであれ、アップルであれ、あなたがその会社で働くということには何らかの意味があり、その意味があなたの人となりについての何かを伝え、あなたの立ち位置を示し、あなたを差別化し、あなたの仲間の特徴を定めている。

いろんなことを「企業文化」で片づける

第二に、文化はいまや「企業の成功要因」と見なされている。テスラの株価は2017年前半に上昇基調にあったが、それは1年前に手付金を払った人たちが、お待ちかねの電気自動車をとうとう手に入れたからではなかった——まだ車は完成してもいなかった。

株価好調の理由は、**イーロン・マスクが最先端すら目に入らないほど時代の先を行く、クールな文化を生み出したから**だ。

2014年にトヨタが世界全体で約600万台の車をリコールした直接の原因は、シフトレバーの不具合だったが、人々は深読みして、礼儀正しいが勝つためには犠牲も厭《いと》わない、その文化に問題があったのだと分析した。

第三に、文化はいまや「企業が目指す方向性」を示す合い言葉でもある。企業上層部の職務内容はほぼ一夜にして変わり、最近では「実績重視」の文化や「フィードバック」の文化、「イノベーション」の文化といった文化を生み出し、従業員の行動に影響を与える特定の特色を企業にもたせ、指揮する会社の方向性を打ち出すことを求められる。

文化はただ企業の現状を説明するだけでなく、次にどこへ行くかを示す手がかりにもなっていると見える。(1)

「すばらしい取り組み」は別世界の話

チームリーダーであるあなたは、こういったすべてをよく考えるようにと、くり返し教えられる。会社の文化を体現し、文化の規範に沿ったチームをつくる責任は、チームリーダーにあるのだと。

文化になじむ候補者だけを採用し、文化を身につけているかいないかで「ハイポテンシャル人材」を見きわめ、文化に合ったミーティングを運営し、社外イベントではおそろいのTシャツを着て社歌を歌うようにと、指示されるかもしれない。

あなたは忠実に従っているが、あるときふと、自分の仕事はいったい何なのだろうと疑問をもち始める。『フォーチュン』のリストを読み返してみると、驚いたことに自社について書かれたことのうち、**自分の裁量でできることはほとんど何もない**のだ。

「社内託児所を設ける」「勤務時間の20％を従業員のやりたいことに取り組ませる」「新規採用者を紹介した従業員に多額の報酬を与える」「社屋の屋根にソーラーパネルを設置する」といったことは、どれも称賛すべき取り組みだが、どれ1つとしてあなたの力のおよぶことではない。

それはほかの人たち――執行委員会や理事会――がやると決めたことで、それを立派だと思おうが、自社の世界への貢献を誇りに思おうが、あなたはそれをどうこうする立場にはない。

そういったことは、あなたの実際の仕事世界を構成する日々のプロジェクトや締め切り、進行中の活動ややりとりとはまるで無関係な、どこか遠くで行われていることなのだ。

「あなたの会社で働くのは本当のところどんな感じなのか」と誰かに聞かれたら、ソーラーパネルやカフェテリアのことではなく、実際にあなたがどういう感じで働いているのかを聞かれているとすぐわかる。

仕事がどうやって割り当てられるか、上司がえこひいきしがちか、揉めごとはどういうふうに解決されるのか、本当のミーティングは正式なミーティングが終わってから始まるのか、昇進はどうやって決まるのか、チームの縄張り意識は強いのか、上層部との距離感はどうか、よい知らせと悪い知らせのどちらが早く伝わるのか、成果はちゃんと認識してもらえるのか、業績と政治のどちらが重視されているかといったことを、本音ベースで話すだろう。

仕事が実際にどう行われているかを、現場レベルの視点で話し、この会社で働くことが、実際の仕事の担い手にとってどんな感じなのかを伝えようとするだろう。

入社間もなく会社がどうでもよくなる

こういったことを「文化」と呼ぶのかどうかはわからないし、現場から見た細々としたことを何と呼べばいいのかもわからないが、実際に会社に入った人がどれだけ真剣に働くか、どれだけ長く会社にとどまるかを左右するのが、そうした事細かなことだということを、あなたは実感として知っている。

こういう地に足の着いたことこそが、あなたが本当に関心をもっていることなのだ。

そんなわけで、今一番知りたいのはこれだ——チームメンバーに全力を尽くさせ、彼らをできるだけ長くチームにとどめるには、そうした詳細のうちのどれに一番力を入れて取り組めばいいのだろう？　それさえわかれば最善を尽くすのにと、あなたは考える。

僕らは過去20年間、この問いに答えを出そうとしてきた。これからの数ページで僕らの研究成果を説明し、本書の残りでそれを掘り下げ、最も重要なことに取り組む方法に関する発見やヒントを示していきたい。

それをするために暴かなくてはならない最初のウソは、「どの会社で働くかが大事」というものだ。これをウソと呼ぶのはとても違和感がある。どんな人も自分の働く会社に何らかの思い入れをもっているからだ。

しかし、このまま読み進めるうちにわかってくると思うが、**われわれ一人ひとりにとって本当に大事なものは、最初こそ「会社」として始まるかもしれないが、すぐにまったく別のものに変わる**のだ。

「非公式なところ」で仲間になる

どんな定量調査にも、定性的な分析が欠かせない。

だから僕らは少し前、シスコのポーランドにあるクラクフ支社を訪ね、現地のチームと数時間過ごして話を聞いた。仕事でどんな経験をしているのか、どういうチームなのかを知りたかった。

チームは総勢15人ほどで、顧客サポート業務を行っていた。僕らがまずチームに挙げてもらったのは、頻繁に――毎日、毎週、毎月、毎四半期など――やっていることのなかで、重要だと思われることだ。3人が「ランチ」を挙げた。

「カフェテリアに行く代わりに、いつもランチをもってくるんです」と彼らは話してくれた。外のパティオに食事ができる場所があって、何が起ころうと一緒に昼を食べ、仕事やそれ以外の話をする。「毎日やっているのはそれです」と彼らは言った。

しばらくしてから、15人のチームが働いている場所を見せてもらった。ワークステーションが一列に並ぶ部屋で、各自が垂直の仕切りで分けられたスペースで仕事をしていた。するとランチを一緒に食べているという3人が僕らを脇に引っ張っていき、ワークステーションから1、2メートル離れた、床の目立たない場所を指さして、「ここですよ！」と言った。「いつもここに集まってるんです！」。どういうことなのか聞くと、日中何か話し合うべき事態が生じると、ワークステーションを離れてここで臨時の「寄り合い」を開き、対策を立てるのだという。

ここには現実世界で現実の仕事をする15人のチームがあって、そのなかに、やはり現実世界で現実の仕事をする3人のサブチームがある。3人は毎日一緒にランチを食べ、そして――ランチのおかげかどうかは不明だが――職場の通常の配置をさっと離れて、問題を一緒に解決する方法を編み出しているのだ。

このチーム内の3人チームの「文化」とは何だろう？　大きいほうの15人チームの「文化」とは違うのだろうか？　違うとしたら、どう違うのか？　それはわからない。だがわかっているのは、**3人のミニチームと15人チームのどちらもが、きわめて生産性が高く、やる気に燃えている**ということだ。

カリフォルニア州サンノゼのシスコ本部では、CEOのチャック・ロビンスが熱意ある献身的な労働力を生み出すべく日夜邁進《まいしん》しているが、ポーランドの支社のチームメンバーが日常的に直面する現実は、ロビンスから数千キロ、数階層も離れたところにあり、中央から管理できることには限りがある。

ロビンスにできることといえば、この地域のチームや、世界中のその他の数千、数万というチームのすべてに、チームメンバー一人ひとりの能力を最大限引き出す職場経験を築くよう促すことくらいしかない。

では、ロビンスはどんなことに目配りするよう要請すればいいのだろう？　実際、われわれが仕事で経験することの最も重要な側面とは何だろう？

高業績チームの8つの特徴

この問いに厳密に答えるたった1つの方法は、次の通りだ。

まず2つの集団をつくる。一方には社内の高業績の（高生産性、高イノベーション、高顧客満足度、低自発的離職率、低欠勤日数など、会社や部署で高い業績〔パフォーマンス〕を定義する条件に適う）チームに属する人を集め、もう一方には低業績または平均的な業績のチームに属する人を集める。

次に、チームの実態を知るための質問をする。高業績チームの人たちに山のような質問をし、同じ質問を低・中業績チームの人にもする。そしてそれらの質問のなかから、高業績チームのメンバーだけが「強くそう思う」と答え、低・中業績チームのメンバーがそれ以外の回答をした質問を探す。

ここでやろうとしているのは、実際にそこで働く人たちの目から見た、高業績チームの際立った特徴を見つけることだ。

僕らはここ数年、最高の人材とそれ以外の人材を最も明確に分ける要因に的を絞って、この調査を数多くの企業で何百回とくり返してきた。

もちろん、この種の調査を行うのは、僕らが初めてではない。早くも1990年代末にはギャラップ・オーガニゼーションが**「エンゲージメント」**に関する先駆的な調査を行い、エンゲージメントを高める要因として、最終的に12の条件を特定した。

健全な研究の例に漏れず、僕らも先行研究を土台として研究を進め、最終的に**最も業績**

の高いチームにとくに多く見られる従業員経験の「8つの側面」を特定することができた。

これらの側面と、それらを正確に表現した次の8つの「質問項目」*（高業績チームだけが「強くそう思う」と回答した質問項目。本書中の「エンゲージメント項目」もこれを指す）を使えば、チームの長期的な業績を妥当性をもって予測することができる。

1. 「会社の使命」に貢献したいと心から思っている
2. 仕事で「自分に期待されていること」をはっきりと理解している
3. 所属チームでは「価値観が同じ人」に囲まれている
4. 仕事で「強みを発揮する機会」が毎日ある
5. 私には「チームメイト」がついている
6. 「優れた仕事」をすれば必ず認められると知っている
7. 「会社の未来」に絶大な自信をもっている
8. 仕事でつねに「成長」を促されている

人間は「自分のこと」以外がよくわからない

これらの項目を読んで、すぐに気づいたことがあるだろう。

第一に、回答者はチームリーダーや会社を何かに関して直接評価するのではなく、**自分自身の感覚と経験だけを評価する**。というのも、6章で見ていくように、**人間というものは他人を評価するのがとんでもなく下手**だからだ。誰かに共感力やビジョン、戦略的思考といった抽象的な資質で他人を評価してもらうと、その回答からわかるのは評価対象の人物のことではなく、評価者自身のことなのだ。

第二に、これら8項目は2つの大まかな分類でくくれる。1つ目の分類は、奇数番号の項目だ。

1.「会社の使命」に貢献したいと心から思っている
3. 所属チームでは「価値観が同じ人」に囲まれている
5. 私には「チームメイト」がついている
7.「会社の未来」に絶大な自信をもっている

これらの項目は、チームメンバー同士のやりとりから生まれる経験、いわば仕事での共同経験をつくる要素について尋ねている。われわれはチームまたは会社として、何を共有

＊本書に掲載されたエンゲージメント項目の著作権はADPに帰属する。

しているのか？　これらを**「われわれのベスト」**の項目と呼ぼう。

2つ目の分類は、偶数番号の項目だ。

2．仕事で「自分に期待されていること」をはっきりと理解している
4．仕事で「強みを発揮する機会」が毎日ある
6．「優れた仕事」をすれば必ず認められると知っている
8．仕事でつねに「成長」を促されている

これらの項目は、個人的な仕事経験について尋ねている。私の何がユニークなのだろう？　私の何に価値があるのか？　私は成長を促されていると感じているか？　これらを**「私のベスト」**の項目と呼ぼう。

これら2種類の経験――われわれの経験と私の経験――が、仕事で成功するための必要条件である。

これらは具体的で、信頼性をもって測定することができる。また、個人的で、ローカルな個人の経験とローカルな集団の経験とが織り合わさったものを明らかにしている。それに、これらは日常的でもある。

ポーランドのミニチームの例でいえば、そのチームの「文化」が何であるかはわからなくても、毎日一緒にランチを食べ、寄り合っていることが、「自分はチームメンバーに支えられている」「卓越性について同じ考え方をしている」「ベストな仕事をするよう頻繁に求められている」「お互いがよい仕事をしたときに認め合っている」といった感覚に何らかの影響をおよぼしている。

これら8項目は、仕事での卓越性を測定する簡単な方法であるとともに、チームリーダーのあなたの力がおよぶことなのだ。

2つの「真逆」に思える欲求がある

また、**最高のチームリーダーを凡庸なチームリーダーから際立たせているものは、チームメンバーがもっているこれら2種類の欲求を満たすことができる能力**だということが、チームとチームリーダーに関する20年以上の研究からわかっている。

チームメンバーがリーダーのあなたに望むのは、第一に、自分たちが何か大きなものの一部だと感じさせてほしい、ともに取り組んでいる仕事が重要で意味あるものだと示してほしいということ。

第二に、チームリーダーが自分たちの個性を認識するようなかたちで、自分たちのことを理解し、共感し、気にかけてくれていると感じたいということだ。

「みんな一緒」という普遍性を感じさせると同時に、個性を認めてほしい。全員が共有するものを拡大して見せるとともに、一人ひとりの特別なところを高みに押し上げてほしいということだ。

チームリーダーとして卓越する人は、これらまったく異なる2つの人間的な欲求をうまく一体化させた人である。

本書ではこれから、最高のリーダーが正確にどうやってこれを行っているかを見ていこう——何に注目しているのか、周囲の人々とどのように関わっているのかといったことだ。またその一方で、8項目を掘り下げ、仕事で教えられるウソが、これらの最も重要な8つの側面からわれわれを激しく遠ざけていることを説明しよう。

他社より「自社」の人と意見が合わない

だが、1つ目のウソ、「どの会社で働くかが大事」についてはどうなのか？

ここまで見てきた通り、これら8項目を使えば、仕事経験の最も重要な側面——平たくいえば、仕事上の業績や自発的離職率、欠勤日数、仕事中の事故などに決定的に大きな影響を与える側面――を非常に正確に測定できる。

もしも仕事経験の大部分が、どの会社で働くかによっておおむね決まるのなら、8項目に対する回答は、同じ会社内のすべてのチームのすべてのメンバーでおおむね同じになるはずだ。ある会社での日々の仕事経験はほぼ一貫しているはずだから、チームごとのばらつきはないはずだ。*

ところがそうではない――実際、そんなことは決してない。ばらつき具合を示す統計的尺度に、データの取る範囲を表す「レンジ」があるが、**会社間のレンジよりも会社内のレンジのほうがつねに大きい**。仕事経験のばらつきは、異なる会社間よりも同じ会社内でのほうが大きいのだ。

具体的に見てみよう。質問項目の2番目「仕事で『自分に期待されていること』をはっきりと理解している」に対する、シスコの5983のチームの回答をグラフに示した（図1-1）。

いっておくが、これはごく基本的な質問だ。事業組織にいたことがある人なら、戦略や

＊より正確にいえば、チーム内のばらつきは会社全体のばらつきと同じになるはずだ。

計画、テーマ、重要イニシアティブ、経営上の必須課題といったことに関する話し合いに多大な労力が費やされていることを知っているだろう。

シスコでも同じだ。だがそれほどの骨折りにもかかわらず、シスコの約6000のチームは、自分たちに期待されていることへの感じ方が大きく異なっていた。またこうしたばらつきは、僕らが調査したすべての企業のすべてのチームに見られた。

そして次が、質問項目の7番目、「『会社の未来』に絶大な自信をもっている」に対するミッション・ヘルス社の1002チームの回答だ（図1-2）。

もしも会社内より会社間の違いが大きそうな項目を1つ選ぶとしたら、この問い以外にはないだろう。なんといっても1つの会社には1つの未来しかなく、その未来は社内のどのチームに属している人にも同じに見えるにちがいない。

なのに、**そうではない**ようなのだ。

この項目への回答は、同じ会社内でも、**どのチームに属しているかによって大きく異なる。所属チームが違えば、未来への自信も違ってくる**のだ。

悪い会社でも「よいチーム」に入ると辞めにくい

8項目のすべてに同様のパターンが見られる。

図1－1　チームに期待されていることの明瞭性

「仕事で『自分に期待されていること』をはっきりと理解している」に対するチームの回答

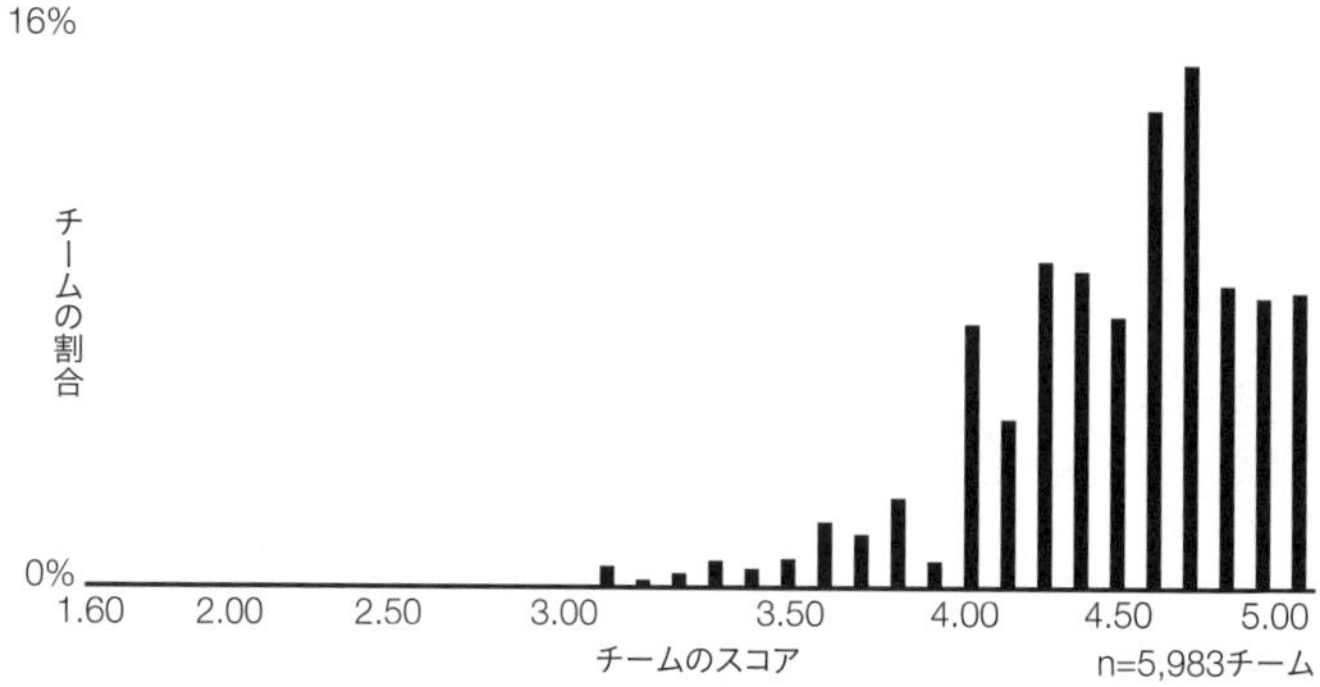

図1－2　会社の未来に対するチームの自信

「『会社の未来』に絶大な自信をもっている」に対するチームの回答

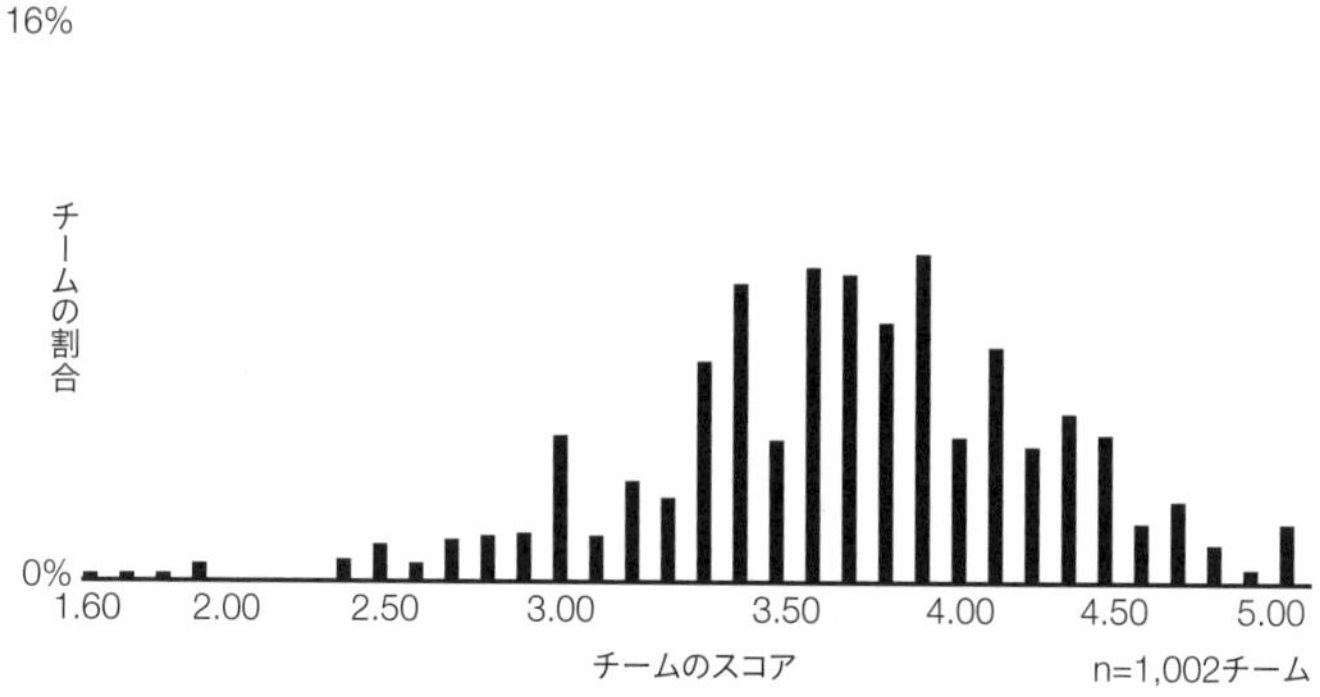

※回答は「強くそう思う」（5点）から「まったくそう思わない」（1点）までの5段階で評価。

いい換えれば、仕事経験の最も重要な側面に焦点を合わせると、**会社間よりもチーム間のばらつきのほうが大きくなる**のだ。

したがって、「人が社内で経験することは一様である」という前提にもとづくどんな考えも――企業文化の概念もそうした考えの1つだ――意味をなさない。「人が社内で経験することは、会社によって違う」という前提にもとづくどんな考えも――企業文化の概念もやはりその1つだ――不完全だ。なぜなら会社間よりも同じ会社内のほうが、経験のばらつきが大きいからだ。

そして「広範な不変の『会社らしさ』が仕事経験をかたちづくる」という前提にもとづくどんな考えも――企業文化の概念もやはりその1つだ――まったくの誤りである。むしろ全社的な経験よりも、身近な同僚や、パティオでランチする仲間、オフィスの片隅で寄り合う相手とのやりとりといった、ローカルな経験のほうがずっと大切なのだ。少なくとも、これまでの数多くの研究がそう示している。

それに、もしもどの会社で働くかが一番大事なのだとしたら、会社はチームに優るのだから、ある人がチームで経験することと、その人が会社にとどまろうと選択することの間には、何の関係もないはずだ。

なのにデータを解析すると必ず、**8項目のスコアが低いチームは、メンバーが離職する可能性が非常に高い**という結果が出る。

たとえばシスコでは、**あるチームの8項目のスコアが会社全体の上位50%から下位50%に転落すると、メンバーの離職率は45%上昇**する。

従業員がここで働くのはやめようと決めるとき、その「ここ」とは会社ではなく、チームなのだ。

悪い会社のよいチームに配属された人は、会社にとどまる確率が高いが、よい会社の悪いチームに入れられた人は、長くはとどまらないだろう。

アイルランド生まれのイギリスの思想家・哲学者のエドマンド・バークも、遠い昔の１７９０年にいっている。「社会の中で自分が属する小さな一隊を愛することが、公的な愛情の第一原理（いわば萌芽）なのだ[2]」

同じデータをさらに掘り下げて、パターンやばらつきを詳しく調べると、次の結論に達する――人にとってどの会社に入るかは大事かもしれないが、どの会社で働くかは大事ではない。つまりホントは、**どのチームで働くかが大事**なのだ。

世の中のほぼすべての仕事が「チームワーク」

ADPRIは少し前に、仕事でのエンゲージメントの性質に関する19か国調査を実施した。「エンゲージメントを高める要因とは何か」を調べるのが目的である。調査結果は付録Aに載せたが、とくに参考になりそうなハイライトを3つ紹介しよう。

第一に、**ほぼすべての仕事が、実際のところチームワーク**である。従業員数150名以上の企業では、回答者の82%がチームで仕事をしていて、72%が複数のチームで働いていた。従業員数20名以下の中小企業でも同様で、回答者の68%がチームで仕事をしていると答え、49%が複数のチームで働いていると答えた。これは調査対象国のすべてに当てはまった。

第二に、チームで働く人はエンゲージメントの8項目すべてのスコアが高い傾向にあり、またエンゲージメントとチームを結びつけるこの関係は、複数のチームに所属する人にも見られる。実際、業種にかかわらず、**最もエンゲージメントが高いのは、5つのチームで仕事をする人**である。

第三に、ちょうどリサのように、チームリーダーを信頼していると答えたメンバーは、そうでないメンバーに比べ、高エンゲージメントである確率が12倍高かった。

会社は「社内のチーム数」を知らない

このすべてが、チームリーダーにとってはよい知らせだ。

なぜなら、**部下が仕事で一番重視していることは、リーダーの力のおよぶこと**なのだから。たとえ会社の育児休暇やカフェテリアの質は変えられなくても、あなたはチームメンバーに何を期待しているかを明確に示し、毎日強みを活かせるような職務につけ、優れた仕事をしたらほめ、キャリアを伸ばす手助けをすることもできるし、そうしないこともできる。時間をかけてメンバーと信頼関係を築くこともできるし、そうしないこともできる。日々の仕事で「常時オン」の状態を求められていることを考えれば、すべての項目に気を配るのはもちろん並大抵のことではないが、これをすることはあなたの本来の日常業務なのだ。

悪い知らせは、**あなたの会社がおそらくこれに気づいていない**ということだ。

あなたがメンバーのためにこういった経験を生み出そうと奮闘していても、ほかのリーダーには同じことをする責任が課されないだろう。

どの企業もほぼ例外なくチームの重要性を見過ごしている。実際大半の企業は、社内にいくつチームがあるのか、誰がどのチームに所属しているのかはおろか、最高のチームがどれなのかさえ、どの時点でも把握していない。チームを可視化する機能をもっていないのだ。

データに見せかけた「ホビット」を見ている

それに企業は文化を重視しすぎるせいで、本来チームの経験に対して責任をもつべきチームリーダーからその責任を取り上げ、漠然とした一般論にばかり目を向けさせる。だがこれまで見てきたように、企業文化は均一ではないし、企業文化について何か特徴的なことがあるとしてもそれは測定できないし、従業員調査の合計スコアはばらつきの大きいチームレベルの調査の寄せ集めでしかないし、その寄せ集めが本当に重要なことを覆い隠している。

これまで見てきたように、**偉大な企業をつくろうとするCEOにできるたった1つのことは——といっても大変なことだが——社内の最高のチームに似たチームを、できるだけ**

多くつくることなのだ。

そして残念ながら、企業文化について書かれていることの多くは、データに見せかけた虚構《フィクション》でしかない。鮮烈で、興味深く、魅力的で、ときにはちょっと怖いこともあるが、どれも本当の話ではない。

それはナルニア国や、中つ国《なかつくに》のような――ホビットが会社勤めをしていればの話だが――物語にすぎない。

存在しない「会社の文化」はこうして認知される

職場での最も重要な経験がチーム経験だというのなら、本章の冒頭で見た「××文化」のすべてはどう考えたらいいのだろう？　あれには何の意味もないのだろうか？

歴史家のユヴァル・ノア・ハラリは著書『サピエンス全史』(3)と『ホモ・デウス』(4)で、人類がほかの種に比べて圧倒的な繁栄を遂げることができたのはなぜかと問いかける。よくある説明を検証し、否定したうえで――道具を使い、言語をもち、計画を立て、意識をもつのは人類だけではない――ハラリは「現実」という概念について、考えをめぐらせる。

客観的現実とは知っての通り、われわれの態度や感情とは無関係に存在する現実のことだ。重力を信じるのをやめても、窓から飛び降りれば地面に向かって落下する。

これに対し、主観的現実をつくるのは、まさにわれわれの態度や感情である。歯が痛くて歯医者に行き、どこも悪くないといわれても、やはり歯は痛む。

だがハラリはさらに論を進め、「第三の種類の現実」があると論じる。これは人類だけがもっている現実で、この種の現実こそが、われわれ人類の支配を説明するのだという。誰もが本当だと認めているからというだけの理由で、存在するものごとがある──客観的現実や個人の主観的現実ではなく、**集合的な信念の上に成り立っている現実**だ。

この考えからいくと、たとえばお金が存在するのは、ひとえにその存在を誰もが信じているから、ということになる。そういわれてもあなたは信じないかもしれないが（「お金はただのお金であって、集団的信念体系なんかじゃないだろう？」）ここからが問題だ。

誰もが信じるのをやめると、この種の現実は本当ではなくなるのだ。

この紙切れに10ドルの価値があることを誰もが信じなくなれば、突如としてそれは10ドルの価値をもたなくなる。

それが2016年11月8日の夜にインドで起こったことである。翌日から高額紙幣が法定通貨でなくなると政府が発表すると、**一瞬にしてこれらの紙幣は「誰もが価値があると認めるから価値のあるもの」から、「一部の人が認めないから価値のないもの」に変わっ**

たのだ。

ハラリは、こうした拡張された共同的な現実を**「共同主観的現実」**と呼び、人類が他の種とはまったく異なる偉業を遂げられた理由がここにあると説明する。

この現実のおかげで、われわれは出会うこともない人々と、時空を超えて協調行動を取ることができる。

たとえば国家という共同主観的現実を信じるからこそ、仲間の市民と協力し、資金を集めて記念碑を建てたり、戦争を仕掛けたりすることができる。民主主義という共同主観的現実を信じるからこそ、政府を設置し、その法律に従う。

共同主観的現実こそが、ホモサピエンスの際立った特徴であり、至高のテクノロジーなのだ。

存在しない「会社」はこうして形を与えられる

仕事の世界での共同主観的現実とは何だろう？

1つはもちろん、「企業」という概念だ。**企業は触れることもできず、法律（これも別の共同主観的現実だ）の領域にしか存在せず、誰もがその存在を認めることをやめれば存**

在しなくなる。

上場企業の時価総額も当然、この一例だ。企業のブランドやブランド価値、銀行預金の残高もそうだ。

こうしたすべては、大勢の人を組織して複雑で持続的な目標を達成するうえで役立つし、必要不可欠といっていい。これらや、仕事の世界のほかの多くの共同主観的現実がなければ、発明されて以来「企業」が生み出してきたものは、何一つとして存在していないだろう。

とはいえ企業は、重力や歯痛が本物だというのと同じ意味で本物ではないし、職場の人たちやあなたのチームが本物だというのと同じ意味でも本物ではない。

また企業という概念がこの意味で本物でないのと同様、「企業文化」の概念も本物ではない。**それは役に立つ虚構だ**。本物でないからといって、用いるのを控えるべきだというのではない。ただ、別のものと混同しないように気をつけるべきだということだ。

文化はわれわれを世界の中に位置づけてくれる。文化は物語でできていて、われわれはそれを共有することによって、「企業」という空っぽの容れ物に命を吹き込むことができる。

だが、ここが問題なのだが、物語を求める気持ち、つまり**『集団』としてこの世界を**

理解したい」という欲求が強すぎるせいで、企業とその文化が職場経験のすべてを説明すると思い込んでしまうのだ。

仲間との一体感が強すぎるせいで、社内のほかの人たちが自分とはまったく違う「仲間経験」をしているとは思いもよらない。実際にはそうしたローカルなチームでの経験が、われわれが会社にとどまるか否かの決定に、文化の物語とは比べものにならないほど大きな影響をおよぼすにもかかわらず、だ。

広報資料に躍る「人を集めるための虚構」

そうはいっても、会社ごとに明らかに違う、これほどまでに重視されているものごとは、いったいどう解釈すればいいのだろう？

パタゴニアは実際にセールスフォースとはまったく違うタイプの新人研修を行っているし、ゴールドマンサックスにはアップルとまったく違う服装規定が実際にある。

こういったものごとは、いったい何なのか？

また現実世界の仕事経験とどう違うのだろう？

違いはこうだ。これらはあなたを会社に引き入れるためにつくられた「記号」である。

あなたはどの会社で働くかは気にかけていなくても、どの会社に入るかは気にかけている。だから**この種の記号は、ある特定の種類の人材が重視しそうなものごとを強調し、そうした人材を引きつけるためにつくられている。**

こういった記号が広報資料にやたらと登場し、各種の会社ランキングで目を引くのは、このためだ——企業が意図的にそうなるよう仕向けているのだ。

このような特典は、いうなればヒト版のクジャクの羽飾りである。羽飾りと同様、注意を引きつけるためにできているから、とてもクールに思える。だからどこかの企業が、勤務時間の「20％」を好きなプロジェクトに充てることを奨励しているとか、社内の人材を優先的に登用しているといった話を読むときは、**「美しい羽飾りの存在目的はほぼあなたを引きつけるためにある」ということと、その魅力が、時間とともに色あせていくことを忘れないでほしい。**

文化の羽飾りと現実世界の最大の違いは、羽飾りがあなたやチームの仕事のやり方に与える影響は、ほんのわずかでしかないということだ。

文化の羽飾りは特定の種類の人材を企業に引き入れるために存在する、共有された虚構である。共有虚構の例に漏れず、われわれがみな信じるのをやめたとたん、それは消えてしまう。

これに対し、チーム経験（お互いとどのようにやりとりをし、どのように力を合わせるか）は、仕事のやり方に大きく長期的な影響をおよぼし、全員がそれを信じる必要もない。それはありのままの現実である。

そして、全員がそれを信じようと信じまいと、また全員がそれを同じように説明できようとできまいと、そうした経験は、チームがどれだけ有効に機能するか、チームメンバーの何人がどれだけ長くチームにとどまる選択をするかに影響を与えるのだ。

「所属チーム」で自分の仕事がはっきりする

何が卓越性をもたらすのかを調べると、そこには吠えない犬*がいる。実際、2匹いる——会社も、文化の羽飾りも、卓越性とはまったく関係がない。

むしろ、卓越性をもたらすのはわれわれのすぐ目の前にあるもの、ポーランドの仲間の

*本来吠えるはずの犬が吠えないということ。ここでは転じて、卓越性の源泉と考えられているものが、実は卓越性とは無関係だという意味。
グレゴリー警部：「ほかに私が注意すべき点はありますか？」
ホームズ：「夜の間の犬の奇妙な行動だな」
グレゴリー警部：「犬は夜の間何もしませんでしたよ」
ホームズ：「そこが奇妙なところなんだよ」
——サー・アーサー・コナン・ドイル『シャーロック・ホームズの回想』収録「銀星号事件」より

すぐ目の前にあったものだ。

肝心なことに、ポーランドの3人組が仕事経験の重要な部分として共有していたのは、「ランチを食べる場所」ではなく、「ランチを食べる仲間」だった。

彼らはシスコという会社を、仲間と一緒にすわるテーブルや、寄り合うオフィスの片隅を提供する存在と考えているかもしれないが、もしもシスコが場所だけを与え、仲間を取り上げたり、仲間とのやりとりの方法を変えてしまったりすれば、彼らの経験は消え去ってしまう。

仲間で寄り合う経験は、彼らにとってはシスコが善意で提供するどんな特典にも優る。**卓越した仕事を調べると、そこには実際に仕事をする人々の集団、すなわちチームがあるのだ。**

だからこそチームは、文化の羽飾りよりずっと重要なのだ。

チームのおかげで、ものごとがわかりやすくなる。どこに集中すべきか、何をすべきかが見えやすくなる。文化には、不思議とそういう働きはない。**抽象的すぎる**のだ。

チームのおかげで、仕事が現実のものになる。仕事内容という点でも、一緒に仕事をする仲間という点でも、チームは日々の仕事をリアルなものにしてくれる。文化にその力はない。

そして矛盾しているようだが、**チームは個人の居場所をつくる**。文化が社員が取るべき行動を示し、統一を図るためにあるのに対し、チームの焦点は正反対のところにある。チームが重視するのは同一性ではない——うまくいっているときのチームは、人を型にはめたりしない。チームはメンバーが共有する何らかの目的を達成するために、一人ひとりの個性を解き放つのだ。

最もよい状態にあるときのチームは、メンバー一人ひとりの独自の貢献を促す。**チームとは、自分一人ではなしえない何かのために、一人ひとりの際立った貢献を活用する、人類史上最高の発明品**なのだ。

「転職」するとき気にかけてほしいこと

リーダーのあなたにやれることは3つある。

第一に、自分のチームメンバーが8項目にどう答えるかをつねに把握しておこう。テクノロジーの助けを借りてもいいが、まずはチームメンバーの一人ひとりに直接聞くのがいいだろう。どんな答えが返ってこようと、答えを知っていたほうがつねに賢明でいられるし、自分がつねに大事なことに目配りしていると安心できる。

第二に、よいチームをつくるにはどうしたらいいか、あなたが出くわすウソがなぜその妨げになるのかをしっかり理解するために、このまま読み進めよう。どんな企業にとっても、チームリーダーの役割が最も重要な役割である。

どんな企業にとっても、誰をチームリーダーに選ぶかが最も重要な決定だ。チームリーダーのあなたは、チーム独自のローカルな経験に、とびぬけて大きな影響を与えられる立場にある。とても重い責任だが、少なくともあなたの力で何とでもなることだ。それを始める手助けをするのが本書である。

そして第三に、今度転職先を探すときには、優れた文化があるかどうかを気にする必要などない。そんなことは誰にも本当にはわからないのだから。

その代わり、**その企業がよいチームをつくるためにどんな努力をしているのかを考えよう**。

ウソ#2 「最高の計画」があれば勝てる

なら、特殊作戦部隊がゲリラに連敗したのはなぜ？

ダニー・オーシャンには計画があった。

「ちょっといいか」と、カール・ライナー演じるソール・ブルームが、映画『オーシャンズ11』の序盤に言う。ジョージ・クルーニー演じるダニー・オーシャンが、厳重に警備されたラスベガスのカジノの金庫破りの計画を説明したあとだ。

「仮にケージの中に入って、セキュリティのドアも無事通過して、面倒なエレベーターも降りて、銃をもった警備員をかわして、開かない金庫の中に入って……仮にすべてがうまくいったとして、1億5000万ドルもの大金をもって、誰にも止められずに逃げおおせるのか？」

沈黙が流れる。オーシャン自身が選び抜いたチームの面々は、どうなるのだろうと不安げに顔を見合わせる。

オーシャンはいったん黙り、それからうなずいて「ああ」と言う。ソールは「おお」と言い、それから「わかった」とだけ言う。その瞬間、観客は知るのだ。オーシャンがその場合の計画も立てていることと、ソールがその計画の存在を知ったこと、**ソールは計画があることを知るだけで満足で、どんな計画かを知る必要もないこと**、そしてそれがよい計画にちがいないことを。

なぜなら、誰でも知っているように、最高の計画があれば勝てるからだ。

「未来予測」が最初の仕事になる

われわれ観客にとってのスリルは、計画の成功を見届けることにある――ライナス・コールドウェル（マット・デイモン）のスリの技で警備員のＩＤカードを盗めるだろうか？　モロイ兄弟（ケイシー・アフレックとスコット・カーン）は小芝居と便利な誕生日の風船で、カジノの監視カメラを妨害できるのか？　オーシャンはテス（ジュリア・ロバーツ）の心を動かせるのか？（答えはすべてイエスだ。そりゃね）
だがちょっと時間をとって、メンバーが感じたスリルを考えてほしい。チームは力を合わせて難しい状況をくぐり抜けようとしていたが、彼らには計画があり、各自が担うべき具体的な役割が決められていた。

各自の役割はきっちり線引きされ、時限が設けられ、順序が決まっていた——たとえばラスティ・ライアン（ブラッド・ピット）がテスに電話をかけるのは、オーシャンがテスのジャケットのポケットに携帯電話を滑り込ませたあとだ。

だから各自が自分の役割をうまくやる方法を学び、それをうまく実行に移せば、一連の手順がまるで数学的アルゴリズムのように一分の狂いもなく進行し、計画は成功し、金をせしめられるはずだと、全員が安心していられる。

もしあなたが最近チームリーダーに抜擢されたばかりなら、最初にやらなくてはならないのは、「計画を立てること」だろう。

たぶんリーダーとして働き始めるより前に、チームに対してどんな計画をもっているのか、具体的にはどんな90日計画をもっているかと、聞かれるだろう。

そこであなたは腰を落ち着けて頭を絞り、（大半が前任者から引き継いだ）チームメンバーについて調べ、それからダニー・オーシャンよろしく、計画を立てることになる。

するとすぐに、自分のチームとオーシャンのチームとの多くの違いの1つに気づくはずだ。オーシャンのチームが単独で行動するのに対し、**あなたのチームは独自の計画をもつ**

ほかの多くのチームと連携しなくてはならない。

実際、自分のチームから目を移して、社内のほかのチームを見回してみると、誰もが必死になって計画を立てていることに気づくだろう。どのチームも計画を立てるか立て直すためのオフサイトへ行こうとしているか、行っている最中か、帰ってきたばかりか、その報告会をしているかのどれかだ。

計画を立てた瞬間「完璧」に思える

何年かやるうちに、この計画にパターンがあり、年々くり返される予測可能なリズムがあることに気づくはずだ。

毎年9月になると、11月の取締役会に先立って上級幹部研修が開かれる。そこではSWOT分析（強み／弱み／機会／脅威分析）を行い、ときには外部コンサルタントが迎えられることもある。

山のような分析、協議、提案、対案を経たのちに、煙突からもくもくと白い煙が上がって「戦略計画」ができあがる。上級幹部らはこれを取締役会に提出し、承認を得てから、直属の部下と共有する。

計画は多くの計画に分割され（部の計画、課の計画、地域別の計画等々）、分割されるたびにますます細かく具体的になり、とうとうあなたも自分のチームをオフサイトに連れて行って、あなた版の計画を立てることになる。

なぜこんなことが行われるかといえば、**「計画こそが重要」**だと信じられているからだ。計画を正しく立て、広範な全社的計画に全チームの計画を組み込むことさえできれば、資源は適切に配分され、各計画の順序と実施時期が適切に指定され、各職務が明確に示され、適切な人材が配置されると、そう確信していられる。この確信を支えに、全力を尽くすようチームを駆り立てさえすれば、成功は必ずついてくるというわけだ。

それに、**「計画策定」には甘美な響きがある。**自分たちは未来を築こうとしていて、この計画を数か月後の未来に向かう足場とし、よりよい世界をつくっていくのだという感覚。**計画の役割とは、構想した世界を実現することと同じくらい、安心を与えることでもあるのかもしれない。**

計画はほぼ「変更」になる

それでも、大規模計画が中規模計画、小規模計画へと分割されるサイクルが毎度おなじみなのと同様、**現実が計画通りに進まないことに気づくのも毎度のこと**だ。

計画を立て始めるときはいつもワクワクするが、計画会議に何度も出るうちに、徒労感が募ってくる。

紙の上では魅力的で、秩序正しく完璧に見える計画だが、現実は絶対こうならないという予感があり、案の定、すぐにまた別の計画会議が開かれる。

この会議では大まかな概要を決め、それを具体的で実行可能な行動に落とし込む手順に合意するが、それを行うための会議が少々延期され、やっと開催されたかと思うと、計画の方向性が少々変更になる。

最終的にあなたのチームで詳細を詰める段になると、新しいアイデアや考えや気づきが生まれ、もとの計画を考え直さなくてはならない。

今日の現実を一言で表すなら**「移ろいやすさ」**――ものごとが変化するスピードだろう。

もしも『オーシャンズ11』が現実の世界で起こっていたなら、オーシャンが計画を立て、完全無欠なチームを選び、各自の役割を決め、それから計画を実行に移し、金庫室に到着し、金庫を開けると……空っぽだったはずだ。

なぜならネバダ州がカジノ施設の規制を改正し、カジノのオーナーが現金からビットコインに切り替え、『フォーチュン』のランキングアップを狙って従業員の福利厚生の改善を図ろうと、地下の金庫室を育児室兼フィットネスセンターに改修してしまったからだ。

現実世界では、金庫室に侵入したはずの『オーシャンズ11』のチームは、午前11時半のホットヨガ講座に乱入する羽目になる。

エリート作戦部隊が「テロの下部組織」に連敗しつづけた

スタンリー・マクリスタル大将は、恐ろしいほど変化の激しい世界に立ち向かうことを迫られ、またあなたとは比べものにならないほど大きなリスクにさらされていた。マクリスタルは著書『チーム・オブ・チームズ』のなかで、米陸軍統合特殊作戦任務部隊（特任部隊）の司令官として、どのようにして計画を立てていたかを説明している(1)。

特任部隊とは、米軍各部門の特殊部隊――陸軍のデルタ・フォースと第75レンジャー連隊、海兵隊のフォース・リーコン（武装偵察部隊）、海軍のネイビー・シールズ（海軍特殊部隊）、空軍のパラレスキュー（空挺救難隊）と戦闘管制班――を動員したチームで、その任務は2003年のアメリカのイラク侵攻後に、これらの部隊を率いてアルカイダのテロ組織と戦うことだった。

マクリスタルは指揮を執り始めてから数か月のうちに、急襲作戦の計画、遂行、状況報告を驚威的なスピードで行う機構、通称「驚異《オーサム》のマシン」を完成させた。

しかし、**それでも戦闘に敗北し続けた**。彼らが戦っていた敵は、指揮系統に頼らずに攻撃を計画し遂行できる、自律的で分散化され敏捷な、テロの下部組織（セル）からなっていた。

マクリスタルの部隊の計画立案者がプロセスをどれだけ最適化しようと、先手を打てるだけのスピードは実現できなかった。情報収集から分析、目標識別、急襲計画、計画実行、事後検討に至るまでの従来型システムを、たとえ光速で走らせたとしても、十分なスピードを得ることは不可能だった。

部隊は新たな攻撃に不意を突かれ、計画を立てた時点で存在した標的を探して、空き家にたどり着くこともしょっちゅうだった。

「近過去」を未来起きると考えてしまう

こんにち、こうしたすさまじいほどの変化はいたるところで見られる。

9月に立てた計画は、11月には陳腐化している。1月に見直そうとする頃には、秋に書き出した職務や実施項目を覚えてもいない。

かつてないほどの速さで出来事や変化が起こっているから、状況を細かく分析し綿密な計画を立てるのは、はかない現在を相手に格闘することに相当する。綿密で詳細な計画を立てるために多大な時間と労力を費やすことが、陳腐化の元凶である。

プランニングと呼ばれるものは、どこへ行くべきかを教えてくれない。今どこにいるか、いや、さっきどこにいたかを理解する助けにすぎない。**われわれが立てているのは未来の計画ではなく、近過去の計画なのだ。**


それに、計画立案者はどこにいるのか？

会社の前線のはるか後方にいて、そもそも計画に必要な現実世界の情報を十分にもっていない。

特定のプロダクトを特定の顧客に販売する計画を、日々販売現場に立ってもいない人たちが、どうして立てられるというのか？　立てられるはずがない。

抽象的状況の概念的理解や動向をまとめた平均化データをもとに、セールスの「理論的モデル」をつくることはできる。

だがセールスでの実際のやりとりの詳細——見込み客がいつ退屈するか、いつ身を乗り出すか、いつ話に割り込んでくるか——に根ざしていないモデルは、何をすべきかを教えるより、**もしこうだったらという仮定を示すにすぎない。**

マクリスタルの課題という観点からいえば、これは一般原則をもとに計画を立てること

（「間違った家を急襲する確率が25％」など）と、きわめて具体的な現実に根ざした計画を立てること（「容疑者がこの特定の家を特定の時刻に出た場合、この特定のターゲットをどうやって攻撃するか」など）の違いに相当する。

残念ながらほとんどの計画、とくに企業の上層部による計画は、後者ではなく前者の方法で立てられている。

自らつくった計画に縛られる

それに、たとえあなたが入念で綿密な計画を立てることができたとしても、きわめて静的で概念的で現実世界の実態とはかけ離れた文脈のなかでやるべきことを指示されたら、部下はいらだたずにはいられない。

オーシャンズの11人は当初、詳細に指定された役割と明確この上ない期待を喜んで受け入れたが、もしも計画で決められた役割を完璧にこなしたあげく、金庫室に現金を発見できなかったらどう思っただろう？

そのうえ、地下にはもう現金はないし、ヨガインストラクターがキレそうになっているし、38度の暑さで覆面と作業服を着用するのはもううんざりだと報告しているのに、それが計画だから、上級幹部が決めたことだからしかたがないといわれ、毎月毎月同じことをやらされ続けたらどうだろう?

あなたの部下は、自分たちが実際にいる世界と関わり、ありのままの状態の世界に接することを望んでいる。

事前に策定した計画に部下を縛りつけるのは、彼らの行動を制限するだけでなく、あなた自身がいかに現実からズレているかをさらけ出すようなものだ。

計画の性質

とはいえ、計画はまったく無用だというわけではない。現実世界で入手可能な全情報を考え抜く場を設け、それをもとに何らかの秩序や理解を組み立てることには、それなりの価値がある。

だが肝に銘じてほしいのは、**それはチームが抱える課題の規模と性質を理解したにすぎないということ**だ。計画を立てても、状況をよりよくするために何をすべきかについては、ほとんど何も学んだことにならない。

解決策は、ありのままの世界の具体的で変わりゆく現実のなかでしか見つけられないのに対し、計画とは必然的に近過去の抽象的理解でしかない。
計画は解決策ではなく、問題を調べ上げるためにある。

そんなわけで、最高の計画があれば勝てるといわれるが、現実はかなり違っている。多くの計画、とくに大企業の立てる計画は、過度に一般化され、すぐに陳腐化し、実行する側にとってはいらだたしい限りだ。

それより、個性的な各チームメンバーの経験にもとづく詳細な情報を大いに活用して、チームの取り組みをリアルタイムで連携させたほうがずっとよい成果が得られる。

「ヒトラー」に勝つには？

1940年末、ヒトラーの軍がヨーロッパ全体を席巻し、フランスの海岸に到達した。ヒトラーのイギリス諸島征服の前に立ちはだかるものは、イギリスの王立空軍（RAF）を残すだけとなった。

RAFは夏の間に運用可能な戦闘機の数を増やしてはいたが、まだ十分ではなかった。当時の防空体制では、次の攻撃がどこから来るかを事前に知ることはできなかったため、防御側――このケースでいうとRAFのスピットファイア戦闘機とハリケーン戦闘機――

が、敵機を探すためにシフトを組んで哨戒《しょうかい》飛行を続けるのが一般的だった。

しかしイギリスの海岸線の長さと、持続的な偵察に必要な戦闘機とパイロットの数を考えると、このアプローチは現実的ではなかった。

唯一可能な代案は、攻撃が来る方向を予測することだったが、予測は外れがちだった――出動した戦闘機の半数が敵機を目撃すれば、迎撃率は「良好」とされた。当時の空中戦の歴史においては、これがあたりまえの状態だった。「爆撃機はいつだろうと防空網を突破する」という言い回しが生まれたのも、このような状況からだ。

祖国を守るためにＲＡＦが必要としたもの、それは限られた数の戦闘機とパイロットの有効性を大幅に高める、**「戦力倍増装置」**である。

彼らが考案した戦力倍増装置は、**「部屋」**だった。

英空軍は勝つために「部屋」をつくった

もしもあなたがその部屋に今立っていたら、こんな情景が見えるだろう。

1つの壁一面に26枚の白い縦長のボードが並べて貼られている。各ボードの最上部には飛行中隊《スクアドロン》の番号が書かれ、その下に4色の電球が数列並んでいる。各電球は、その飛行中

隊に所属する飛行小隊を表している。

各飛行中隊は12機の戦闘機をもち、3機ずつの4飛行小隊に分かれていて、電球を見れば小隊の状態――準備完了、飛行命令、敵機と戦闘中、燃料補給のため帰還中――と滞空時間がひと目でわかるようになっている。

これらのボード（「トートボード」）は、どの戦闘機にどの命令が与えられているかを示すためのもので、26の中隊のそれぞれに所属する4小隊の状態をとらえている――つまり、計１０４の情報ということになる。

トートボードの下に書かれた2つの数字は、その日の初めに各飛行中隊で運用可能だった戦闘機とパイロットの数を示している——各飛行隊につき2つの情報だから、もう52の情報だ。

同じ壁のずっと下方には4枚の表示板が貼られ、4つの防空気球の高度と、その日の天気予報が書かれている。もう5つの情報だ。

壁の中央には変わった見かけの時計がかかっている。文字盤は5分ごとに区切られ、赤、黄、青色の順に塗られている。この時計は、床のほとんどを占める巨大な地図のテーブルと連動している。テーブルにはイギリスの海岸線の一部と英仏海峡、フランスの海岸線の巨大な地図が描かれている。

テーブルを囲むのは、カジノのディーラー用のスティックをもち、ヘッドフォンを着用した数人の女性だ。そしてテーブルの上には、番号が貼られ、別の番号の書かれた旗が爪楊枝ほどの棒で取りつけられた積み木がたくさん置かれている。

100万件の情報が「40秒以内」に伝えられた

これらの積み木の一つひとつは、戦闘機集団——攻撃側、防御側、または未確認航空機——を表している。

戦闘機がフランス上空か海上にいれば、その位置情報はチェーンホームと呼ばれる2種類のレーダーによって探知され、沿岸に配備された40の基地局を中継して届けられる。イギリス本土上空にいれば、全国の1000の監視所に配置された3万人の防空監視隊員からの電話報告によって位置が伝えられる（レーダーシステムは海に向いていたため、本土上空の戦闘機を捕捉できない）。

戦闘機の位置情報と、敵か味方かを判別する第3のシステムからの情報は、テーブルを囲むプロッターと呼ばれる女性たちに伝えられ、プロッターはこれをもとに積み木に数の識別子を貼りつけ、戦闘機の数と高度、味方か敵かを表す指標、敵の場合は迎撃のために出動した飛行中隊を示す指標をつけた爪楊枝の旗を立て、スティックを使って正しい位置に移動させる。これらの数字は、すべて目撃された時間によって、壁の時計の文字盤の色で色分けされているから、ひと目見ただけでどれだけ新しい情報なのかがわかる。

このようにして**地図テーブルには、チェーンホーム・レーダーシステムからの毎分数千件の情報と、敵味方判別システムからの24時間に数千件の情報、加えて防空監視隊からの40秒間に100万件の個別報告が伝えられていた**のだ。

部屋の目的は、これらすべてのデータをリアルタイムで収集し、一覧できるようにして、前線にいるチームメンバー、いわゆるコントローラーが適切な判断を行使して、敵機のいる場所に部隊を派遣できるようにすることにあった。

この部屋（バトル・オブ・ブリテン・バンカー〔地下作戦室〕と呼ばれる）とその設計、イギリス全土に設置された同じ設計の部屋、そのそれぞれに情報を供給する多数の情報システムはまとめて、考案者であるRAF司令官ヒュー・ダウディングの名をとって、「ダウディングシステム」と呼ばれるようになった。

このシステムが戦況を一変させた。**それまでは30〜50%でしかなかった平均迎撃率は、90%、ときには100%にまで高まった。**つまり防御力が2倍以上になったわけで、まさに戦力倍増装置だった。(2)

このシステムは、集約され陳腐化した情報にゆっくりとしか反応できない「計画（プランニング）システム」とは、あらゆる意味でかけ離れていた。最新の未加工の詳細な情報にすばやく対応した。

RAFの戦力倍増装置は**「情報（インテリジェンス）システム」**だったのだ。

ナチス戦では作戦はどうでもよかった

計画システムとはまるで異質な情報システムの性質——広範、迅速に供給され、詳細に提示される正確なリアルタイムデータを、チームメンバーが目で見てパターンに反応し、何をすべきかを自分で判断できる――を理解すると、そうしたシステムがどこにでもあることに気がつく。

「地下作戦室」は、こんにち作戦司令室《ウォールーム》と呼ばれているものの先駆けだった。作戦司令室の名称は、今では文字通りの意味を離れて、より比喩的に使われるようになっている。たとえばビル・クリントンの最初の大統領選の要を担った有名な作戦司令室や、テキサス州ヒューストンのNASAのミッション・コントロール・センター、テレビの生放送の制作室などがその例だ。一般企業でいうと、シスコのセキュリティ業務センターでは、エンジニアが顧客グループのネットワーク全体のパフォーマンスを監視し、ただちに問題に対処できるよう待機している。

これらすべてのシステムに共通するのは、**情報を組織全体にできるだけ速く行き渡らせることにより、迅速できめ細かな「自発的対応」を促している**ことだ。その根底には、「人は賢明だから、目の前の現実世界に関する信頼性のある正確なリアルタイムデータを与えられれば、いつでも賢明な決定を下す」という前提がある。

最高の計画があれば勝てるというのはウソだ。ホントは、**「最高の情報があれば勝てる」**である。

米軍が育てたのは「情報を開示する指揮官」

チームリーダーのあなたが、自分のチームの情報システムをつくるにはどうしたらいいだろう？

第一に、**できる限り多くの情報を開放しよう**。あなたが入手できるすべての情報源を検討し、できるだけ多くをチームメンバーが必要に応じて利用できるようにする。

計画システムは、情報の利用を「知るべき人」だけに制限する。一方、情報システムはできる限り多くの情報を、できる限り早く開放する。

だから、**チームメンバーはデータを理解できるだろうか、活用できるだろうかなどと、最初から心配しすぎないこと**。現実世界をリアルタイムで理解するのに役立ちそうなデータだと思えば、どんどん共有しよう。

また、チームメンバーにも同じことをするよう勧めよう。各自が世界について知っていることを頻繁に共有することの大切さを理解させよう。チームが常時リアルタイム情報に浸《ひた》っていることを確かめよう。

第二に、チームメンバーを注意深く観察し、彼らがどのデータを役立つと感じているかを知ろう。データを単純化したり、使いやすくしたり、整理したり、つなぎ合わせてつじつまが通るようにしたりする必要はない。

こんにちのデータに関する最大の課題は、どうやって意味を理解するかではない――ほとんどの人は複雑な現実につねに対処しているから、何を知る必要があるのか、どこでそれが見つかるのかを、難なく知ることができる。

それより大事なのは、**どうやってデータを正確にするか、つまりどうやってノイズからシグナルを抽出するか**だ。これをするほうがずっと難しいが、チームにとってずっと有益な情報を提供できる。だから正確さには細心の注意を払い、チームがどの種類の情報に自然に引き寄せられるかを観察する。

そしてその種類のデータの量と深み、速度を徐々に高めていこう。

第三に、**データの意味づけはチームメンバーに任せよう**。

計画システムは、データの解釈を現場の人々から取り上げ、ごく一部の人に解析とパターン解読、計画の立案と伝達を任せる。

情報システムはその正反対のことを行う――なぜなら情報システムの「インテリジェンス（知性）」は、限られた少人数にあるのではなく、前線に立つすべてのチームメンバーが自然と身につける解釈の力にあるのだから。意味づけ（センスメイキング）の能力が最も高いのは、リーダーではなく、彼らである。

マクリスタルも、イラクで最終的に構築したシステムについて、同じことを強調している。「従来の方式では、部下が情報を提供し、それをもとに指揮官が全体に指令を出していた。われわれはそれを逆転させた。**指揮官に情報を提供させることによって、部下が背景情報と状況を理解し、連携を図り、主体的に判断を下せるようにした**のだ[3]」

マクリスタルがつくり上げたのは、おそらく史上最も並外れた、実働する情報システムだった。

情報の価値は「上」に判断できない

1日を台なしにするには、会議でつぶすのが一番だ。

ほとんどの人にとっての会議とは、実のある仕事ができたはずの時間を使って、自分が今取り組んでいる課題と関係があるかもしれないし、ないかもしれないプレゼンテーションを聞かされ、長い目で見れば重要かもしれないが、今この瞬間に急を要するようには思えない問題を話し合う場にすぎない。

多くの会議に、いろいろな「ベストプラクティス」（議題を紙に書き出す、フォローアップ事項を記録するなど）が取り入れられているものの、この会議に出なかったら今頃は有益なことをしていられたのに、と思っている出席者が1人や2人は必ずいる。*

そう考えると、マクリスタルがイラクで編み出した会議が、どんなにめざましく、どんなに常識破りだったかがわかるだろう。**なぜならその会議は1日2時間、週6日開催されたからだ。しかも2000人を集めて**。

この会議は「O&I——作戦（オペレーション）と情報（インテリジェンス）——状況報告会議」と呼ばれた。毎日、ワシントン時間の午前9時から、イラクでは午後4時から、2時間の情報共有セッションが行われ、マクリスタルの下の全部隊——最終的には状況把握を求める全協力機関——が、世界各地からテレビ会議で参加した。

共有すべき適切な情報をもつ者が1分間の簡潔な報告を行い、その後上級幹部や詳しい情報を求める者たちが加わって4分間のQ&Aセッション（自由討議）を行う。

O&Iはマクリスタルの就任前から存在したが、形式はまったく異なり、時間はずっと短く、参加者は特定の情報を「知るべき人」に限定されていた——典型的な計画システムである。

マクリスタルのO&Iは、それとはまるで毛色が違った。

情報を知りたい人、共有したい人は誰でも参加できた。高官だけでなく、誰でも最新情報の報告や質問ができるという意味で、民主的だった。最新情報報告の体裁を整えたり、チェックを受けたりする必要がないという意味で、自然発生的だった。

そして頻繁だった。マクリスタルのシステムは、次の真実をかたちにしたものだった。

①情報はすぐに「陳腐化」するから、すばやく共有しなくてはならない。
②現場で有効な協調行動を取るためには、行動そのものの連携ではなく、現場が今必要としている「情報の連携」を図るのが最も有効だ。
③価値のある情報とない情報を最もよく判別できるのは、情報の「実際の利用者」だ。
④最も重要なことに、情報のもつ意味を最もよく理解できるのは、「情報の利用者」だ。
⑤最後に、情報に意味づけするには、「ともに行う」のが一番だ。

「現状確認」の最適な頻度とは？

マクリスタルがイラク着任後に旧来の計画システムを加速させた際、部隊が実施した急

＊イヤな上司：従業員離職率について話し合う会議を開くぞ。
ディルバート：無駄な会議が多すぎるからやめていくんですよ。
イヤな上司：１回目の会議では、原因まで話し合わないことになっている。
マンガ『ディルバート』より　©2001 United Feature Syndicate, Inc.

襲の件数は月10件から18件に増えた。しかしこの情報システムを構築後、**急襲は月300件にまで激増した**のである。[4]

O&Iは巨大規模の情報システムの一例だが、最高のチームリーダーを調査すると、同じくらい頻繁な意味づけの儀式を――ただし2000人ではなく、2人で――行っていることがわかる。それは**「チェックイン（現状確認）」**と呼ばれるもので、要はチームリーダーとチームメンバーとの1対1の頻繁な対話である。

頻繁といってもどれくらい？　**毎週**だ。

年初に設定された目標が3週間も経てば無意味になることを、最高のリーダーは知っている。また1年とは、ずっと前から綿密に計画されたマラソンではなく、刻々と変化する世界の情報を取り入れながら行う52回の短距離走だということを、最高のリーダーは知っている。それに、36回目の短距離走を、1回目の短距離走と同じくらい真剣で力の込もったものにすることが、自分の主な仕事だということも、最高のリーダーは理解している。

だから最高のリーダーは毎週欠かさず、各チームメンバーと短いチェックインを行い、2つの簡単な問いかけをする。

「あなたの今週の優先業務は何か？」

「私に手助けできることはあるか？」

チームメンバーにやることリストを要求しているのではない。チームメンバーの優先業務と乗り越えるべき障害や解決策を、その仕事が行われている最中に、リアルタイムで話し合うだけだ。

情報の意味づけをともに行うのは、今この時にしかできない。時間が経過し、詳細がぼやけてから浮上する一般論は、有効な意味づけとはいえない。

6週ごとや1か月ごとに行うチェックインは、一般論に終始するから無意味なのだ。

「月1回」だとやる気が5%低下する

実際のデータによれば、チームメンバーとの月1回のチェックインは、無意味どころか有害である。**週に一度チェックインを行うリーダーのチームは、エンゲージメントのレベルが13%高まるのに対し、月に一度では5%低下する**のだ[5]。

チームメンバーの心の声が聞こえてくるようだ――「**一般論しか話さないのなら、私の時間を無駄にしないでください**。具体的な仕事の話や、どういう手助けをしてもらえるのかをいますぐ話し合わないなら、放っておいてくれませんか」

毎回のチェックインは、チームメンバーが現実世界の障害を乗り越えるのに役立つヒントやアイデアを提供したり、特定のスキルを磨く方法を提案したりする場になる。時間は短くてかまわない。10分か15分程度でも、ちょっとしたリアルタイムの学習とコーチングをするには十分だ。そして優れたコーチングの例に漏れず、チームメンバーの置かれた状況や、それに立ち向かうメンバーの心理状態、メンバーの強み、メンバーがすでに試した戦略などの詳細を踏まえて行う。

こうした細々としたことを把握するには、やはり頻繁に対話の場を設けるしかない。

これが、最高のチームリーダーなら誰でも知っている、最も重要な教訓につながる。すなわち、**質より量**ということだ。

完璧なチェックインを行うより、毎週行うほうが重要だということを、最高のチームリーダーは知っている。情報に関する限り、頻度に優るものはない。部下とのチェックインやチームとの会議を頻繁に、決まった方法で行えば行うほど、つまり**チームメンバーの実際の仕事にリアルタイムで目配りすればするほど、パフォーマンスとエンゲージメントを高めることができる**。

この意味で、チェックインは歯磨きに似ている。歯磨きは毎日するものだ。毎回きちんと磨くのも大事だが、一番肝心なのは毎日磨くことだ。年に2度だけ、最高の歯磨きをするなんて馬鹿げている。
年に2度だけのチェックインも同じだ。チェックインの頻度が低いチームは、情報に乏しいチームである。

年間「52回」チャンスが訪れる

このことから、幹部や人事担当役員がしょっちゅう口にする不満、「うちのチームリーダーは部下をコーチングするスキルが足りない!」は筋違いだとわかる。データによれば、チームメンバーのエンゲージメントとパフォーマンスが高く、離職率が低いのは、リーダーが毎週チェックインを行うチームだけである。

チェックインの質に関しては、データは何も示していない。しかし、リーダーがチームメンバーと頻繁にチェックインを行うとメンバーが前向きな何かを得ることが、確実にわかっている。

それに、もしも初回のチェックインがうまくいかなかったとしても、チームリーダーは少なくとも各メンバーと毎年あと51回練習できる機会がある。どんな状態から始めても、また生まれもったコーチングの才能がどれほどであっても、少しずつ上達していく。

「リーダーに向かない」人の特徴

ところで、チームリーダーのあなたはこう思っているかもしれない。「いや、毎週チェックインしたいのは山々だが、できない。部下が多すぎる！」と。

もしそうなら、あなたは正しい——**部下が多すぎる**のだ。

昔から人材論や組織論では、「最適なスパン・オブ・コントロール（統制範囲）は何人か」という問題が議論の的となってきた。チームリーダーが管理できる部下の人数は、正確には何人かということだ。

最適な人数は1人から9人までだという意見があるかと思えば、1人から20人まで可能だとする見解もある。40人のスタッフを管理する看護師もいれば、70人以上を管理するコールセンターのマネジャーもいる。

だが世界最高のリーダーが実践する最も強力な儀式が、毎週のチェックインであることを踏まえれば、すべてのチームリーダーの最適なスパン・オブ・コントロールを正確に割り出すことができる。

それは、各チームリーダーが（年間を通して）毎週一対一で対話できる人数である。8

人とのチェックインは可能だが9人はスケジュールに収まらないという人は、スパン・オブ・コントロールが8人ということになる。

20人とチェックインをする方法を見つけられるという人なら、スパン・オブ・コントロールは20人だ。また毎週2人としかしっかりチェックインできない場合は、2人になる。

いい換えれば、スパン・オブ・コントロールとは理論的に弾き出される一律の数字ではない。チームリーダーの目配りする能力に応じて決まる、現実的な範囲なのだ。**あなたのスパン・オブ・コントロールは、あなたの目が行き届く範囲**である。

したがって情報、とくにリアルタイムの情報に、ともに意味づけすることに関していえば、週に一度のチェックインがよりどころの儀式となる。

これを行うことを最重点として、チームの構成と規模を考えなくてはならない。またあなたがリーダーを指導する立場に立ったら、リーダーの最重要任務がチェックインだということを、部下であるリーダーたちに周知徹底する必要がある。

各チームメンバーとの一対一の対話――耳を傾け、軌道を修正・調整し、コーチングを行い、問題を指摘し、助言を与え、メンバーの現実の仕事に目配りすること――は、リーダーの任務に加えてやることではない。**それこそがリーダーの仕事**なのだ。

それが嫌だという人や、毎週のチェックインを退屈または不満に思う人、「酷だ」と思う人がいても結構――だがヒュー・ダウディングの名にかけて、リーダーになってはいけないと伝えたい。

「信頼」は頻繁な情報共有の賜物

前章で、チームメンバーの信頼を得ることがリーダーにとっていかに大切かを説明した。マクリスタルのO&Iであれ、チームリーダーの毎週のチェックインであれ、意味づけを頻繁に、ともに行うことは、この点でも役に立つ。

意思決定だけでなく、**信頼構築にもよい効果をもたらす**のだ。

エンゲージメントの8項目のうち、信頼の問題と直接関係する項目は2つある。「所属チームでは『価値観が同じ人』に囲まれている」と「私には『チームメイト』がついている」だ。

これらの項目でスコアが低いのは、心がけの問題だと思われがちだ――つまりお互いへの思いやりが足りない、助け合おうとしていないなど。

だが**スコアが低いのは心がけではなく、情報不足が問題であることが多い**。助けを差し伸べられるほどお互いの状況を詳しく知らないから、どうやって助け合えばよいかがわからない。

チームメンバーのやっていることを知らなければ、真の価値観を知ることなどできるだろうか？　お互いがどんな仕事に打ち込んでいるかを知らないなら、どうして安心感を得られるだろう？　チームメンバーを見守っていなければ、サポートすることもできない。

チームに頻繁な意味づけの儀式を根づかせると、ますます多くのデータが開放され、有益な情報が生まれ、そして信頼が育まれる。

信頼は秘密からはけっして生まれない。何度もくり返し行うことが、安心感を生み出すのだ。

指示を与えると大体間違う

マクリスタルとダウディングの物語は、目まぐるしく変化するこの世界でリーダーが担うべき役割について、多くのことを教えてくれる。

2人に共通する、60年にもおよぶ知恵は、**完璧な計画を立てるより、できるだけ多くの情報と意思決定権限を開放するほうが、リーダーははるかに大きな効果を挙げられる**ということだ。

最高のチームとその他のチームを分ける8項目の1つに、メンバー一人ひとりが「仕事で『自分に期待されていること』をはっきりと理解している」がある。

20世紀前半のテイラー主義と科学的管理法、20世紀後半のMBO（目標による管理）、そしてその間のあらゆる経営管理法、あるいは直感を根拠として、部下への期待を明確に伝えるには、何をすべきかを指示するのが最良の方法だと、一般に考えられている。

だが実際には、**指示を与える頃には世界は先へ進んでいて、その指示自体が誤っているということも多い**。この意味で、大きな規模で指示を与えるためにつくられたシステム、すなわち計画システムは、必ず失敗する。

期待を明確にするには、部下に自分で考えさせるのが一番だ。

複雑さを取り除くのではなく、直視させる。情報を壮大な計画の入力データとして隠してしまうのではなく、誰もが見えるようにして共有するのだ。

これを行うには、部下に正確なデータを、今この瞬間に起こっていることのリアルタイムの眺望を、できるだけ多く頻繁に提供し、ともに意味づけする方法を提供しよう。

チームの知性を信頼しよう。

ウソ#3　最高の企業は「目標」を連鎖させる

ノルマがあるからだめになる

先日、僕らの友人が目標を教えてくれた。マラソンを走るというのだ。具体的には、7か月後の5月にプラハマラソンを走るつもりだという。

なぜかと聞くと、思いつくまま理由を挙げてくれた。5月の開催なら「カウチを抜け出してコースへ行く」のに十分な準備期間があること、そのとき見つけられた唯一のマラソンがプラハマラソンだったこと、プラハにはまだ行ったことがないこと、プラハはフラットなコースといわれていること、いまいましい上り坂がなくてもマラソンというだけで十分ハードなこと。

だがもちろん、どれも彼女がプラハでマラソンを走る本当の理由ではなかった。

本当の理由は、体力アップを図りたいからで、その目標を達成するにはマラソンを走るのが、ちょっと過激だが一番よさそうに思えたからだ。

5月、プラハ、フラットなコース、といったそれ以外の詳細はすべて、**目標をより具体的にし、身近に感じられるようにするための、彼女なりの方法**だった。

これが、有効な目標のなせるわざだ。自分にとって最も大事なものごとに詳細と期限を加えることによって、それを「ぶつ切り」にし、鮮明で具体的な、言葉で表せる結果に落とし込むのだ。

心の目で視覚化された目標は、われわれを前進させ、カウチから引っ張り出して、極寒の1月の土曜の朝や霧雨の降る3月の深夜に道路に立たせてくれる。目標が頭の片隅の伴走者になって、われわれを励まし、前へ進めと促し、思考や行動を導き、疲労や負傷、自信喪失を乗り越えるエネルギーをくれるからこそ、とうとうある日、ほかの目標をもつほかの人々に交じって、ヴァーツラフ広場を回り、マラソンを完走することができるのだ。

仕事の世界でこれと同様、最も重要なことに向かって歩を進める手助けをしてくれる目標は、最高に役に立つ目標といえる。

上から「目標」が降りてくる

目標は職場のどこにでもある。毎年、または半年ごとに何らかの目標設定儀式を行わない企業を見つけるほうが難しい。

毎年の決まった時期、一般には年度初めや、ボーナスや昇給が支払われたあとで、組織の上級幹部が向こう6か月間または12か月間の目標を設定し、チームに共有する。

チームの各メンバーはチームリーダーの目標を見て、それを達成するために何が必要かを考え、リーダーの目標の一部分を反映した下位目標を立てる。

あなたを含む全社員が、何らかの大きな目標の下位目標をもつまで、指揮命令系統に沿って上から下まで同じことが順次行われる。組織はこうして目標を連鎖させ、一人ひとりに目標を落とし込む。

目標をカテゴリー別に設定する組織もある。

あなたは、たとえば戦略目標、業務目標、人材目標、イノベーション目標などを設定するよう求められ、それぞれの目標が直属のリーダーによって承認され、続いてその上、そのまた上の階層のリーダーへと、指揮命令系統のてっぺんに到達するまで順次承認されていく。目標が十分挑戦しがいがあり、上位目標との整合性がとれているかどうかが、各階層で確認される。

年度の途中に、目標の達成率を記入させられることもある。こうした「達成率」のデータは、より大きな単位で集計されていき、幹部はそれを見れば年度中のいつの時点でも、「65％のチームが46％の目標を達成した。もっとペースを上げなくては！」といったことを言うことができる。

年度末に「機械的」に振り返る

年度末になると、あなたは自分の各目標の達成度について簡単な自己評価を書くよう求められ、それにチームリーダーが自身の評価を書き加え、目標が実際に達成されたと思うかどうかを記したりもする。

チームリーダーが人事部に2度ほど催促されてから、これらすべての情報を会社の業績管理システムに入力すると、それ以降その評価が、その年度のあなたの業績を示す永久的な記録となり、それをもとにあなたの給与や昇進機会が決定される。

あなたが営業担当者なら、売上ノルマが同じような働きをする。全社的な売上目標が部分に分割され、各部署に割り当てられる。

一般的な目標との唯一の違いは、あなたやチームが「ノルマ」として上から課されるものがたった1つの数字で、その数字がその年度のあなたとその仕事を決定するという点だ——営業担当者が「ノルマ運び屋」と呼ばれることがあるのは、このためだ。

そしてこのスマートフォンの時代、年に一度の目標設定では不十分と認識されるようになっている。

近いうちに（もしまだの場合）あなたの目標設定・追跡・評価の頻度は、スマホを通して劇的にアップするはずだ。

これもひとえに、一人ひとりに目標を落とし込むのが最高の企業だと信じられているからだ。

色々便利だから作らされる（会社にとって）

目標は時代を追うごとに呼び名が変わってきた。

まずはピーター・ドラッカーの1954年の著書『現代の経営』で広まった、MBO（目標による管理）である。次に来たのが、具体的で測定可能、達成可能、現実的、時間的制約のある目標、いわゆるＳＭＡＲＴ目標だ。その後まもなくＫＰＩ（重要業績評価指標）とＢＨＡＧ《ビーハグ》（ジム・コリンズが提唱した、社運を賭けた大胆な目標）が席巻した。

最新版はＯＫＲ（目標と成果指標）だ。これはインテルで始まったもので、今ではシリコンバレーの多くの企業で、目標を定義、追跡し、「ＫＲ（成果指標）」に照らして評価するために用いられている。

こうしたあらゆるテクニックや手法を通して、目標設定には膨大な時間とコストがかけられてきた。どれくらいかというと、たとえば**コンサルティング会社デロイトは、推定で年間４億５０００万ドルを目標設定・追跡・評価に費やしている**し、同じく**コンサルティング会社で従業員数50万名を超えるアクセンチュアは、その２倍以上を投じている**という。

こうした一流企業が年間10億ドルにもおよぶ金額を費やしているからには、さぞかしすばらしいご利益《りやく》があるのだろう。

いったいどんなご利益なのか？

いうまでもなく企業は千差万別で考え方もそれぞれ違うが、企業が目標を設定する最も一般的な理由を３つ挙げると、次のようになる。

第一に、目標を通して全員の仕事を連携させることによって、業績を促進し、調整できるから。

第二に、目標の「達成率」を追跡することで、年間を通じてチームや会社の業績の進捗状況に関する貴重なデータが得られるから。

第三に、目標達成度をもとに、年度末に従業員の業績を評価できるからだ。

いい換えれば、企業が目標をこれほど重視するのは、促進・追跡・評価に役立つからであり、これら3つの中心機能が、目標に膨大な時間と労力が費やされている理由ということになる。

そして**ここにこそ、すべての元凶がある**のだ。

「目標が生産性を上げた」エビデンスはない

業績促進に関していえば、上級幹部の悩みの1つは、従業員の仕事の足並みが揃わず、荒海で舵を失った船のように会社をさまよわせるような活動に、せっかくの労力が浪費されることだ。

リーダーは全体の目標を個人にまで落とし込むことによって、そうした不安を鎮め、乗組員が全員同じ方向に向かってオールを漕いでいると安心していられる。

もちろん、目標そのものに活動を促進する効果がなければ、つまり船がどこにも行き着かなければ、目標をいくら課しても何にもならない。

そしてあいにく、**目標を上から課すことが生産性向上につながることを示す証拠は1つもない**。それどころか正反対の影響をおよぼし、業績がかえって下がってしまうことを示す証拠は山ほどある。船の速度が落ちてしまうのだ。

雨の日にニューヨークでタクシーをつかまえようとしたことがあるだろうか？

簡単なことじゃない。やっとタクシーが来たと思ったら、先客が乗っているじゃないか、とぼやきながら、52丁目と53丁目の角で、黄色でもない車に向かって必死に手を振る。

経済学をかじった人なら、雨でタクシーに乗りたい人（需要）が増えたのに、運転手の数（供給）が変わらないのがいけないんだと、雨が鼻からしたたり落ちるのもかまわず手を振りながら考えるかもしれない。

だが実際に起こっているのは、そんなことじゃない。

タクシー運転手は、これだけ稼いだら店じまいにするという、1日の売上目標やノルマをもっている。一般にその目標は、1日当たりのタクシーの借り賃の2倍である。[1] その日の稼ぎが借り賃の2倍に達した瞬間、家へ飛んで帰り、次の日の戦いに備えて体を休めるのだ。

目標は毎日同じだが、雨の日は——タクシーに乗る人が増えるから——早々に目標を達成し、その瞬間一目散に家に向かうというわけだ。

目標が「天井」の働きをする

同じことが企業の売上ノルマでも起こる。

リーダーがノルマを設定するのは、営業担当者の業績を促進するためでもある。だが**実際にはノルマはそういうふうに働かない**。最高の営業担当者は、年度が終わる何か月も前にノルマを達成し、その時点で一目散に帰宅するのと同じことをする。契約締結を先延ばしにして、翌年有利なスタートを切れるよう、契約の「貯金」をつくっておくのだ。

売上目標はトップ営業担当者の業績をかえって低下させる――ニューヨークのタクシーの運転手のケースと同様、業績を促進する触媒どころか、**上限を決める天井の働きをする**のだ。

だが業績不振の担当者や、平均的な担当者についてはどうだろう？　マラソンを走るという目標が、友人の体力増進を駆り立てたように、売上目標はノルマに向かって業績を伸ばすよう、担当者を奮起させる起爆剤になるのでは？

いや、そんなことはない。平均的な、または業績不振の担当者に実際に何が起こるかというと、**ノルマがプレッシャーになってしまう**のだ。しかもそれは、自分の重要な目標を達成するために自分に課すプレッシャーではない――マラソントレーニング中の友人が、日曜の朝に飛び起きてランニングに向かうときに感じるようなプレッシャーではない。

会社に押しつけられた目標を達成しなければならないというプレッシャーは強制であり、**強制は恐怖と同類**なのだ。最悪の場合、恐怖に駆られた社員は、どう頑張っても目標を達成できないと考え、不適切または違法な方法を取ろうとするかもしれない。

クリアのために「不正」を起こす

ウェルズ・ファーゴ銀行が、各支店に抱き合わせ販売のノルマを課したときに起こったのが、まさにこれである。

ウェルズ・ファーゴの個人向け商品担当者は、当座預金口座の開設に来た顧客に、普通預金口座とクレジットカード、ローンも合わせて勧めることになっていた。だがそうしたノルマが課されていたにもかかわらず、抱き合わせ販売が増えないどころか、とんでもないことが起こった。

顧客に無断で350万件を超える口座が開設されたのだ。

だからといって、売上ノルマは何の役にも立たないというわけではない。実際、**ノルマ**

は予測指標としては非常に優れている。上級幹部はこれをもとに、会社全体の売上をいつでも予測できる。

それからその数字を取締役会と投資家向けに発表すれば、すべての利害関係者が売上予測を立て、それに照らして費用と投資、そして最終的にキャッシュフローを評価することができる。

最高の企業幹部は、不確実な情報に基づいて的確な予測を立てることができる。長い経験で培った勘で、実績の中央値がどれくらいになりそうか、営業担当者の実績データの近似線がどの辺りに引かれるのかをつかむのがうまい。ノルマを10％上回る担当者もいれば、10％下回る担当者もいるから、全体として見れば、的確な予測をもとに、うまく売上目標に着地させることができる。

だが**売上目標が売上を伸ばすことはない**。**たんに売上がどれくらいになるかが予測できるだけ**だ。売上目標は業績予測のためにあるのであって、業績を促進するためのものではない。

「進捗具合」もいまいちわからない

業績の追跡についてはどうだろう――目標はその助けになるのか？　**いや、まったくな**

らない。

多くの企業が従業員に年度目標を書かせてソフトウェアで進捗を追跡している。テレサ・アマビールとスティーブン・クレイマーの『マネジャーの最も大切な仕事』などの本によれば、人間は進捗を測るのが大好きで、1つ目標を達成するたびに喜びを感じるという[2]。また過去数年間で業績の追跡管理はますます盛んに行われるようになってもいる。それなのに、業績の追跡は本来の目的を果たすことができていない。

その理由は単純で、目標へと至る道が直線的ではないからだ。

マラソンを目指す友人を例にとろう。

2月末時点でトレーニング計画の62%が完了したと、彼女が考えたとする。ということは、マラソンを走るという目標達成まで、あと38%を残すのみなのか？

もちろんそうではない。まだ実際のマラソンを走り始めてもいないのだから、100%残っている。

では実際にレースを走り始めたら？　前半21キロを終えたら、全行程約42キロの50%だから、目標を半分達成したといえるのか？

それも違う。どんなマラソンランナーも気づくことだが、前半はまだ楽なほうで、本当に過酷になってくるのは後半、とくに最後の10キロだ。21キロ地点を過ぎて初めて足が硬直し、心が弱ってくる。目標を完遂する体力と気力が残っているかどうかは、そのときになってみないとわからない。

そして最終10キロの苦行は何パーセントに当たるのだろう――40%、60%、それとも90%？　正確な数字を当てはめることなどできない。前半21キロと最後の10キロはまったく別物なのだ。

だからマラソン準備が62%完了したなんてことはあり得ないし、実際のマラソンを50%完了したということもできない。**目標は達成したか、していないかのどちらかしかない**。

これは、少なくとも現実世界では、どんな目標についてもいえる。達成したか、していないかだ。**目標達成には0か1かの二者択一しかない**。

あなたは何かの中間目標を立て、それがすんだら（すまなくても）リストにチェックを入れ、先に進もうとするかもしれない。だが下位目標にいくらチェックを入れても、大きな目標の「達成率」を測ることはできない。

たとえ測ろうとしても、または会社に測るよう指示されても、あなたが生み出しているのは正確に見せかけた進捗状況のデータにすぎない。

「難易度」がバラバラだから評価しようがない

最後に、従業員の評価についてはどうだろう？　達成した目標の数で、誰かを評価できるだろうか？

だが問題がある。多くの企業が現にそれをやっている。**各従業員の目標の難易度を平準化しない限り、相対的な業績を客観的に判断することは不可能**なのだ。

たとえば2人の従業員、ビクトリアとアルバートを評価するとしよう。それぞれが5つの目標の達成を目指し、年度末時点でビクトリアが3つ、アルバートが5つの目標を達成していた。

となると、アルバートのほうが業績がよいのだろうか？　**そうとは限らない**。もしかすると、ビクトリアの目標は「帝国を統治する」で、アルバートの目標は「お茶を淹れる」のようなものだったかもしれないのだ。

目標達成度でビクトリアとアルバートを評価するには、すべての目標の難易度を完璧に測定する――すべてのマネジャーが、完璧な一貫性をもって、ほかのマネジャーとまったく同じ方法で、すべての目標の難易度を考慮する――ことができなくてはならない。*

そして実のところ、これを測定することはまず不可能だから、評価は不可能なのだ。悪いな、アルバート。

目標を書く作業は「奇妙」である

しかしそれにもかかわらず、目標、とくに個人のレベルにまで落とし込まれた目標は、組織内の業務遂行を効率的かつ連携の取れた方法で進めようとする、多くのリーダーの直感に訴えるものがある。

それでいて、目標にまつわるあれこれは、現場のわれわれにとっては直感に反し、機械的で、ウソっぽく、屈辱的にさえ感じられる。

いったいなぜだろう？

現実世界で何が起こっているかを説明しよう。

何よりもまず、またおかしなことだが、**目標を書くために机に向かう人には、これからやることになる仕事がすでに大体わかっている**。月曜の朝出社して、今週は何をして時間

＊これは、より正式には「評価者間信頼性」と呼ばれ、あとで説明するように、360度評価がうまくいかないことや、業績の評価が非常に難しいことの一因である。

をつぶそうかと必死に考えることなどない。

つまり、**目標設定のプロセスでやることとは、自分がやるとわかっている仕事を書き出すこと**なのだ。仕事の目標は、前途にあってマラソンランナーの目標のように前進を駆り立ててくれるものではなく、自分のすぐうしろにあって、どっちにしろやるつもりの仕事に引っ張られてついてくるものなのだ。

戦略目標や業務目標、イノベーション目標、人材目標といったカテゴリー別の目標が奇妙なのは、**仕事には分類などない**からだ。

たとえば「火曜は通常業務の仕事をして、できれば木曜の午後にイノベーションの仕事をしよう」などと考えてスケジュールを立てる人はいない。

仕事はふつう、期限と成果物が決まった、プロジェクトのかたちでやってくるから、カテゴリー別の目標を立てるよう求められれば、多くの人は、「誰も細かいことを気にしませんように」と祈りながら、仕事をカテゴリーの型に無理矢理はめてお茶を濁そうとする。

「自己評価」は謙虚な自分を宣伝する機会

また、チームメンバーがリーダーに期待される仕事をしたいと思うのは当然のこととしても、チームリーダーの目標を分割した下位目標を設定したり、チームリーダーの目標を基準にして、どういう目標を立てようかと考えたりするのは、目標設定の方法としてはかなり奇妙だといわざるを得ない。

チームリーダーは、現実世界でのふだんのやりとりを通して、あなたがどんな仕事をしているかをすでに知っている。

あなたが折り紙製作に励んでいるとして、チームリーダーはあなたをキルト刺繍に取り組ませたいと考えれば、直接そう言うだろうし、数日後に事情が変わってガラス吹きに取り組ませる必要が生じたら、それをあなたに直接伝えるはずだ。

たとえリーダーが何も言わず、あなたが突然意味を失った仕事に取り組み続けていたとしても、それを伝える最良の方法が、あなたの目標記入用紙に記載された目標を書き換えて、いつかあなたが気づいてくれるのを待つことだなんて、リーダーが思うはずがない。

ここでも、連鎖目標は前途にあるのではなく、仕事に引っ張られてついてくる。**現実世界での目標設定は、仕事を生み出すシステムというよりは、むしろすでに決まっている仕事を記録・管理するためのシステムに近い。**

それに、いったん仕事の目標を設定した人は、それを見返すことはまずない。もしも目標が仕事の指針になるのなら、見返したいと思うはずなのに。

そして年度末に目標に照らして自己評価を行うという、一番肝心な機能についてはどうだろう?

あなたの上司は、あなたが過ぎ去った1年を正直に、真剣に振り返っていると思うかもしれないが、**たぶんあなたが実際に行っているのは、目標を全部達成したと豪語して傲慢な勘違い野郎だとにらまれるリスクと、計画通りに進まなかったことを認めて上司や会ったこともない重役にボーナス減額の口実を与えるリスクとの間で、適当な落としどころを見つけようとしているだけ**なのだ。

いい換えれば目標の自己評価とは、自分の仕事を評価することではなく、注意深い自己宣伝と、政治的な位置決め、そしてどれだけ自分をさらけ出すか、猫をかぶるかの選択である。

部下の「大量の自己評価」を前にうんざりする

念のためいっておくが、あなたを責めているのではない。自己評価を周到に調整して落としどころを見つけようとするのは、おかしな状況に対するごく現実的な反応だ。

書いた2週間後には意味を失っていた「抽象的な目標」に照らして自分を評価しろと、会社はいう。意味があることをしているふりをしながら、無意味なことをしろといわれているのだ。多少おかしな対応をとったとしてもしかたないだろう。

それに、チームリーダーもおかしな対応をする。年度末が近づくと、チームリーダーは目標記入用紙の束を前に腰を下ろす。あなたが何か月も前に記入した一つひとつの目標の下に、あなたの仕事ぶりを説明する短い1、2文を書きながら、チームリーダーの頭をよぎるのは何だろう？

十中八九、あなたの仕事ぶりのことではない。**どうしたらこの山をさっさと片づけて、やることリストから「目標の振り返り」の項目を消せるか**ということだ。


あなたと同様、リーダーは貴重な時間を無駄にしているという焦りに駆られている——目の前にあるのは、あなたが少し前にやろうと考えていたことのなかからランダムに選び、適当に思いついた分類にはめ込み、読む人にできるだけ感銘を与えるように書き、周到に位置づけた自己評価をちりばめたものでしかないからだ。

あなたのやっている仕事も、目標と同じくらい遠い昔に変わってしまい、フォームに記されたこととはほとんど関係がなくなっているのを、チームリーダーは知っている。

チームリーダーにとってこの用紙への記入は、管理職ぶった事務仕事のなかでも最悪の部類に入るから、**「去年の評価より短くても誰も文句を言いませんように」と願いながら、簡潔な文章を書くしかない。**

現実世界には仕事が、片づけなくてはならないものごとがあり、理論上の世界には目標がある。

仕事は前途にあり、目標は背後にある――バックミラーのようなものだ。

仕事は具体的で詳細で、目標は抽象的だ。

仕事は変わるのが早く、目標は変わるのが遅いか、まったく変わらない。

仕事は自己効力感を与え、目標は機械の歯車になったように感じさせる。

仕事は信頼されていると感じさせ、目標は信頼されていないと感じさせる。

仕事は仕事であり、目標は仕事ではない。

だがそうである必要はない。目標はよい方向へと向かう推進力にもなれるのだ。

「KPI」も「OKR」もいらない

マラソンを目指す友人に戻ろう。彼女は自分にとって価値のあること（体力増進）を選び、それを具体的な成果（マラソン）のかたちに落とし込んだ。リアルなものにした。

突き詰めれば、目標というものはそのために、つまり**自分の価値観を明らかにするためにある**。

目標は自分の内にあるものを外に出し、自分や他人に可視化することによって、自分や他人のために有益な何かを生み出せるようにするための、最高の仕組みである。あなたの目標とは、あなたが世界にどのような影響をおよぼそうとしているかを宣言するものだ。

となれば、**よい目標を判断する唯一の基準は、その目標を目指す人が自発的に設定したものかどうか**ということだ。目標が何かしらの役に立つためには、自分が価値を置いているものの表れとして、自分の内から発するものでなくてはならない。

SMART目標や、BHAGである必要はない。KPIを含むかどうか、OKRでできているかどうかなんて、どうでもいい。

目標が役に立つかどうか、あなたがより大きな貢献をする助けになるかどうかを判断する唯一の基準は、あなたが自発的に設定したかどうかだ。全体目標から落とし込まれた目標は、どんなものであっても本当の目標ではない。

だからといって、組織で全員に落とし込むべきものは何もないわけではない。

適切に設定された目標はつねに、その目標を立てた人にとって最も意味があることの表れであり、それ以外のものではない。

だから、社内の意思統一を図るためには、会社にとって最も重要なことを社内の全員に理解してもらうために力を尽くさなくてはならない。したがって、「ホント」はこうだ。

最高の企業は目標を落とし込まない。**最高の企業は「意味」を落とし込む**。

「意味」と「目的」がわかれば人は動く

最高のチームに関する研究が、これを理解するための1つ目の手がかりを与えてくれる。

1章で見た8つの質問項目のような測定手段を使えば、「因子分析」と呼ばれるものを行うことができる。この場合でいう因子分析とは、質問項目が何種類のものごとを測定しているのか――質問項目に対する回答に影響を与えている因子をいくつに集約できるか――を調べるための手法をいう。

僕らは長年チームや企業を研究しているが、8項目のすべてに影響を与える共通因子を――8項目のすべてが指し示す重要な経験を――たった1つしか発見していなかった。これを、「エンゲージメント因子」と名づけた。

だがシスコでさらにデータを調べていたとき、予想外のことが起こった。第一に、分析を行った際、8項目のうちの2項目が、残りの6項目と違うふるまいをした。ほかでは見られないふるまいだったから、その時点では何を意味するのかわからなかった。だがその後、別の種類の因子分析を行うと、突如として2つ目の因子の存在が明らかになったのだ。

その因子は、次の2項目からなっていた。

1．「会社の使命」に貢献したいと心から思っている
7．「会社の未来」に絶大な自信をもっている

僕らはこれらをまとめて「会社因子」、残りの6項目をまとめて「チーム因子」と考えるようになり、これら2つの因子が組み合わさったものを「エンゲージメント因子」と考えることにした（付録B③を参照）。

はっきりさせておくと、「会社」に関わる2項目――会社の使命への共感と、会社の未来への自信――に対する回答も、残りの6項目の回答と同様、優れたチームとそうでないチームとではやはり異なるし、チームの業績をやはり説明する。

だが同時に、残りの6項目——安心感と信頼、卓越性の感覚、成長を促される仕事など——が明らかにチームの内部から発するものであるのに対し、これらの2項目はチームの内部からというよりは、むしろ**チームの外部に端を発し、チームの内部で増幅される**ように思われる。

別のいい方をすると、チームは自分たちの必要の多くを自力で満たすことができるのに対し、**より大きな使命感や未来への自信は、チームの中だけでは生み出すことはできない**ようなのだ。

したがって、チームとチームメンバーに、外の世界で起こっていることをリアルタイムで理解させるとともに、どの山を目指しているのかを伝える必要がある。

つまり、目標と行動の指示をチームやチームメンバーに落とし込む代わりに、「意味」と「目的」を落とし込むべきなのだ。

「共通の目標」があってもまとまらない

最高のリーダーは、部下が賢明であることと、毎年の目標設定を通じて強制的に意思統一を図る必要はないことを知っている。

最高のリーダーは、むしろ部下のために、本当に重要な仕事の意味と目的、使命と貢献、手法に息吹を吹き込むことに努める。

リーダーによって意味を吹き込まれたチームは、一人ひとりのメンバーが賢明でやる気に満ちあふれ、その意味を表明するような目標を自発的に立てることができる。**意思統一は、意味を共有することから生まれる**のだ。

しかもこの意思統一は、強制されたものではなく、自然発生的なものである。目標を現場に落とし込むことは組織をコントロールするための手法だが、意味を落とし込むのは、組織の力を解き放つための手法だ。

意味を個人の単位にまで落とし込むことによって、チームメンバー一人ひとりに、何のために働くのかを理解させつつも、選択や決定、優先順位づけ、目標設定の主導権を、本来の持ち主である――現実世界を理解し、それに対処する能力を持つ――チームメンバーの手にとどめておくことができる。

一般には、組織には行動の連携が不足しているから、目標が必要だと考えられているが、それはまちがいだ。

足りないのはむしろ「意味」であり、仕事の目的に関する明確で詳細な「理解」であり、仕事を行う方法を決めるうえで尊重すべき「価値観」である。

部下は何をすべきか指示される必要はない。なぜそうするのかを聞きたがっているのだ。

ザッカーバーグは「使命」を何度も変えた

これが実際にどんなふうに行われているかを理解するために、フェイスブックのマーク・ザッカーバーグとシェリル・サンドバーグ、チックフィレ（ファストフード・チェーン）のトゥルエット・キャシーについて詳しく見ていこう。

この3人は年齢や宗教、地域、会社がつくるプロダクトはまったく違うが、意味を落とし込むことにかけては、3人とも同じように強いこだわりをもっている。

今から約10年前、ザッカーバーグは会社の使命を明確にすることを目的とした投稿に、フェイスブックの使命は世界をよりつながったものにすることだと書いた。

僕らがこの章を執筆している間、ザッカーバーグはこの使命に、彼自身が意義深いと考えるニュアンスをつけ加えた。

……僕たちはフェイスブックを構築する方法に、大きな変更を加えることにしました。プロダクトチームに与える目標を、適切なコンテンツを見つけやすくすることから、意義深い交流を促すことへと変更するつもりです(3)。

あなたには違いがわからないかもしれないが、ザッカーバーグにはわかっている。だからこの日ザッカーバーグは、過去10年にわたり半年ごとに行ってきたように、世界に対し、またさらに重要なことに自分のもとで働く社員全員に対し、新しい違いを真剣に発表した。

それがザッカーバーグの仕事なのだ。自分の価値観に真剣に向き合っているからこそ、新しい気づきを得るたび、微調整して方向を修正し、微調整して学習し、また微調整を加え、それからその微調整を、厳粛に重々しく世界に向けて発表するのだ。

「行動」が意味を伝える

焦点をほんの少し変更し、宣言するその姿を、もったいぶった、わずかな違いに熱狂する自己愛だと一蹴する人たちもいる。

だがザッカーバーグとサンドバーグにとって、それは自分たちが心から大事にしていることを社内のすべてのチームにまで落とし込み、それに価値を認めない人は入るチームを間違えたのだという暗黙のメッセージを伝えようとする、たゆみない努力の一環なのだ。

また、**2人がこのメッセージを執拗に反復し、「改良」し続けていることそれ自体が、メッセージの一部となっている。**

なぜならザッカーバーグとサンドバーグにとっての「意味」は、たんに人々をつなぐことだけにではなく、その取り組みがまだ完成形ではなく、つねに道半ばだということを伝えることにもあるからだ。

自分たちもいつも正解を知っているわけではないことを、2人は――ザッカーバーグは数々のブログ記事や議会証言で、サンドバーグは著書『LEAN IN』で――はっきり明言してきた。2人は、自分たちがフェイスブックで何をつくりたいかを知っていて、なおかつそれを実現する方法をつねに知っているわけではないことをわきまえている。

あなたもそうだし、誰だってそうだ。2人がくり返し伝えてきたのは、**自分たちを含むフェイスブックの全員が、不断の実験を通じて、すべてをその場その場で即興でつくりあげている**ということなのだ。

木曜にフェイスブックに入社した人は、金曜にはブートキャンプに参加し、週末にコードを書いて、磨きをかけ、月曜にはコードを公開しているかもしれない。

それくらいペースが速いのだ。

「可視化」で理解が一気に進む

フェイスブックの住所「1ハッカーウェイ」が、その精神を強調している。住所のメッセージに気づかなかった人でも、中庭を見下ろすように誇らしげに掲げられた「ザ・ハッカー・カンパニー」の巨大な看板は、見逃しようがない。

こういった看板や住所は、1章で見た、あなたを会社に引きつけようとする文化の羽飾りとは違う。

これらの存在意義は、何に向かって仕事をしているのか、つまり何のための仕事なのか、それにはどんな意味があるのかを、理解しやすくすることにあるのだ。

実際、フェイスブックのキャンパス全体が、ザッカーバーグとサンドバーグの精神に息吹を吹き込むために設計されているようにも思える。

建物の外観は、流動的な美と持続可能なエネルギーを表象する、建築家フランク・ゲーリーの傑作だが、内装は、そこが「仮住まい」であることを強烈に訴えかけてくる。**会社全体が昨日転入してきたばかりで、明日になればまた転出していきそうに見える**のだ。

コンクリート打ちっ放しの床に、むき出しの空調ダクト、キーボードが積まれた部屋の片隅、手作りのポスターが留められた壁。

僕らは2年ほど前にフェイスブックを訪問したとき、会議室のガラス製のドアにロゴが刻まれているのに気がついた。同じロゴがはるか遠く、フットボール場ほどの長さの廊下の先まで、ドアというドアに刻まれていた。

もしもそのロゴが、フェイスブックのロゴだったら、とくに気にも留めなかっただろう。でもそうじゃなかった。**サン・マイクロシステムズのロゴだった**のだ。

「このロゴはいったい何です?」と、僕らはフェイスブックの施設担当者に尋ねた。

「ああ、それね」と彼は答えた。「ここは昔、サン・マイクロシステムズのビルだったんですよ」

「でも、新しいドアを買うお金はありますよね?」と僕らは食い下がった。「フェイスブックのロゴがついたドアを」

「そりゃね」と彼は答えた。「でもマークとシェリルは、このロゴをつけたままにしておこうと決めたんです。すばやく決断し、すばやく動いて、よりよい解決策を生み出さなければ、サン・マイクロシステムズの二の舞になるってことを、みんなに思い出させるために」〔かつて高性能サーバで一世を風靡したサン・マイクロシステムズは、時代の波に乗りきれず、2010年にオラクルに買収された〕

壁にもフェイスブックの風変わりな特徴が表れている。それはポスター、しかも本物の印刷されたポスターだ。外壁にも、会議室の壁にも、受付デスクのうしろにまで、ポスターがずらりと貼られている。

その一つひとつが、社員の誰かが情熱を注いでいる趣味やイベント、活動——水中スケートボード、タイムズアップ運動、「黒人の命も大事だ」運動、地元のゲームグループ等々——の告知だ。

なぜポスターのようなレトロなものが、このハイテクのデジタルメディア企業に氾濫しているのだろう？　これらも、人と人とのリアルなつながりを促し、深めるという、フェイスブックの使命の一環である。

人々をつなぐためには、一人ひとりの関心や情熱を知り、それを表出させ称賛する方法を見つけなくてはならない。だから洞窟の壁に絵を描くように、ポスターを壁に貼る。そうやって、お互いのことを学び合っているのだ。

「日曜」に開店せず高収益のファストフード店

チックフィレは世界で最も収益性が高く、最も成長著しいファストフード・チェーンである。ちょっと不思議に思うかもしれない。

フェイスブックの成長は、いうまでもなくネットワーク効果の力によるところが大きい。グーグルの成功要因は、優れた検索アルゴリズムの独占的な力によるものといえる。アマゾンは、先行者の地位と利益を二の次にする姿勢にものをいわせて、業界リーダーの地位を獲得した。

だがチックフィレには何があるのだろう？　チキンサンドイッチにワッフルポテトフライ、シェイクはどれも絶品だが、一見したところ、同社のとんでもない成功を説明するほどには差別化されていないようにも思える。

チックフィレにあったのは、フェイスブックのリーダーに劣らず徹底的に、正確に、意図的に、自分にとっての意味に息吹を吹き込むことに邁進した、創業者の故トゥルエット・キャシーの存在だ。

いつになっても仕事が終わらないように思えるフェイスブックとは違って、**チックフィレは日曜は休業する**。もう1日店を開ければ、売上と利益がいっそう伸びることは間違いないのに。

なぜだろう？　キャシーは敬虔《けいけん》なクリスチャンで、日曜を安息日として定める聖書の教えを忠実に守っていたのだ。

日曜休業の方針は、おそらくキャシーがチームに意味を落とし込んだ、最も目立つ手法だろう。もう1つの手法である、チックフィレのフランチャイズ契約を見てみよう。

フランチャイズ事業者と加盟者間の契約といえば、一般には、ブランドという増幅装置を通じて資本を活用するための仕組みである。

事業者がブランドを提供し、加盟者が資本を提供する。事業者は、どれだけ多くの安定した資本を提供してくれるかという基準で加盟者を選び、加盟者はブランドがどれだけ強力で魅力的かをもとに事業者を選ぶ。

事業者はできるだけ多くの資本を獲得しようとし、加盟者はできるだけ多くの店を獲得することを目指す。

たとえばマクドナルド最大のフランチャイズ加盟企業、アルコス・ドラドス・ホールディングスは、2000店を超えるマクドナルドの店舗から年間45億ドルを超える売上を得ている。

会社に合う人材が「向こう」から来る

チックフィレのフランチャイズ契約はそういうふうにはなっていない。チックフィレの加盟者は、どれだけ資本をもっていようと、所有できるのは2000店どころか、**1店だ**

けだ。*

チックフィレにいくら投資したくとも、それより多くの店はもたせてもらえない。キャシーが1950年代半ばに考案して以来変更されていない、フランチャイズ契約で禁じられているのだ。

創業当時、キャシーはチキンの販売よりも、地域社会のリーダーの育成を、会社の使命にしようと決めた。

どれだけ嘲笑されようが、キャシーはこれを忠実に守り続け、それに合わせてフランチャイズ契約を練り上げた。

地域リーダーを育成するには、加盟者として迎えた一人ひとりを、地域社会にとどめるための工夫が必要だ。**それをするための最良の方法は、リーダーを店内にとどめることであり、それをするための最良の方法は、加盟者に1つしか店をもたせないこと**だと、キャシーは考えた。

1つしか店をもたなければ、リーダーはいつも店内にいて、客やチームメンバーに寄り添い、一人ひとりの関心事を——地域社会が何に関心をもち、何を懸念しているかを——じっくりと知ることができる。

人々の求めに応え、行動を起こすうちに、やがて地域のリーダーに育っていくだろうと、キャシーは考えたのだ。

キャシーはこの高潔なビジョンに導かれるようにしてフランチャイズ契約を考案し、それから資金量ではなく地域社会への貢献意欲をもとに加盟者を選んだ。

これは物語としてはよくできているが（よくある創業伝説だ）、21世紀も20年を過ぎようとしているこのご時世に、本当であるはずがないと思う人がいるかもしれない。

だがこんにちに至るまで、加盟者になるのに元手はいっさい不要だ。しかし、チックフィレが未来の地域社会のリーダーを厳選しているため、加盟者になるのはハーバードに入るより難しいといわれている。

チックフィレは長年のうちに、ブランドの拡大に利用できたはずの資金を、おそらく数十億ドル単位で逃してきたはずだ。

だがその代わり、キャシーの意味に賛同する数万人の人材を獲得している。

＊チックフィレは例外的な状況として、第1号店がショッピングモールにある場合に限り、2店目の独立店舗をもつことを認めている。だが加盟者の95%が、1店のみの所有である。

「言葉」そのものは弱い

だからといって、マーク・ザッカーバーグとシェリル・サンドバーグ、トゥルエット・キャシーが完全無欠の模範だといいたいのではない——そうではないし、彼らだって自分たちのことをそんなふうには思っていないだろう。

だがもしもあなたがチームや会社の意思統一を図りたいのなら、この3人が意図的に、執拗に、正確に、広く行き渡るように意味を落とし込んでいる方法から学べることはあるはずだ。

具体的に説明すると、彼らが実に効果的に活用している3つの手段は次の通り。

1つ目が、**「価値観の表明」**、いわばメッセージを壁に書くことだ。

「価値観」を文字通り書き出すということではない。多くのリーダーや企業がこれをやろうとするが、結局は誠意、革新性、チームワークといった当たり障りのない言葉を列挙し、なぜ効果がないのだろうと首をひねるだけで終わっている。

部下のために価値観に息吹を吹き込む方法には、工夫が必要だ。自分の価値観を言葉で表すのではなく、**見せる**といい。

あなたが職場で部下に見せたいもの、ふとしたときに目に入ってほしいものは何だろう？　フェイスブック社内のサン・マイクロシステムズのロゴや、ポスターの氾濫、「ザ・ハッカー・カンパニー」の看板は、どれもこのわかりやすい例である。

あなたはどんな価値観を表明しているだろう？　壁にどんなメッセージを書いているだろう？　ドアから入ってきた人たちは何を見るだろう？　左を向くと何が見えるだろう？

それらはあなたという人間について何を伝えるのだろう？

くり返す姿勢が「メッセージ」になる

意味を組織にくまなく落とし込む2つ目の方法は、**「儀式」**だ。

フェイスブックには有名な隔月のハッカソン〔ハック（プログラムの改良）とマラソンをかけた造語で、ソフトウェア開発者が決められた期限内に集中的にアイデアを出し合い、開発を行う催し〕がある。

チックフィレは日曜に休業する。

ウォルマートとサムズクラブの創業者サム・ウォルトンには、体が動かなくなるまで毎週金曜に続けていた儀式があった。店を1つ選び、そこへ行って特定の陳列棚のエンドキャップ〔陳列棚の端のオープンスペースに面した棚の部分〕にいろいろな商品を置き、土曜に戻って何が売れたかを確認するのだ。これはウォルトンならではのＱＭＩ（クイック・マーケット・インテリジェンス）

〔商品に関する情報をすばやく共有する仕組み〕であり、**「誰も、ボスでさえも、顧客の考えていることを顧客以上には理解できない」**という深い信念を従業員に伝える方法でもあった。

意識的にであれ無意識的にであれ、あなたもすでに儀式を行っているはずだ。儀式、つまり**あなたがくり返し行うことは、あなたが何を大事にしているかを部下に伝えている。**

あなたを1週間尾行すれば、僕らにもそれがわかるはずだ。

たとえば会議を考えてみよう。

あなたはいつ姿を見せるのか？　予定より5分早く来るのか、5分遅く来るのか？　どんな服装をしているか？　チームメンバーのプライベートな近況報告から始めるのか、いきなり本題に入るのか？　誰が最初に話すのか？　チームメンバーに話させるのか、彼らの発言をさえぎるのか？　会議は長引くことが多いか？　仕事を仕上げるためにチームメンバーに居残りさせるのか？

こうしたすべてが、あなたの儀式の側面になる。チームはそれを見て、あなたが望もうが望むまいが、何らかの意味づけを行い、結論を引き出しているのだ。

となると、あなたが考えなくてはならないのは、儀式を行うか行わないかではない。**あなたの儀式が伝えていることを、自分でしっかり意識しているかどうか**である。

敗戦も語り継げば「教訓」になる

3つ目の方法は、**「物語」**だ。チックフィレのセミナーでの加盟者紹介は、ストーリーテリングを芸術の域にまで高めている。

それぞれの加盟者の店に足を運び、写真を撮影し、家族や地域社会の声を丁寧に聞き取り、社内全体に共有するのだ。

最高のリーダーには、優れたストーリーテラーが多い。小説や脚本の書き手という意味ではなく、会議で語るエピソードや逸話、物語、メールのやりとりや電話を通して、意味を人々に落とし込んでいる。

彼らがちょっとした物語をつねに語るのは、そうした物語が自分の大切にしていることを伝えるからだ。物語は世界に意味を与える。**物語とは人間の姿を借りた意味**なのだ。

だから宗教は救世主や地球創造の物語を語り、大事なことを学ばせてくれる寓話をはさむ。あなたはチームメンバーに語る物語を通して、チームにとって大事な多くのことを伝えられるのだ。

たとえば、ずっと規模が大きい話だが、イギリス人には語らせたら止まらない戦いが3つある。クリミア戦争の軽騎兵旅団の突撃、バトル・オブ・ブリテン、そして第2次世界大戦のダンケルク撤退だ。

もちろん、国民が戦いを長く語り継ぐのは不思議なことでも何でもない。不思議なのは、**イギリスがこれらのどれにも勝利していないこと**だ。軽騎兵旅団の突撃は莫大な犠牲を出したし、バトル・オブ・ブリテンとダンケルク撤退は勝利を確保するというよりは、敗北を回避するための戦いだった。

ではなぜ語らせると止まらないのだろう？

なぜならこれらの物語は、イギリス人にとって最も意味のあることを伝えているからだ。「われわれはけっしてあきらめず、けっして屈しない」

われわれは勝利よりも、精神力と不屈の精神に価値を置くからこそ、勝利の反対側で終わりがちな、忍耐の物語ばかりを語る。そうやって意味を共有しているのだ。

あなたは意識していようがいまいが、物語を語っている。どんな会話や会議でも、つねに物語を語っている。

あなたはどんな物語を語っているのだろう？　そしてそれらの物語は、あなたが意味があると考えることについて何を伝えているのだろう？

「他人の目標」に関わることはお勧めしない

リーダーのあなたは、部下の判断や選択、洞察力、創造性を解き放ちたいと考えている。だがここまでの2章で見てきたように、それをするために一般的に行われている方法には、ほとんど効果がない。

計画システムは情報を隔離し、目標設定システムはやるべきことを個々のチームやチームメンバーにまで落とし込む。

代わりに必要なのは、**情報システムによって情報を解き放ち、意味の表明と儀式、物語を通じて、意味を組織の隅々にまで落とし込むこと**なのだ。

世界で何が起こっているのか、どの山を目指しているのかを部下に伝え、貢献するための具体的な方法を考え出すのは、彼らに任せよう。目標を連鎖させるどんな計画システムが生み出すよりも優れた、より信頼できる決定を下してくれるはずだ。

イーサン・フロケは――正確にいうとフロケの母は――年を追うごとにますます目標設定を重荷に感じていた(4)。イーサンは自閉症である。

母はイーサンが幼い頃から来る年も来る年も、個別教育計画（ＩＥＰ）を書かなくてはならなかった。IEPとは、教師とセラピストの助けと指針になるように、彼女と夫がイーサンのために設定する1年間の目標――息子に望むこと――である。

だが夫婦の立てる目標は時が経つにつれ小さくなっていった。イーサンが今後1人で生活することも、継続的な仕事に就くことも、結婚することもままならないことがはっきりしたからだ。

目標はどんどん縮小し、イーサンの発達について話し合う、年に1度の会合はますます重苦しくなり、IEPは年々短くなっていった。イーサンがいくらか希望がもてそうな農場実習を見つけた年、IEPはたった1文になっていた（「イーサンが実習を1年続けられることを願っています」）。翌年、もうIEPは書かれなかった。母は忙しく、イーサンの足りない点を振り返るのは――18年も続いていた――もうつらすぎた。

だがその年、母の知らないうちに、イーサンは自分で目標を書いていた。もちろん連鎖目標のことなど知らない彼は、別のことに目を向けた。

これが、イーサンの書いた全文だ。

僕は高校を卒業したら、引退するまでプロスペクト・メドウ農場で働き、家族と家でできるだけ長く暮らすつもりです。これからもバークシャーヒルズ音楽アカデミーで授業を受けたいです。趣味ではスペシャル・オリンピックス大会でバスケットボールに出たり、バーモント州のコテージやニュージャージーの海に行ったり、芝刈りをしたり、名刺を集めたりしたいです。将来の目標は、ＰＶＴＡバスに乗って町に買い物に行くことと、いつか芝刈り機の運転を習うことです。

他人が立てた目標はわれわれをがんじがらめにする。イーサンは自分の目標を立て、具体的に落とし込むことで、自由を見出したのだ。

ウソ

#4 最高の人材は「オールラウンダー」である

「何でもできる人」vs「これしかできない人」

リオネル・メッシのドリブルを見てみよう。

ユーチューブで「メッシ　ドリブル　ベスト」と検索して出てくる動画のどれかを——何百件も出てくるが、どれでもいい——クリックすると、魔法の足をもつ小柄な男性が、2倍速のような速さで次々と相手ディフェンダー（DF）をかわし、ペナルティエリアに入ってシュートを放つ様子が見られる。

「神童」のハンデキャップ

リオネル・メッシはアルゼンチンの港町ロサリオに生まれた。

幼い頃から足が速かった。サッカーを始めて間もない頃に母が撮影したビデオには、まるで見えない糸で大きなボールに引っ張られているかのように、次々と敵をかわしていくメッシの様子が収められている。

その神童ぶりは広く知れわたり、大西洋の向こうからやって来たFCバルセロナのスカウトに見込まれて、13歳で故郷を離れ、バルセロナの伝説のユースアカデミー、通称「ラ・マシア」（「農家」の意味）に入った。

メッシの小さな体は成長を拒んだため、成長ホルモンを投与され、体格が才能の大きさに追いつくのを待った。体がついぞ追いつくことはなかった。身長の伸びは170センチで止まり、ブエノスアイレスのスラム街で遊んでいた子ども時代と変わらずやせたままだった。

だがなぜかそれは大したことには思われなかった。才能があまりにも非凡なため——どんなに速く走り、どんなに急に向きを変えても、ボールが足に吸いついているように見える——背丈と体格の不足は問題にならなかったのだ。

17歳という若さでバルセロナのトップチーム入りを果たして以来、メッシは世界最高のサッカー選手、多くの人にとって史上最高のサッカー選手であることを証明してきた。

ユーチューブを検索して出てくるのはどれも名場面だが、メッシの才能が余すところなく発揮されているのが、2015年スペイン国王杯ファイナルで、アスレチック・ビルバオを相手に決めたゴールだ[1]。

これをじっくり見る価値はある。というのも、メッシがほんの数秒間にこなすことの多くがめざましいというだけでなく、この動画はメッシについて、とても奇妙なことを教えてくれるとともに、その非凡な才能を支える土台が何かを明らかにしているからだ。

メッシはほぼ「左足」しか使わない

メッシはハーフウェイライン近くでパスを受け、ボールを足元に置いて一瞬完全に静止する。目の前にDFが1人いて、ほかの相手選手は全員、メッシとゴールの間にポジションを取っている。

するとメッシは、まるで突然思いついたかのように、矢のように左に向かってダッシュし、それから右にフェイントをかけ、一番近いDFの不意を突いてサイドライン沿いを走り出す。別の3人の相手選手がメッシに迫り、隅に追い詰めてゴールから遠ざけようとする。

メッシは一瞬動きを緩め、右肩を落とすと左に飛び出し、相手DFの間をすり抜けたかと思うと一気に3人を振り切り、ペナルティエリアに突進する。別の2人のビルバオ選手がカバーに走るが、メッシはまるで早送りのような足の回転で、新しい脅威をするりとかわし、いまやボールを左に置いて、ゴールに蹴り込む絶好の位置にいる。

メッシはシュートする。ゴールだ。バルセロナの選手が駆け寄り、サッカー選手にしかできない方法で喜び合う。プレーに戻ろうとハーフウェイラインに向かうメッシに、ビルバオのサポーターまでもが称賛の拍手を送る。史上最高のプレーだ。

動画をくり返し見ると、驚きの発見がたくさんある。ゼロからトップスピードに至るまでの瞬発力、生来の空間感覚、最も危険な角度からのゴール、ニアポストを狙うという常識破りの決断。

だが何よりも驚くべき発見は、ハーフウェイラインを越えた位置から7人のDFをかわしてペナルティエリアに入るまで、**メッシが片方の足しか使っていない**ことだ。走り始めてから実際のシュートまでのボールタッチの回数を数えてみると、19回のタッチのうち、右足を使っているのは2回しかない。ドリブルの最中にメッシが行うほかのことは、とどめのシュートを含め、すべて左足で行われているのだ。

別の動画をクリックして、メッシの華麗なゴール集のほかのドリブルを見ると、**これがいつものこと**だとわかる。メッシの利き足と非利き足の使用比率は約10対1で一定している。ちなみに、利き足が右のクリスティアーノ・ロナウドの比率は、4・5対1ほどだ。

いい換えれば、メッシはただの左利きの選手というだけでなく、**ボールでやるべきことのほぼすべて、パス、ドリブル、シュート、タックルのすべてを、左足だけでやる選手**なのだ。

つまり、メッシの「左利き度」は実に極端ということになる。そしてもちろん、相手チームの全員がこのことを強く意識している。

それなのに、メッシがつねに左足でプレーすることをあらかじめ知っていても、そのすばやい動きには出し抜かれてしまうのだ。メッシは生まれつきの左足への偏重を受け入れ、それを極端なまでに伸ばしたからこそ、それを欠点どころか、一貫した、劇的な、不公平なまでのアドバンテージにすることができたのだ。

「強み」を発揮するとは？

メッシは世界最大のスポーツの舞台で才能を発揮しているが、あなたも職場の同僚に同じような感嘆を覚えたことがあるだろう。

準備したプレゼンテーションを、ウィットを交えながら明快に行う誰かを見て、笑顔になる。気難しい顧客に論理と共感の絶妙なバランスで対処し、しかもそれを涼しい顔でやってのける誰かに目を見張る。複雑な政治的状況を打開した誰かを見て、いったいどうやってやったのだろうと驚く。

人は誰かが才能を発揮するのを見ると、喜びを感じるようにできている。何かが自然に、滑らかに、全力で行われる様子に心を打たれ、魅了され、引き込まれるのだ。

あなた自身がこれを経験するとき、つまり強みを発揮するときにも、メッシ的な喜びを感じるはずだ。

この感情は、元を正せば、何かがうまくできたという感覚から生じるものではない。むしろそれは、**うまくできた行為があなたに与えてくれるものから生じる**のだ。

やりたくないと上手にならない

強みを正しく定義すると、「得意なこと」ではない。

あなたにも、知性や責任感、規律正しい練習などを通して、とても上手にできるが、退屈だったり、そそらなかったり、気力を奪われたりするような活動があるだろう。

「得意なこと」は強みではなく、能力にすぎない。実際、あなたが高い能力を発揮する活動には、喜びがまったく感じられないものがたくさんあるはずだ。

これに対し、**強みとは「強さを与えてくれる活動」**をいう。この種の活動は、次のような際立った影響をおよぼす。

活動の前は楽しみでしかたがない。活動の最中は時間の進みが速くなり、時間の境界が溶けていくような感覚がある。活動のあとは疲れ切っていて、もう一度気合いを入れて取り組む気にはまだなれないが、充実感と満足感を覚える。

何かの活動を強みにするのは、この3つの感覚――事前の期待感、最中の没入感、事後の充実感――の相乗効果である。

また、この活動を何度でもやりたい、何度でも練習したいという渇望と、もう一度やる機会への興奮を生み出すのも、この3つの感覚の相乗効果だ。

強みは能力というより、欲求にずっと近く、その活動を練習し続けたいという切望を煽《あお》り、最終的に卓越したパフォーマンスに必要なスキル向上をもたらすのは、この欲求である。

もちろん、やりたいという欲求は強いのに、生まれつきの才能がない活動もあるだろう。フローレンス・フォスター・ジェンキンスを評して、ある歴史家は言った。「世界最悪のオペラ歌手である。楽譜の軛《くびき》からあれほど完全に自分を解放した人は、これまでもこの先もいないだろう[2]」

作曲家のコール・ポーターは、あまりにひどい歌声に、自分の足を杖で叩いて笑いをこらえていたという。それでも彼女は歌を愛し、財力にものをいわせてカーネギーホールの舞台にまで立った。

だがフローレンスや「下手の横好き」の人を詳しく調べると、彼らが愛しているのは活動そのものではなく、活動が象徴するものであることが多い。

フローレンスにとってのそれは、おそらく演者が浴びる注目だった。幼い頃にピアノの才能を認められ、ホワイトハウスに招かれて演奏したこともあったが、病気のせいで演奏が叶わなくなり、舞台に立つために別の方法を見つける必要があったのだ。

また、凡庸なパフォーマンスのなかの一瞬の輝きが忘れられず、卓越の瞬間を再現したいというあくなき欲求から、活動に引き戻される場合もあるだろう。7番アイアンの会心のショットが忘れられず、その瞬間をもう一度味わいたいがために長年努力した人ならわかるだろう。

いずれにせよ、**人は原則として、うまくできないことを心から楽しむようにはできていないのだ。**

「仕事に喜びを」は軟弱な詩人の妄言か？

人は一人ひとり違うから、喜びを感じる活動も当然人それぞれだが、この気持ちがどういうものかは誰でも知っている。そして、**仕事にそうした喜びの要素が含まれるとき、つまり自分の仕事に愛を感じるとき、人はすばらしい仕事をする**のだ。

強みを伸ばすことによって世界に貢献することにかけては右に出る者がいないスティービー・ワンダーも、こう言っている。「喜びのない仕事には誇りを感じられない。最高の仕事は、喜びに満ちた仕事なんだ[3]」

それが仕事の働きだ。スティービー・ワンダーは作曲し、歌うとき、仕事の喜びを感じている。リオネル・メッシはＤＦを楽々かわし、あり得ない角度からシュートを決めるとき、仕事の歓喜を感じている。

仕事をすばらしくこなしている人、つまり仕事に愛を見つけた人を見るとき、われわれは喜びを感じる。そしてあなたにも仕事に喜びを感じてほしいと、あなたの会社は思っている。チームメンバーは創造的で、イノベーティブで、協調的で、打たれ強く、直感的で、生産的であれ、とリーダーが言うとき、その真意はこうだ。「喜びを感じられる活動や、歓喜を感じられる仕事をして勤務時間を過ごしてほしい」

不思議なことに、また残念なことに、このことはビジネスの世界で軽視されがちである。その理由はおそらく、ビジネスでは厳密性や客観性、比較優位が重視されるので、仕事での卓越性を発揮するために喜びを求めるなどという考え方は軟弱だと思われるからだろう。

足りないものを補うために粉骨砕身することこそ、ハードボイルドなビジネスの模範であって、喜びを見つけるなど詩人のやることだというのだ。

人は「これ」を毎日感じたい

だがデータはウソをつかない。

高業績チームを特徴づける8項目のうち、業種や国籍にかかわらず、チームの生産性を予測するうえでとびきり強力な判断材料（予測因子）が1つあることが、研究に次ぐ研究で明らかになっている。

その因子とは、メンバー一人ひとりの**「仕事で『強みを発揮する機会』が毎日ある」**と

いう感覚だ。チームでする仕事の種類や、誰がどの部分を担当するかとは関係なく、日々の仕事で喜びを感じているメンバーが多ければ多いほど、チームの生産性も高い。

そして、**この質問項目から「毎日」という言葉を取り除くと、この項目は有効性を失い、「強くそう思う」メンバーの数とチームの業績との相関関係は消えてしまう。**

自分の強みが仕事に役立っているという「日常的な感覚」こそが、高業績の必須条件なのだ。

最高のチームでは、チームリーダーがメンバー一人ひとりの強みを把握し、かつ仕事で強みを発揮することを毎日求められているとメンバーに感じさせるように、各メンバーの職務と責任を調整しているように思われる。

チームリーダーにこれができているとき、ほかのすべての項目――認められているという感覚、使命感、期待の明確さなど――の高業績への寄与度が高まる。だが**チームリーダーにこれができていないときは、ほかの金銭や肩書き、励まし、なだめすかしなど何をもってしても、それを埋め合わせることはできない**。

仕事と強みがつねに適合していることが、高業績チームのマスターレバーである。これを引けばほかのすべてがパワーアップするし、引かなければほかのすべては力を失ってしまう。

突き抜けるほど「評点」が下がる

とはいえ、ここまでの発見には何も驚くべきことはない。

リオネル・メッシのような人が輝きを放つのを見て高揚した経験は誰にでもあるはずだ。同僚が力を発揮するのを目の当たりにして、その成功にうれしくも驚かされたり、活動に一丸となって取り組む喜びや、強みの独自の組み合わせを通じた貢献に誇りを感じたことはあるだろう。

だからこのデータも、とくに驚くようなものではないはずだ。最高のチームが、強みと職務が適合するようにつくられているのは当然だろう。世の中の経験を積んだ人にとって、ここまで見てきたことにあっと驚くような発見はないはずだ。

むしろ驚かされる（いらだたせられる、失望させられる）のは、社員が自分の強みを見つけ、発揮する手助けをすることが、会社の目的になっていないことだ。

会社のシステムやプロセス、テクノロジー、儀式、言葉遣い、哲学は、その正反対を意図してつくられている。

すなわち、**標準的なモデルに照らして社員を評価し、モデルにできるだけ近づくことを**

求める。「最高の人材はオールラウンダーである」というウソの上に会社は成り立っているのだ。

会社は「モデル」と「細分化」の虜

あなたは（もしまだなら）キャリアのどこかで、「コンピテンシーモデル」なるものに出くわすだろう。

「コンピテンシー」とは、仕事で優れた成果を挙げるためにもっているべきとされる能力や資質をいう。戦略的思考、目標志向、政治的手腕、ビジネス感覚、顧客重視の姿勢といったものがそれだ。

この根幹にあるのが、「高い業績や成果はコンピテンシーの適切な組み合わせによって生み出される」という考え方である。そのため会社の最高幹部は、望ましいコンピテンシーの長いリスト――それこそ数千項目もの選択肢――を検討し、各職務に携わる人材がもっているべきコンピテンシーを選び出す。

たとえば広く用いられているモデルの1つは、コンピテンシーを5つのカテゴリーに分類し（コアコンピテンシー、リーダーシップ／マネジメント／ビジネス／対人関係に関わるコンピテンシー、職務機能的コンピテンシー、職務技術的コンピテンシー、技術的課題に固有のコンピテンシー）、次に各カテゴリーをさらに多くのコンピテンシーに細分化する。

たとえば「コアコンピテンシー」には22のリーダーシップコンピテンシー、18のマネジメントコンピテンシー、45のビジネスコンピテンシー、33の対人関係コンピテンシーの、計118のコンピテンシーが含まれるといった具合だ。[4]

新卒レベルの職務に求められるコンピテンシーは、数が少ないか単純で、職務階層が上がるにつれコンピテンシーの数は増え、より複雑になっていく。

また各職務に必要なそれぞれのコンピテンシーにつき、望ましいレベルが5段階で定義されている。「○○の職務には戦略的思考でレベル3、顧客重視でレベル5が求められる」など。

この枠組み全体――選ばれたコンピテンシーと、勤続年数ごと、職務ごとに必要とされるコンピテンシーレベル――は、まとめてコンピテンシーモデルと呼ばれる。

典型的なモデルでは、1つの職務につき、数十項目の様々なレベルのコンピテンシーが定められていることもある。

バーバラを知らずにバーバラを評価している

ここまでの枠組みは、多少ややこしいとはいえ、何の問題もないように思える。幹部が集まって、理想の社員像を定義する。リーダーの理想的な時間の使い方ではないかもしれないが、少なくとも模範像を設定したからといって、誰も害を被ったりしない。

だが波風が立ち始めるのはこのあとだ。というのも、**コンピテンシーはいったん特定されると、あちこちで使われるようになる**からだ。

あなたは上司と同僚によってコンピテンシーを評価され、あなたの総合的な業績評価は、各コンピテンシーをどれだけもっていると評価されるかでおおむね決まる。年に一度のタレントレビュー（人材戦略会議）では、あなたのパフォーマンスとポテンシャルは、コンピテンシーという言語で説明される。必要なコンピテンシーをすべてもっていると認められれば、昇進や昇給の対象になったり、重要な職務に抜擢されたりする。だがコンピテンシーが欠けていたり、バランスが取れていないと判断されれば、指定された研修を受講し、不足を補ったことを証明できるよう努めなければならない。

会社はコンピテンシーというレンズを通してあなたを観察し、理解し、評価している。

従業員の情報管理、給与支払、手当支給、昇進、人材開発、人材配置に用いられる業務ソフトウェアシステムなど、社内の主要な人材管理ツールのすべてが、コンピテンシーモデルと、あなたや同僚のコンピテンシーの熟達度をもとに設計されている。

フィードバックを書く退屈な作業を代行してくれるロボット機能を搭載したシステムさえある。

チームリーダーは、チームメンバーがもっているべきコンピテンシーのうちの1つを選び、そのコンピテンシーの基準を上回る場合、満たす場合、下回る場合に見られる行動特性のなかから、チームメンバーに該当するものを選ぶ。

するとシステムがその評価を表す例文を生成してくれるから、チームリーダーはそれを読み、ボタンを使ってもっと肯定的に、または否定的に聞こえるように適宜調整して、決定ボタンをクリックすると、完成された文章がチームメンバーのフォームに入力される——**このすべてを一語も入力せずに行うことができる**のだ。

ロボットが生成するのは、こんな感じの眠くなるような文章だ。「バーバラは……予算要求を思慮深くまとめ、年間を通じてコストを徹底的に見直し、必要な調整を図っている」

これを、バーバラが実際にそうしたことを行っているかどうかを知りもせずに（もちろん知ろうともせずに）、数回のクリックで生み出すことができるのだ。(5)

論理的に考えれば間違うロジック

だが僕らがここで心配しているのは、退屈なまでに自動化されたコンピテンシーモデルの導入ではなく、これらのモデルや、組織内で行われる大半のことの根底にある「仕事に対する考え方」である。

その考え方とは、仕事の世界は機械やコード、プロセスでできていて、不調が生じたら故障した部品やコード、プロセスを探し出して直す、つまり不具合を探して修正する、とまあ、こんな感じのものだ。これがコンピテンシー理論の前半部分である。

この考え方が業績に当てはめられ、あなたは熟達度を評価され、スコアが一番低い領域——最も「不具合」の大きい部分——を能力開発領域に指定され、業績を高めるには、そうした欠点につねに取り組むのが最善の道だと教えられる。

そしてコンピテンシー理論の後半部分では、前半から論理的な結論が引き出される。業績向上が欠点の修正によってもたらされるなら、高業績すなわち卓越性は、あらゆる欠点をなくし、すべての尺度で高スコアを達成することから生まれるはずだ。

つまり、卓越性とはオールラウンドな高い能力を指し、オールラウンドな人材こそが望ましい――。

これが、コンピテンシーの横暴の根幹をなすウソである。

このウソは組織に根強く蔓延《まんえん》している。だが真実を見抜くには、次の2つの事実を理解するだけでいい。

人には「状態」と「特性」がある

第一の事実として、そもそも**コンピテンシーを測るのは不可能**である。

たとえば「戦略的思考」を例にとってみよう。これは変動し変化しうる「状態」なのだろうか？　それともその人が生まれつきもっていて、時間が経ってもあまり変わらない「特性」なのか？

計量心理学の分野では、この2つの現象を測る方法はまったく異なる。

「状態」を測るには、回答者の心理状態を調べるアンケート調査か、対象者が必要な知識を習得したかどうかを調べる正誤問題を作成する。

たとえばある人の〝投票傾向〟は状態だから、アンケート調査でとらえることができる。投票傾向は変化すると予想される。つまりある人に対し、時間1に投票傾向を尋ね、続いて新しい情報を与えれば、時間2では投票傾向が変化していることが期待される。

〝気分〟も状態だ。幸福の基準は人それぞれのように思えるが、ある人の気分は、その人の幸福の基準を中心として変化すると考えられる。したがって時間1にある人に気分を尋ね、その後状況や環境が変われば、時間2では気分に変化が見られるかもしれない。

同様に、〝スキル〟や〝知識〟も状態だ。時間1に何かのスキルや知識をテストし、それからその分野の研修を受けてもらうと、時間2には正答率が上がっている可能性が高い。

これらはすべて状態で、時間とともに変化することが予想される。

これに対し特性とは、人にもともと備わっているものをいう。たとえば外向性は特性だし、共感や競争意識、構造欲求（現実世界を理解する際に、構造化したかたちで理解しようとする欲求）もそうだ。人はそれぞれ固有の性質や思考・感情・行動のパターンをもっていて、こうしたパターンを通じて、より巧みに、効果的に貢献する方法を時間をかけて身につけることはできるが、パターンそのものは生涯を通じて変わらないことがわかっている。

特性は、アンケート調査やスキルテストでは測ることができない。信頼性と妥当性が検証されたパーソナリティ評価を使って測定する必要がある。

最も一般的なパーソナリティ評価の例を2つ挙げると、自己評価（回答者が注意深く言葉を選んだ文章を読み、「強くそう思う」から「まったくそう思わない」までの回答を選ぶ）と、状況判断テスト（回答者が状況の説明を読み、それに対する自分の反応として最も近いものを選択肢のなかから選ぶ）がある。

何かを測る場合には、適切な測定方法を選ぶために、まず測ろうとしている対象が状態なのか、特性なのかを知っていなくてはならない。

評価基準は「混ぜ物」でできている

難しいのはここなのだ。

この観点からすると、「戦略的思考」というコンピテンシーは「状態」だろうか、それとも「特性」なのか？

このコンピテンシーを測定するには――コンピテンシーのそもそもの存在目的は、何かを測定することにある――まずそれを知る必要がある。

もしもこのコンピテンシーが「状態」だというのなら、心理状態を調べるアンケート調査か、正誤問題を使って、本人に答えてもらう必要がある。だが、上司や同僚に、あなたのコンピテンシーを評価するよう求めても無駄である。他人はあなたの投票傾向や、あなたが何かのテストで何点取るかを予測できないのと同様、あなたがこの抽象的な資質を正確に今どれだけもっているかを知ることは絶対にできないのだから。

また、もしもこのコンピテンシーが「特性」なら、それを測るにはパーソナリティ評価を使う必要があり、コンピテンシーを高めるために「戦略的思考」講座の受講を勧めても無駄だ。特性は定義上、ほとんど変化しない。

だが実際には、**戦略的思考や政治的手腕などのすべてのコンピテンシーは、状態と特性が適当に混ざり合ったもの**なのだ。「目標志向」があなたの脳の配線によって決まるのか、あなたが身につけたやり方から来ているのか、誰かに命じられた方法に由来するのかは**わからない**。「顧客重視」が脳の配線に組み込まれているのか、学習したスキルなのか、そのスキルの使い方によるのか、まったく違うことによって決まるのかは**わからない**。

業績を科学的にとらえるには、測定可能なものから始めなくてはならない。測定できるからこそ、それが業績にどう貢献したかを調べることができる。

ところがコンピテンシーは、まったくの逆向きにつくられている。まず、パフォーマンスにつながりそうな資質を思いつく限りリストアップし、それからようやく測定方法を考えるのだ。

もうこの時点で、状態と特性を分離するには手遅れになっているから、しかたなくこういったコンピテンシーが何らかのかたちで向上可能でありますようにと祈りながら、（残念ながら状態と特性のどちらも測定することができない）抽象概念を使って、お互いを評価し合っているのだ。*

根拠のない「能力開発」をやらされる

またコンピテンシーは測定不能だから、「この職務に秀でた人は全員、これこれのコンピテンシーをもっている」という仮定は、証明・反証が不可能だ。

同様に、**「不足していたコンピテンシーを獲得した人はそうでない人に比べて、パフォーマンスが高い」――つまりオールラウンダーのほうが優れている――という仮定も、証明しようがない。**

＊他人を評価することの難しさについては、6章で詳しく説明する。

この2つの仮定は、ほとんどの企業が従業員の能力開発のために行っていることの根幹にあるが、どちらも反証不可能である。

だから、特定のコンピテンシーをもつことの重要性を証明する学術論文が査読ジャーナルに載ることは絶対にないし、欠けているコンピテンシーを獲得するとパフォーマンス向上につながることが証明される見込みもまったくない。

どちらの仮定も、つくられた意図はよかったが、根拠に欠けていて、それが正しいかどうかを知ることはできないのだ。

「凹んだ能力を伸ばす」ことの問題点

だがちょっと待った、とあなたはいうかもしれない。

ビジネスとはそもそも、不完全なデータをもとに決定を下す技術じゃないのか？　ビジネスマンは不確実性を前にリスクを取るために給料をもらっているんだろう？

それに、計量心理学だって役に立つのではないか？　たとえコンピテンシーの獲得が業績向上につながることを目に見えるかたちで示せなくても、試してみたっていいじゃないか？　部下が欠けている能力や資質に気づいて、それを補い、オールラウンダーに近づけるよう手助けをするのが、優れたチームリーダーの務めだろう？

オールラウンドな理想像に近づくのは、チームにとっても個人にとってもいいことだろう？

実際、足りない能力を伸ばすことが成長ってものだろう？

ここでも答えは**「ノー」**だ。これが第二の事実につながる。**卓越性には特異性があることが、これまでに行われたあらゆる職業や取り組みの高業績に関する研究で示されている**のだ。

オールラウンドなハイパフォーマーは、理論上の世界の産物でしかない。現実世界のハイパフォーマーは、個性的で際立っていて、自身のユニークなところを理解し、それを賢く伸ばしてきたからこそ秀でているのだ。

これが最もわかりやすいのが、プロスポーツの世界だ。もしもサッカーのアタッカーの理論上のモデルを設計するとしたら、小柄で右足をほとんど使わない、リオネル・メッシのようなモデルにしようとは思わないだろう。それよりは、身長と体格に恵まれていて、左足と右足、頭を同じくらい使う、クリスティアーノ・ロナウドにずっと近いプレーヤーを構想するはずだ。

テニスの世界なら、ロジャー・フェデラーのしなやかさと優雅さは当然設計に組み入れるとして、ラファエル・ナダルの筋肉と、ノバク・ジョコビッチの自信を加え、アンデイ・マレーのネットプレーの技術をほんの少々取り入れるかもしれない。

どうしても「完璧な人間」を想像してしまう

つまり理論上の世界でなら、望ましい能力や資質をよりどりみどりに採用することができる。だが現実世界ではもちろん、サッカー選手であれ、テニスプレーヤーであれ、チームリーダーであれ、**誰もそんなことはできない**。

現実世界では、各人が自分のもっているものを最大限に活用することを学ぶ。**成長とは実際のところ、欠けている能力を獲得できるかどうかではなく、すでにもっている能力のインパクトをどれだけ高められるかにかかっている**のだ。

また能力は一人ひとり違うため、優れたパフォーマンスにおいては、多様性が最小化されているどころか拡大され、同一性ではなく独自性がカギを握る。

最高の音楽パフォーマーにも、同じ特異性が見られる。

アデルに壮大で情緒的なバラードを歌わせたらピカイチでも、ロードやホールジーやブリトニー・スピアーズや、ましてやマイリー・サイラスにアデルのように歌わせたら、誰もがフローレンス・フォスター・ジェンキンスのカーネギーホール公演の聴衆のように唖《あ》然《ぜん》とするはずだ。

「最低限必要な資質」はないかもしれない

あるいは特異性への反論として、どんな職務にも、それがなければほかにどんな才能があっても成功できない**「最低限必要な資質や能力」**があるはずだと思う人がいるかもしれない。

だが何が必要かを特定するにも注意が必要だ。

たとえば、「楽譜を読む力」を音楽のスキルに含めたら、多くの大物を除外することになってしまう。

フランク・シナトラは楽譜がまったく読めなかったし、エルトン・ジョンもそうだ。

ピアニストに必要な特性に「腕が2本ある」を含めると、パウル・ヴィトゲンシュタインを締め出すことになる。ヴィトゲンシュタインはクラシックのピアニストで、第1次世界大戦で右腕を失い、同時代の作曲家に左腕だけで演奏できる協奏曲の提供を受けた。

とはいえこれらは極端な例で、現実の仕事の世界とはかけ離れているようにも思える。

普通の仕事での強みやスキルには、どんな特徴があるのだろう？　特異性、それともオールラウンド性だろうか？

「普通のパブ」と「すばらしいパブ」を分けるもの

1980年代初頭、1人の男性がパフォーマンスの予測に乗り出した。彼の名をドン・クリフトンという。数学と心理学を学んだクリフトンは、採用候補者が応募してきた職務で成功するかどうかを予測するための判断材料（予測因子）を定量的に特定したいと考えた。

クリフトンはセレクション・リサーチ・インコーポレイティッド（SRI）という会社で、研究員のチームを指揮していた。SRIとは、1990年代にギャラップ・オーガニゼーションを買収して、その名を引き継いだ会社である。

SRIは初期に行った調査の1つで、大規模パブ・チェーンの店長の成功を予測しようとした。

平均的なパブとすばらしいパブの違いを生むのは、店長のもっている何らかの特定しがたい特徴だということは、古くから認識されていた。

クリフトンとチームはいつものように、パブ・チェーンの店長を業績によって最高の店長と平均的な店長の集団に分け、各集団に山のような質問をすることから始めた。「従業員を管理するための最良の方法は何ですか？」「従業員をどれくらい細かく管理すべきだと思いますか？」といった質問だ。

平均的な店長と最高の店長に同じ質問をして、回答に差があるかどうかを調べ、差が見られない質問を取り除いていくと、最終的にパブ店長の業績のカギを握るように思われる108の質問が残った。

次に、別の店長の集団を対象にブラインドテストを行い、店長の業績を知らない状態で、これらの質問を使って最高の店長と平均的な店長を、確実に、一貫して分類できることを確かめた。

「総合点」が高くなる仕組み

これらの質問は、使命感から直感的な危機対応、人材開発能力まで、店長の様々な資質や能力を測るものだった。

研究員はこのなかに、高業績を解き放つ「マスターキー」となる、たった1つもしくは数個の質問があるのではないかと考えた。

だが最高の店長のスコアを調べるうちに、それとは微妙に、だがすばらしく異なる発見をした。最高の店長が高スコアを記録した項目は、**人によってまちまちだった**——パブに独特の雰囲気を生み出すのがうまい店長もいれば、在庫や予算管理が得意な店長もいるという具合で、パターンというものがまるで見られなかったのだ。

いや、大きなパターンが1つだけあった——ある店長が高業績を上げるかどうかを予測するたった1つの方法は、**スコアの合計を見ること**だった。

研究員は店長たちが卓越性を示した側面をリストアップし、それぞれの側面での卓越性を定義することができた。しかし、店長がどれかの側面で卓越している限り、どの側面で卓越していようが違いはないように思われたのだ。

最速・最大の成長には「尖り」が必要

パブ店長という職務だけが例外なのではなかった。ギャラップ・オーガニゼーションが調査したどの職業にも——販売員であれ、教師、医師、家政婦であれ——同じパターンが見られた。卓越した人材は全員が同じ一連の能力を兼ね備えていたのではなく、それぞれの人が少数の優れた能力を独自に組み合わせていたのである。

現実世界での卓越性には、職業を問わず、特異性が見られるのだ。

ほとんどの大企業の内部に存在する、秩序と整然さへの欲求にとりつかれた理論上の世界では、あらゆる職務の完全無欠な担当者が、思いつく限りの定義可能な能力や資質をすべて兼ね備えている。

だが現実世界には、細かく定義されたコンピテンシーのリストなどそもそも存在しないし、たとえ存在したとしても何の意味もない。もしもオスカー・ワイルドがいったように、イギリス人のキツネ狩りが「食えもしないものを追い詰める非道な仕打ち」だとしたら、**コンピテンシーモデルは「意味のないものを追い求める測定不能な行為」**といったところだろう。

現実世界ではわれわれ一人ひとりが、不完全ながらも授かった特性やスキルの独自の組み合わせを活用して、最大の成果を得ようと努力する。

これを最もうまくやる人、つまり自分の仕事に愛を見つけ、知性と規律をもってその愛を育む人が、最も貢献度が高い人だ。

最高の人材とは、同じひとそろいの能力に安住するオールラウンダーではない。その正反対だ。最高の人材は尖っていて、独自の愛すべき尖りを活用することを通して最大の貢献をし、最速の成長を遂げ、最終的に最大の喜びを見出すのだ。

上層部に「個性を尊重」する暇はない

ある意味では、このことは昔から誰もが知っている。学校に通い始めた頃から今に至るまで、「この下らないことを放り出して、本当にやりたいことに集中できたら、ずっとすごいことができるのに」という思いに何度も駆られているはずだ。

それならなぜコンピテンシーモデルや、関連の360度評価、フィードバックツール、能力開発プランのようなものが存在するのだろう？

ほかの点では分別のある人たちが、なぜ現実世界での経験を無視し、膨大な労力と時間とコストを費やして、有効性を本質的に証明できないモデルをつくっているのだろう？

簡単な答えはこうだ。

人にはそれぞれ個性があり、どんなに研修を受けようが指導されようが、それをなくすことができないのは当然わかっていても、部下のチームメンバーのそれぞれが違う考えをもち、違うことにモチベーションを感じ、ボディランゲージへの反応がまったく異なり、違うほめられ方を好むという現実に向き合うのは、**多忙なチームリーダーにとって並大抵のことではない。**

細かい多様性にいちいち対処している暇がどこにある？　1つのモデルを定義して、そのモデルをもとに一括管理するほうがずっと簡単だ（例の自動フィードバック生成ソフトは、こんないきさつで生まれた）。

企業にとっては、コントロール以上に重要なことはない。

性別や人種、年齢だけでなく、考え方やモチベーション、社内の人間関係といった点でも多様性あふれる社員を前にして、企業幹部はコントロールの手段を本能的に探し求める。手綱を一手に握り、カオスに均一性をもたらし、今起こっていることを理解し、次に起こることに影響をおよぼすための方法を求めるのだ。

「困難」だから価値があると見なす

そんなわけで、**企業は一人ひとり違う個性に対処せずにすむようにするために、これまでもこれからも膨大な労力とコストを費やし続ける。**モデルは、この取り組みのなかから生まれた。

モデルは厳密性を保証する。この場合のモデルとはすべての人を評価する尺度となる、一連の明確な能力や資質をいい、これを使えばいわゆる「リンゴとリンゴの比較」（同一条件での比較）が可能になると考えられている（現実世界では、いつでもリンゴとオレンジを比較する必要があるというのに）。モデルを通じた分析により、すべての従業員を理解する手がかりが得られる。

モデルは事実、証拠、真実を提供する。今起こっていることを詳細に把握し、ダイヤルを調整して巨大企業を前進させることこそが、企業幹部の務めというものだろう？——モデルがこうした約束を何一つ実現できないことに、多くのリーダーが薄々感づいてはいるが、そういう不都合な事実はひた隠しにされる。

またこの際はっきり記しておくと、疑わしいのはコンピテンシーモデルだけではない。その背後にある考え方自体がおかしい。それは、

①欠点を修正すれば上達する
②失敗は成長に欠かせない
③強みは恐れるべきものだ

という考え方である。

ここまで見てきたように、卓越したパフォーマンスの最もめざましい特徴は、欠点が見当たらないことではない。いくつかの特徴的な強みが存在し、それらが時間をかけて磨き抜かれ、ますます活用されていることだ。

そうはいっても、「足りないところを補う」という考えには、何かしら心をそそるものがある——欠点を柵にいれ、手なずけ、頑張って直していけば、いつか向上できるかもしれないという希望がもてるのだ。

それに、**この努力が楽しいとはいいがたいことも、魅力のうちに入る**。「苦痛＋内省＝進歩」が、レイ・ダリオの運営するヘッジファンド、ブリッジウォーターの理念だ。

この方程式の硬派なまでの明瞭性は、どこか胸を熱くさせるものがある。至らぬ点を改める苦しみには価値がある。それは、悔い改め、世界に償いをする方法だ。

困難だが有益だという側面に、われわれは惹《ひ》かれる。

失敗は「重要」っぽいだけ

「失敗は重要」だという2つ目の考え方の魅力は、失敗を通じてこそ自分の欠点を理解し、より多くの欠点に気づけるという点にある。

現代のテック企業で「早く失敗せよ」を指針にしていない企業があったら、何かがおかしいと疑ったほうがいい。「何かを『上達』させたいなら、どんなに下手でも、とりあえずやってみることに優る方法はない」と語るのは、ネクストジャンプのＣＥＯチャーリー・キムである。

これはしごくもっともな話だ。だがそこから誤った三段論法が続く。「だからスタートを切ろう、どんどん失敗しよう！　失敗がうまくなれば、上達もうまくなる」

この論法の明らかな誤り――いろいろな方法ですばやく失敗することに上達するだけの企業は、間違いなく倒産する――はさておいても、実際のところ、**大きな成功とは小さな成功の積み重ねだから、上達するためには、何かを試すたび、何がうまくいったのかを確かめ、それをしっかり理解し、どうすれば再現できるかを考えなくてはならない**。

失敗そのものからは、成功については何も学べない。弱みそのものから強みについて学べないのと同じだ。

上達が見られ始めるのは、何かがうまくいっているときであって、うまくいっていないときではない。*

「罪悪感」があるからやってしまう

最後が、「強みは恐れるべきものだ」という考えだ。

強みに頼ってばかりいると、本来目を向けるべき失敗や欠点から注意が逸れてしまい、慢心と自己満足に陥ることが多いから、頼りすぎないように気をつけるべきだという。

いうまでもないことだが、偉大なアスリートがトレーニングする様子や、偉大な作家が執筆し、偉大なプログラマーがコードを書く様子を見れば、強みを磨くのが大変な仕事だということ——パフォーマンスの水準がすでに高いとき、それをさらに伸ばす余地を探すのはとても難しいのだ——また**強みとは最も「完成された」部分ではなく、最も建設的な方法で成長することが求められる部分**だということがわかる。

それにもかかわらず、強みを活かすこと「だけ」に終始せず、つねに弱みの改善に取り組むことが大事だと、会社では教えられる。テニスでいう「バックにボールが来ても、回り込んでフォアで打つ」ことは避けるべきだというのだ。(6)

この言葉にはたぶん、強みの本質に対する誤解が表れている。

強みとは、最もたやすくパフォーマンスを高められる部分ではない——最もインパクトの大きいパフォーマンスを挙げることができ、なおかつそのパフォーマンスが高まり続けている部分のことをいうのだ。

＊本書を執筆中の今、フェイスブックはユーザーのデータが大統領選挙で悪用された問題について、連邦政府の調査を受けている。ウーバーは自動運転車のテスト車両がサイクリストをはねて死亡させた事件のあと、走行実験を縮小したし、ヤフーは実質的に存在しなくなって久しい。これらの失敗や、「すばやく失敗」したスピードを称賛する人がいるとはとても思えない。

リオネル・メッシに右足でプレーしなさいなどとは、誰も命じない。メッシが左足をさらに強力にするためにたゆみない努力を続けるのを見守るしかない。

そして「バックに来てもフォアで打つ」ことが、弱みを避けることの代名詞になった唯一の理由は、まさにそれが、ファン・マルティン・デル・ポトロやラファエル・ナダル、その他の数え切れないほど多くの優れたテニスプレーヤーがくり返し行っていることだからだ。

この言い回しは、強みを活かすために弱みを避ける行為を表している。最高のプレーヤーから得られる教訓は、この行為によって高業績に近づきこそすれ、そこから遠ざかることはけっしてないということだ。

最も「アドバンテージ」があるところで勝負する

それなのに、欠点を理解し、失敗を受け入れ、強みを警戒することが最も重要だとする考え方が、コンピテンシーモデルや360度評価、タレントレビュー、フィードバックツールなどの根底にある。

はっきりさせておくと、僕らはなにも善悪の議論をしているのではない。欠点を改善することから何も得られないとか、失敗する恐れがあるから新しいことには手を出すな、などとはいっていない。

僕らがいいたいのは、ものごとには優先順位があり、**強みと成功に主に集中すべき**だということだ。なぜならそこにこそ最大のアドバンテージがあるからだ。

こういったことの何が残念といって、本来社員の独自の才能を発見し、解き放つためにあるはずのシステムが、かえって才能を妨げ、一人ひとりを唯一無二の存在にしているものを否定していることほど残念なことはない。

業績を促進するのではなく、阻害しているのだ。

「成果主義」を貫く

ではこの状況で何ができるだろう？　現実世界で、最高のチームリーダーはどうやって優れたチームをつくっているのだろう？

僕らがこれまで見てきた最高のチームリーダーの戦略を3つ紹介しよう。

第一の戦略は、**成果を出すのが自分の仕事とわきまえる**ことだ。

黎明期のシリコンバレーで、あるスタートアップのチームリーダーが困った事態に陥った。新入社員をベテランエンジニアと組ませたところ、ベテランエンジニアが文句を言い始めたのだ。

新入社員は傲慢で怒りっぽく、何より体臭が耐えられないから、クビにしてほしいという。だがチームリーダーはこの風変わりな社員に見どころがあると感じ、違う対策を講じた。2人の勤務時間が重ならないようにシフトを組み、2人の間で仕事を受け渡しすれば、一緒に仕事ができるはずだと考えたのだ。

そんなわけで、スティーブ・ジョブズは創業初期のアタリで夜勤で働いていた(7)。

あなたは人を管理するのが自分の仕事だと思わされているかもしれないし、コンピテンシーモデルのせいで、管理手法を考えるのが仕事だと思わされているかもしれない。だがそのどちらでもない。**チームリーダーとして成果を挙げることが、あなたの仕事である。**

会社のために特定の成果を、できるだけ効率的で予測可能で持続可能な方法で達成し、なおかつあなたや会社に将来必要となる人材を引きつけるために、創造性と直感、情熱をもってその仕事を行うことで、給料をもらっている。

ヒュー・ダウディングの地下作戦室や、スタンリー・マクリスタルの毎日のO&I会議、フェイスブックの会議室のロゴ、チックフィレのフランチャイズ契約における決めごとが教えてくれるのは、部下を管理するのがリーダーの主な仕事ではけっしてなく、部下に情報と意味、力を与えて、成果を出すことこそがリーダーの仕事だということだ。

教えないと学べない

人に何かを教えることの成果とは、その人が何かを学ぶことだ。

それをするための普遍的な方法などない。美しい曲をつくる普遍的な方法がないのと同じように。

また、パブ経営の成果とは、くつろいだ雰囲気を生み出したり、楽しいクイズイベントを企画したり、安くてうまいビールをとりそろえることではない。それらはすべて手段であって、それ自体が重要なのではない。

パブが目指す成果とは、楽しそうな客でパブを一杯にすることだ。

優秀な地区マネジャーはパブを視察する際、店長がどんなことを楽しみにしているか、どんなときに「フロー」の状態になるか、どんな仕事を進んでやっているかに注意を払う。それから、そうした強みのサインをもとにコーチング戦略を立て、店長が自分の強みを組み合わせて望ましい成果を挙げられるよう、手助けをしている。

あなたにも同じことができる。チームとメンバーに求める成果を明確に伝え、各メンバーの強みのサインに目を光らせ、一人ひとりがどうしたら最も効率的に、最もめざましく、最も創造的に、最も楽しく成果を達成できるかを考えよう。

あなたは成果を出すのが自分の仕事だと認識したその瞬間から、メンバー一人ひとりの個性を厄介な「バグ」ではなく、「仕様」として受けとめられるようになる。

いるはずの「平均的な人」はなぜいないのか?

次に、一歩下がって考え、メンバーに合わせて職務を調整する。これが第二の戦略、**一人ひとりに合わせて「調整可能な運転席をつくる」**だ。

第2次世界大戦終結後、アメリカ空軍が製造する航空機は、ますます先進的で高価になっていった。ジェットエンジンが搭載され、航空機は高速化し、操縦が恐ろしく複雑になったせいで、パイロットの墜落事故があとを絶たず、空軍は頭を抱えていた。

原因究明の調査が行われたが結論は出ず、最終的に空軍の技術者は、コックピットの設計に問題があるのではないかと考えるようになった。

もしかすると、パイロットの体が大きくなったために、制御盤に手が届きにくく、操作しづらくなっているのかもしれない。コックピットの規格寸法は、1926年に数百人のパイロットの体の寸法を測定し、その平均値に基づいて決められたままだったが、これを改定すべきときが来たのかもしれない。

技術者は平均値を計算し直すことに決め、1950年に4063人のパイロットの体の様々な部分を測定した。

このとき測定を担当したチームの1つに、ギルバート・S・ダニエルズという若い中尉がいた。

ダニエルズは米空軍が直面する問題について考えるうちに、どうやらこれはただ平均値を求めるだけの問題ではなく、個々のパイロットと、平均的なパイロットに合わせて設計されたコックピットとの適合性の問題でもあると気がついた。

そんなわけで調査を進めるうちに、ダニエルズは別の問いについて考えるようになった。平均値を計算するという与えられた仕事をするかたわら、サンプルとして集められたパイロットに、平均値かそれに近いサイズのパイロットは、実際のところ何人いるだろうと考えたのだ（ダニエルズは平均値との誤差が30％以内であれば、平均に該当すると見なした）。平均的なサイズに近いパイロットが多ければ、コックピットの規格寸法を更新することで問題を解決できる可能性が高い。

このときの調査では、各パイロットの体の10か所の寸法を測定した。ダニエルズは一人ひとりのパイロットのデータに目を通し、4063人のパイロットのうち、10か所すべての測定値が平均の範囲内に収まるパイロットは何人いるかを調べてみた。

結果は**ゼロ**だった。平均的なサイズのパイロットなど1人もいなかったのだ。10か所のうちの3か所に絞り込んでも、3か所すべてが平均サイズに収まるパイロットは、全体の5％にも満たなかった。

一連の基準に沿って入念に選抜された（たとえば身長が高すぎたり低すぎたりすれば、そもそも空軍パイロットになっていない）人間の母集団にとってさえ、全員に合う万能サイズや、それに近いものさえ存在しなかったのである。(8)

「概念」の話を真剣にしている

ドン・クリフトンが、パフォーマンスを予測する唯一の判断材料が、いくつかの関連する変数の総スコアだということに――つまり能力や資質の適正な組み合わせではなく、何かの能力や資質に優れていることが高業績の秘訣だということに――気づいたのと同様、ギルバート・ダニエルズは4063人の母集団に平均的な人間など一人も存在しないこと、そして**平均とはたんなる数学的概念であって、物質的世界には存在しない**ことを発見した。(9)

高業績が生み出す成果が具体的で明確なのに対し、高業績をつくる要因は人によってまちまちである。

人間に関する限り体の万能サイズというものは存在しないし、優れたパフォーマンスの万能サイズというものも存在しないのだ。

それなら、この千差万別の多様性にはどう対処すればいいのだろう？

ダニエルズは空軍にこう進言した。**パイロットを機械に合わせるのではなく、機械のほうをパイロットに合わせるべき**だと。そうして採用されたのが、パイロットの体格に合わせて位置を調整できる運転席である。

あなたもチームで同じことができる――チームメンバーに求める成果を、それぞれの特異な才能に適合するように調整するのだ。

そのための第一の戦略として、チームが目指す成果を明確に示し、各チームメンバーがその成果へと向かう方法を見つけられるよう手助けする。

このとき、成果がメンバーに合わない場合どうするのかという問題が出てくる。ならば第二の戦略として、人材と成果の適合性を最適化するために、仕事に合わせて人を振り分けるのではなく、人に合わせて仕事のほうを振り分ければいい。

だがさらに問題が生じる。**仕事のほうを人に合わせてばかりいたら、片づけなくてはならない仕事全体をどうやってカバーすればいいのだろう？**

いちいち「調節可能なシート」を設計していたら、必要な仕事の多くにやり残しが出てしまわないか？

そこで第三の戦略の出番となる。チームテクノロジーを使うのだ。

取り組むべきすべてのことに取り組むために、現実世界は、人間のすばらしくも不完全な能力を使って目的を達成する、最高に有効なテクノロジーを生み出した。

それが**「チーム」**だ。

チームの魔法とは、われわれの変わっているところを役立てる点にある。

「個性」を寄せ集めたチームが強い

あなたは変わっている。

あなたはいつも自分と一緒にいるから、自分が変わっているとは思わない。だがあなた以外のすべての人にとってあなたは変わっているし、あなたにとってほかのすべての人は変わっている。見事なまでにすばらしく変わっている。

あなたが夢中になることに夢中にならない他人は変わっている。あなたにとって苦痛でしかないことを愛する他人は変わっている。

また、自分には絶対にできないことをすばらしくやってのける他人を見ると、あなたは面食らい、戸惑い、驚く――そして正直ホッとする。

彼女が交渉好きで本当に助かる。彼が厄介な政治的状況に対処できるタイプでありがたい。そこの彼女の行動力が高くて本当によかった。

もしも周りの人たちが生まれつき変わっていなかったら、優れた能力をもっている人を探すのに苦労するはずだ。だが誰もが変わっているおかげで、チームを組み、それぞれの変わったところをチームに組み込むことができる。

多様性は優れたチームをつくる妨げになるどころか、優れたチームの必須条件である。

もしも誰もがみな同じだったら、誰にもできないことや、もちろんチームにもできないことが出てくる。

一人ひとりが単独でもっている以上の能力が要求される成果を達成するには、人と違う強み――変わった点や尖った点――をもつ人たちと組むことが欠かせない。つまり、われわれは人と違っていればいるほど、ますますお互いを必要とする。

違っていればいるほど、お互いの強みを最も有効に活かすために、他人の強みを理解し、認め、目的についてお互いの理解を深め、心理的に安心し信頼し合える環境をつくることがいっそう重要になる。

オールラウンドを目指すことは、こと個人に関する限り、見当違いで無駄な目標だが、チームに関しては絶対条件となる。

チームメンバーが多様で、変わっていて、尖っていて、特異であればあるほど、チームはますますオールラウンドに近づくのだ。

コンピテンシーは「いいスローガン」にはなる

コンピテンシーモデルや、その他すべての規範的で欠点にフォーカスするツールは、多様性の発揮と活用を促さない。

それどころか、ここまで見てきたように正反対の影響をおよぼす。

しかしだからといって、そういったツールを完全に捨て去る必要はない。

リーダーが集まって何に価値を置くかを議論するプロセスで、測定手段やたった1つの基準をつくる代わりに、集団としての価値観や優先事項、目標、抱負を知らしめる声明をつくればいい。

顧客重視、イノベーション、成長志向、敏捷性——こういったことは測定すべき能力や資質ではなく、**共有すべき価値観**である。

だからコンピテンシーモデルから、望ましいレベルや自己評価、フィードバックといった、これまでモデルが負わされてきた重荷を取り除き、単純化・明瞭化して、モデルのありのままの姿を認識し（またそれに合った名前に変え）、誰にでも見られるように壁に貼り出すべきなのだ。

コンピテンシーモデルを測定のツールにしたとたん、危険な偽《にせ》の世界に足を踏み入れることになる。評価、秩序、管理のツールとしてのコンピテンシーモデルは、有害無益だ。だが集団として何に最も価値を置くかを知らしめるツールとして使うなら、コンピテンシーモデルは組織内に意味を落とし込む手段の1つとなり、リーダーやチームが最も重要なことを理解する助けになるのだ。

ウソ#5 人は「フィードバック」を求めている

年長者たちが広めた怪説

働くミレニアル世代がフィードバックを求めていることは、万人が認める真実だ。

いや、ミレニアル世代だけじゃない。すべての働く人にとって、フィードバックがあるのはよいことで、フィードバックが多ければ多いほどよいのは常識だ。

そのため、最近では部下からの上方フィードバックに上司からの下方フィードバック、同僚からのピアフィードバック、360度評価、パフォーマンスフィードバック、発展的フィードバック、建設的フィードバック、双方向・一方向・匿名フィードバック……これらのあらゆるバリエーションが行われているほか、そこから派生した、フィードバックの冷静な与え方や受け止め方を教える家内産業も隆盛だ。

現代の従業員は、同僚と比較した自分のリアルタイムの率直な相対的評価を渇望していて、そうした評価は益はあっても害はないと、誰もが確信しているように思える。

「容赦するな」という一般的な理解

もしもこうしたすべてに不満があるとしたら、少なくとも人事評価テクノロジーの最新イノベーションから得られた証拠が示す限り、それは「フィードバックが足りない」ということだろう。

そんなわけで、会社と社員が、いつでも、誰に対しても、パフォーマンスのどんな側面についてもフィードバックを提供できるようにするツールが、まもなくあなたのもち歩くスマートフォンにもやってくる。

チームリーダーは、こんなふうに教えられる。

「あなたの一番重要かつ厄介な仕事は、どんなにネガティブなものであっても、部下に正直にフィードバックを伝えることだ。あなたの務めはチームのパフォーマンスを加速させることであり、部下に鏡をかざし、ありのままの姿、ありのままの仕事ぶりを見せてやるのがあなたの責任だ」

それこそがチームリーダーとして成功し、敬意を集めるための秘訣なのだと。

実際この種の直接的で明瞭で容赦のないフィードバックにも、職場では特別な名前がついている——率直なフィードバックという。

メディアが「意外な秘訣」かのように煽る

だからチームリーダーは、客観性を失い率直さを損なうことがないように、部下と一定の距離を保たなくてはならない。

もっと親身になれば、部下はさらに貢献し成長するかもしれないが、親しくなりすぎたら、彼らが求める率直なフィードバックを与えられなくなってしまう。

また、リーダーとしての能力を伸ばす参考にと、言いにくいことを言うための各種のハウツー本を勧められるだろう。

Y世代〔インターネット普及前に生まれた最後の世代〕とミレニアル世代〔今世紀に成人する世代〕が、定期的な矯正的フィードバックを求めていることを説明する記事を、次から次へと読むようにいわれる。

「なぜミレニアル世代は仕事上のフィードバックを求めているのか」（『フォーチュン』）、「マネジャー：ミレニアル世代はフィードバックを求めているが、要求はしない」（『ギャラップ』）、「フィードバックはミレニアル世代の仕事満足度を高めるための意外な秘訣である」（『フォーブス』）、「なぜミレニアル世代は仕事でつねにフィードバックを必要とするのか」（『ビジネスインサイダー』）といった記事を読めば、ミレニアル世代がフィードバックを成長の糧にしていることは一目瞭然だろう。

何でも「成長の糧」にされる

それから、こんな声かけの方法を教わるはずだ。「今フィードバックの時間はあるかな？」「フィードバックが必要かな？」、それにもう少し毅然とした「これからフィードバックをするから、落ち着いて聞いてほしい」など。

フィードバックの与え方を学んだら、お次はフィードバックを受けるためのテクニックだ。相手の言動を鏡のように真似するミラーリング（「私は『組織でうまく立ち回る力』と『政治力』を伸ばす必要があるということですね？」）や、積極的傾聴（「『どうしようもなく甘い』がどういうことなのか、最近の例を2つほど挙げて説明してもらえますか？」）といったものだ。

それにもちろん、誰かのフィードバックを、そんなのはおかしい、わけがわからない、完全に間違っているなどと言ってはねつけようものなら、その感情は脅威への自然な反応だが、個人としてリーダーとして成長するためには「エゴを捨て」、「失敗を受けとめ」、つねに「成長のマインドセット」を保たなくてはと諭されるだろう。

そうしてフィードバックを貴重な意見として受けとめるうちに、いつしかフィードバック中毒になる。作家で講演者のサイモン・シネックは、ヴァージン・グループの職場ブログの客員編集者として、最近こんなことを語っている。

「それじゃ、自分のもてる力を仕事で最大限に発揮するための方法を教えよう。ネガティブなフィードバックだ。……ネガティブなフィードバックにこそカギがある……僕は何かのプロジェクトや仕事を終えるたび、周りに聞くことにしている。『何かダメなところはあった？　もっとよくできる点はあるかな？　改善の余地はどこにあるだろう？』。もう禁断症状だ。ほしくてたまらない。ネガティブなフィードバックの渇望状態だよ[1]」

本当に「フィードバックだらけ」になった会社の顛末

こうしたフィードバックへの熱狂ぶりを見ていると、もしも会社であらゆる人が、あらゆる機会をとらえて、あらゆる人にフィードバックを与えるようになったらどうなるのかと、不安になってくる。

フィードバックがいつでもどこでも行われるようになったら、いったいどうなってしまうのか。それを知るには、世界最大のヘッジファンド、ブリッジウォーター・アソシエイツを見ればいい。

ブリッジウォーターの会長兼共同最高投資責任者（CIO）のレイ・ダリオは、顧客のために巨額の投資利益を確保することに類い稀な才能を発揮している――ブリッジウォーターは1975年の創業以来、世界中のヘッジファンドのなかで過去最高の450億ドルの運用利益を叩き出している――ことに加え、「徹底的な透明性」へのこだわりをもとに会社を築いてきた。

ダリオの仕事と人生における210の原則を説明した著書『プリンシプルズ』によれば、その信条は、成功するためには、現実がどんなにポジティブであってもネガティブであっても、世界をありのままにとらえ、それに向き合う必要がある、というものだ。[2] 社員は誰であれ、社内政治や階層に邪魔されずに、それまでの前提に異を唱え、行動方針を問いただすことができなくてはならない。

「現実世界はすぐそこに、ありのままのかたちで存在する」とダリオはいう。だからありったけの知性を自在に働かせて世界に立ち向かい、礼儀正しさや報復への恐れに妨げられずに、そこに見えるものを見て、それをよりよい方向に変えていかなくてはならないのだと。

当然、人間も現実世界の一部だから、ありのままの姿をフィルターをかけずに遅滞なくとらえなくてはならない。

だからブリッジウォーターではすべての会議の様子が録画、保管され、社員は誰でも「透明性ライブラリー」で自由に閲覧できるようになっているし（ダリオの徹底的な透明性へのこだわりは、本心からの真摯なものだ）、社員は「いうべきことをいう気概」「概念的思考」「信頼性」など60項目で同僚を評価するための各種アプリが搭載されたｉＰａｄを支給されている。

社員はこれを使って、電話や会議、日常的なやりとりのあとで同僚を評価することを求められ、その評価は（ＩＢＭで人工知能システム「ワトソン」の開発を手がけたチームによって）分析・永久保存されたあと、社員が肌身離さず携行するカードに表示される。

ブリッジウォーターはこれを「野球カード」と呼び、各社員が「自分のありのままの姿」に説明責任をもち、自分が会社にどんな貢献ができるかを、徹底的な透明性をもってほかの人々に示すことを狙いとしている。

カードに表示される評価の１つが、「信憑性《しんぴょう》」スコアだ(3)。

離職率が業界平均の3倍に

これは明らかに極端な例であり――ダリオは2016年に同社の最高執行責任者（COO）と激しい討論を交わした際、2人の「誠実さ」を評価することを全社員に求めたほどだ――この透明性がパフォーマンスにどれだけの好影響や悪影響をおよぼしているかを証明するのは難しい（ブリッジウォーターは数百万件のデータポイントを収集していながら、6章で見るように、各人のパフォーマンスを測るための信頼できる尺度をもっていない）。

ブリッジウォーターは全体として数十年にわたってめざましい業績を挙げており、寝室2部屋のダリオの自宅で始まった会社は、いまやコネチカット州グリーンウィッチのまばゆいオフィスビルを占有し、1500人の正社員を擁するまでに成長している。

だがその反面、クチコミ転職情報サイト、グラスドアでのブリッジウォーターの評価はまちまちで、**18か月間の平均離職率は業界平均の3倍の30％**に上る。

もちろん前に見たように、人は会社ではなく、チームが嫌になって転職する。だがそうだとしても、ブリッジウォーターには社員が去りたがるチームがかなりたくさんあるように思われる。

レイ・ダリオとブリッジウォーターは、たしかに例外的な外れ値かもしれないが、それでも「人はフィードバックを求めているから、有能なチームリーダーはそれを与える方法を考えなくてはならない」という、世間の確立されたコンセンサスの一部をなしているのは間違いない。

「財務報告」に端を発している

このコンセンサスは、ある意味では従来型の人事考課の頻度が、信じがたいほど低いことへの合理的な反応ともいえる。

会社の財務報告が年に一度だからという理由で、従業員の給与改定はあたりまえのように年に一度になった。

また多くの企業が「業績給」を取り入れるようになったことから、目標設定が年に一度、人事考課が年に一度の実施になり、その結果フィードバックも年に一度になったのは、当然の成り行きだったのだろう。

この頻度は、金融関係者にとっては好都合だったが、チームリーダーやチームメンバーにとってはほとんど意味をなさなかった。

チームリーダーは年度初めの目標設定と年度末の人事考課にすべてのフィードバックを詰め込まなくてはならないことを負担に感じたし、チームメンバーはたんに無視されているように感じた。

年に一度という頻度は誰のためにもならなかったが、ほとんどどうすることもできなかった——年度初めと年度末に長いフォームに記入するのが苦痛なら、記入の頻度を上げたって何もいいことはない。

そこへ助っ人のように現れたのが、「テクノロジー」だ。

アプリを自由に使えるスマートフォンが登場し、その後スマホがほぼ全面的に普及し、企業のＩＴインフラにスマホが統合されたことにより、従業員同士がフィードバックを送り合い、企業がその結果を収集・蓄積・報告することができるようになった。

今では誰かからフィードバックを受けることも、誰かにフィードバックを与えることも、すばやく簡単にできる。

だがこれは、定期的なフィードバックを与えることができるようになった理由の説明にはなっても、誰もがフィードバックを必死になって求める理由を理解する助けにはならない。

これを理解するには、人間の2つのよく知られたおかしな側面に目を向ける必要がある。

脳は「他人の行動と性格」を結びつけたがる

たとえばあなたの同僚が、重要な会議に遅れているとしよう。

少々ムッとしながら到着を待つ間、あなたは頭の中で彼の遅刻を説明するちょっとした物語を創作する。あいつはいい加減で、優先順位づけができていなくて、待たせている人への配慮が足りないから、平気で遅刻するんだと。

こうした他人の行動の解釈は普通に行われていることで、珍しくもなんともないが、それには明らかに欠陥のある推論が含まれていて、それが組織設計の方法に大きな影響をおよぼしている。

われわれがちょっとした物語をつくるときにやっているのは、同僚の行動に対する説明──帰属と呼ばれる──であり、それが身の回りの他人の行動についての説明である場合には、**彼らが置かれた外部状況よりも、その人の生来の能力や個性を過剰に重視する傾向にある。**

このケースでいうと、同僚が遅刻したのは上役に廊下でつかまって急な質問をされたからではなく、生まれつきのだらしなさのせい、ということになる。

われわれが他人の行動（とくにネガティブな行動）を説明する際に、彼らの人となりの物語を重視しすぎる傾向は、「根本的な帰属の誤り」と呼ばれる。

他人の気に障る行動や迷惑な行動を目にすると、その人自身に問題があるせいだと、瞬時に思い込むわけだ。

一方、自己採点は「激甘」になる

そして根本的な帰属の誤りにはいとこがいる。

われわれは他人の行動についてはその人の人となりを重視しすぎるが、**自分自身の行動の解釈はずっと甘くなる。**

自己帰属に関しては逆向きのバイアスが働き、**自分の行動を説明する際には外部状況、つまり自分に起こっていることを過剰に重視する傾向にある**のだ。

誰かが自分の行動に腹を立てていても、それは自分がそうせざるを得ない状況にあるのをわかっていないからだと考える。

この傾向は**「行為者―観察者バイアス」**と呼ばれ、自己奉仕バイアスに分類される人間の推論バイアスの1つである。なぜ自己奉仕と呼ばれるかといえば、自尊心を高めるような方法で自分の行動を説明する効果があるからだ。

われわれはこれらのバイアスのせいで、他人のパフォーマンスは人となり――やる気、姿勢、努力など――によって決まると（よかれ悪しかれ）信じ、そのため**他人のパフォーマンスの向上を促すには、人となりに関するフィードバックを与えてやる気を高め、姿勢を改善し、もっと努力させなくてはならないと思い込む**。

部下のパフォーマンスの問題を解決するために、部下の置かれた外部状況を考慮して対策を講じる代わりに、性格に対するフィードバックを本能的に与えようとするのだ。

ちなみによく考えてみると、仕事の世界の大部分がこの方法で設計されている。「彼ら」はやるべきことを指示される必要があり（だから情報の代わりに計画を与える）、仕事の意思統一を図る必要があり（だから意味と目的よりも目標を重視する）、彼らの弱みが会社全体を危険にさらすと考える（だから、前章で見たように足りないところを埋めるという考えにとらわれる）。

人間に関する不都合な真実の1つは、**人は他人に関するお粗末な理論しかもたないせいで、自分のなかには見えないが他人のなかにはやたらと目につく欠点を修正するか、排除するような方法で世界を、とくに職場の世界を設計する**ということだ[*]。

「つらい経験」が成功をつくるように思える

そして、「成功はつらい努力によってのみもたらされ、ネガティブなフィードバックのやりとりをすることや欠点を修正することはつらい努力だから、ネガティブなフィードバックは成功をもたらす」という怪しげなロジックをこれに加味すれば、なぜフィードバック、とくにネガティブなフィードバックへの信仰がこれほど根強いのか、なぜフィードバックが役に立つことと、同僚がそれを求めていることをわれわれが「たしかに知っている」と思い込んでいるのかが見えてくる。

だが実はそれはまったくの的外れなのだ。

話を元に戻そう——ミレニアル世代だ。ミレニアル世代がフィードバックを切望する根拠の1つとして、彼らがソーシャルメディアにはまっていて、フェイスブックの「いいね」やインスタグラムの「ハート」が分泌するドーパミンの中毒になっていることを、多くの本や記事が挙げている。

ミレニアル世代がソーシャルメディアに夢中なのは、自分が人にどう見られているのか、自分の立ち位置がどこなのかを、つねに知りたがっているからだというのだ。

またこの解釈によれば、ミレニアル世代の仕事ぶりをつねに確認し、向上する方法を示してあげなければ、あなたはマネジャーとして失格だという。

「いいね」以外押そうとしないFBユーザー

だが、ソーシャルメディアのどういう特徴が人気を集めているのか、ユーザーがこれらのプラットフォーム上でどのようにやりとりをしているのかを詳しく見てみると、よく聞く話とは違った現実が浮かび上がってくる。

たとえばフェイスブックとスナップチャットがユーザーに提供している、まったく異な

＊アメリカの哲学者ジョン・ロールズは1971年に、こうした他人に関する理論に対抗するために、「無知のベール」と呼ぶ思考実験を提唱した。簡単にいうと、世界を設計するには、設計が終了した時点で誰もが何らかの役割をランダムに割り当てられるという仮定のもとに、自分の役割が何になるか——金持ちか貧乏か、男性か女性か、学問かスポーツかなど——を知らない状態のままで設計するのが一番だというものだ。いい換えれば、他人のために世界を設計するのではなく、自分自身があらゆる立場に立たされる可能性があると仮定し、その自分のために設計すべきだという。これは職場を設計するよい方法にもなりそうだ——「あの馬鹿ども」のためでなく、自分のために設計するということだ。

るフィードバックの方法を見てみよう。

2年ほど前、フェイスブックは従来の「いいね」ボタンに加えて、新しいリアクションボタンを導入することを検討していた。

山ほどの実験を重ねた末に、ユーザーがよりニュアンスに富んだフィードバックを返せるように、6種類の新しいボタンを追加すると発表した。最終的に選ばれた6種類のボタンは、超いいね（love）、うけるね（haha）、イェイ！（yay）、すごいね（wow）、悲しいね（sad）、ひどいね（angry）だった。

だが発表からほどなくしてフェイスブックはある事実に気がつくことになる。あれほど入念な調査と研究を行ったにもかかわらず、**ユーザーは新しいボタンにはほとんど目もくれなかった**のだ。

ミレニアル世代は「いいね」もいらない

その間スナップチャットは、成長に次ぐ成長を遂げていた。スナップチャットには、投稿に返す6つのリアクションボタンなどなかった——**実際、1つもなかった。**

スナップチャットには「いいね」ボタンさえなかったし、今に至るまでない。スナップチャットの魅力は、他者によって評価されないという、まさにその点にあるのだ。スナップチャットのユーザーは、ただストーリーを投稿したり、友人にスナップを送ったりし、友人はそれに反応したりしなかったりする。

すると突然、ヒュッ！　ストーリーやスナップは24時間すると消えてしまうのだ、永久的に。

今では2億人を超えるスナップチャットのヘビーユーザーに話を聞けば、**ミレニアル世代にとってのスナップチャットの魅力が、フィードバックのプレッシャーを感じずに、気軽にアクセスして投稿し、シェアできる点にある**ことがわかる。

そこでは自分のオーディエンス〔メッセージの受け手〕の規模がわかる。友人との間でストリーク〔連続したメッセージのやりとり〕を維持することもできる。だがフィードバックを気にする必要はまったくない。誰かにあれこれ言われたり、ましてやその記録が永遠に残ったりすることはない。ただ友人やオーディエンスとつながっていられるのだ。

彼らは何を望んで「投稿」するのか？

スナップチャットの初期ユーザーはみんな、このことに心底ホッとした。

スナップチャットはありのままの自分でいられ、素のままで人とつながれる、生活のなかの数少ない貴重な場になった。いつまでも残る永久的なフィードバックがないから、肩肘張らずに安心して素の自分をさらけ出すことができる。

この安心できる温かい場こそが、数百万、数千万人のユーザーを引きつけたのだ。


新しいソーシャルメディア・プラットフォームを立ち上げ、有機的に成長させるのは、いまどき並大抵のことではない——ユーザーは多忙で、決まった行動パターンをもっているうえ、その行動を変えさせまいとするネットワーク効果はとてつもなく強いからだ。ニングやパス、それに最近ではマイスペースは、どれも鳴り物入りで登場したが、人間性の本質を純粋に、かつ強力には活用しなかったために、どれも失敗した。

スナップチャットが成功する見込みも薄いと見られていたが、それでも若者の生活に欠けていた重要な要素（ほめてくれるオーディエンスしかいない、安心できる場）を見出したおかげで、爆発的にユーザーを増やすことができたのだ。

そして感心なことに、フェイスブックとインスタグラムは、好奇心を働かせ、耳をそばだて、目をこらして、スナップチャットに近づけるよう最善を尽くした。

もしもスナップチャットの例が何かの参考になるとすれば、ソーシャルメディアは基本的に発表の場、それも自分のポジティブな姿を表す場だということになる。

ユーザーにとっては、その「自分」が本当の姿なのか、それとも多くの人が気づいているように、なりたい自分の姿なのかよりも、**他人が自分のことを見てくれるかどうか、好きになってくれるかどうかのほうが大事**だ。

彼らはフィードバックを求めているのではない。**オーディエンスを探している**のだ。ミレニアル世代だけでなくどんな人も、自分のオーディエンスに出会うことができ、彼らに認めてもらう手段を提供してくれる場に引きつけられるようだ。

人がソーシャルメディアに求めるのは、フィードバックではなく、関心や注目である。過去10年間でわれわれが学んだ教訓は、ソーシャルメディアは注目をやりとりする場であって――注目を求めるユーザーがいれば、与えるユーザーもいる――フィードバックをやりとりする場ではないということなのだ。

人間は「注目」がないと弱くなる

こんにちのソーシャルメディア・プラットフォームは、ミレニアル世代がフィードバックのない環境に魅力を感じているという事実を設計に取り入れているというのに、こんにちの企業は皮肉なことに、ミレニアル世代がフィードバックを渇望することの主な根拠として、ソーシャルメディア・プラットフォームの人気を挙げる始末なのだ。

スナップチャットの成長物語は、人間が無批判の注目や関心を必要とすることを証明する数多くの証拠に加わった、最近の一例にすぎない。

心理学者のハリー・ハーロウは1950年代に行った有名な一連の実験で、サルの赤ちゃんを母親から引き離し、ほ乳瓶を取りつけた針金の「母」か、ほ乳瓶のない柔らかいタオルの「母」かで選ばせ、霊長類が食料よりもぬくもりと注目、安心をつねに渇望することを証明した。赤ちゃんザルは一貫して、また痛ましいことに、ミルクよりタオルのほうを選んだのだ。

最近では疫学や計量心理学、統計学などの分野で、心臓病と鬱、自殺のずば抜けて強力な予測因子として、孤独が特定されている。**人間は他人から注目されないと弱る生きものなのだ。**

「照明」を明るくしても暗くしても生産性は上がる

職場に関していえば、この現象の最も有名な例は、1920年代と1930年代にシカゴ近郊のウェスタン・エレクトリックのホーソン工場で行われた研究である。

同社の経営陣は当然ながら労働者の生産性を高めることを望み、作業環境が労働生産性に与える影響を調べるための一連の実験に着手した。

研究者がまず照明を上げて作業場を明るくすると、その後の数日間で予想通り労働生産性が大幅に高まった。次に実験の正確性を期すために、照明を元の明るさまで落とし、生産量が元の水準に低下することを確かめようとした。**ところが不思議なことに、照明を暗くすると生産性はさらに上昇した**のだ。

その後も様々な条件で――作業台を清潔にする、工場を整頓する、休憩時間に提供する軽食の量を増やす、休憩時間の長さを変える、休憩時間の合計は変えずにそれぞれの長さを変えるなど――実験が行われ、環境が変わるたびに生産性は高まり、元に戻るといっそう高まった。

そしてさらに困惑することに、1つの実験が完了するたび、生産性は元のレベルに戻ってしまったのだ。

何が起こっていたのかが解明されるまで時間がかかったが、最終的にホーソン実験から得られたコンセンサスは、労働科学に大きな影響を与えた。

その結論は、労働者が求めていたのは明るい作業環境でも、片づいた環境でも、もちろん暗い環境でも、散らかった環境でもないということだ。**彼らは注目に反応していた**のだ。

これらの実験の一つひとつが、経営陣が労働者と彼らの職場での経験に関心をもっているというシグナルになり、労働者はそれを喜んだ。だから仕事を少し好きになり、少し身を入れて、少しすばやく働き、結果としてそれがかなりの生産性向上につながったのである。

つまりホントは、「人は注目を求めている」ということになる。安心でき、批判を受けない環境で注目を注がれれば、人は自然とそこにとどまり、楽しんで働こうとするのだ。

「世界最悪のマネジャー」のマニュアル

だが現実はそれより少々複雑だ。というのも、フィードバックも——ネガティブなフィードバックでさえ——注目のうちに入るからだ。

そこで、ネガティブな注目とポジティブな注目、まったく注目を与えない状態がおよぼす影響をそれぞれ定量化すれば、人が仕事でどの種類の注目を最も求めているかを詳しく理解することができる。

ギャラップ・オーガニゼーションは職場でのエンゲージメントに関する継続研究の一環として、アメリカ人労働者の代表的サンプルに対し、「上司が最も注目するのはあなたの強みですか、弱みですか、それともどちらでもありませんか」と尋ね、また補足の質問を通して、各労働者のエンゲージメントの度合いを測った。

それから、それぞれの種類の注目を受けた労働者について、高エンゲージメントと低エンゲージメントの比率を計算した。[4]

第一の発見は、世界最悪のマネジャーのつくり方といってもよかった。

エンゲージメントが一様に低い状況をつくるには、部下を無視すればいい。まったく注目を払わず、ポジティブかネガティブかを問わず、フィードバックを一切与えなければ、チームのエンゲージメントは急低下し、エンゲージメントの高いチームメンバー1人に対し、エンゲージメントの低いチームメンバーが20人という比率になる。

第二の発見は、一見希望がもてるように思えるかもしれない。

チームリーダーのアプローチとして、**ネガティブなフィードバックを与えることは、部下を無視するよりも40倍も効果が高い**ことがわかった。修正すべき点に注目しがちなリーダーの下で働く労働者の場合、高エンゲージメント対低エンゲージメントの比率は2対1だったのだ。

だが、①この場合でいう「エンゲージメント」とは、チームのパフォーマンスを高めることが証明されている、一連の厳密に定義された経験であること、②ほとんどの人がネガティブなフィードバックこそが役に立つと教えられてきたこと、③ほとんどの人が仕事で主にネガティブなフィードバックを与えられてきたこと、④研究者がポジティブな注目を調べた際に発見したことを考え合わせると、2対1というこの比率はずっと気がかりなものになる。

なぜなら第三の発見として、**主にポジティブな注目を与えられた従業員——自分が一番うまくできたことや、自分のなかで最高にうまくいっている点に注目された従業員——では、高エンゲージメント対低エンゲージメントの比率が60対1にも上った**からだ。

「肯定的フィードバック」は批判的なそれの30倍いい

いい換えれば、**チームの高業績を生み出すうえで、ポジティブな注目はネガティブな注目の30倍も効果がある**（また記録を取っている人のためにいっておくと、無視するよりも1200倍効果が高い。とはいえ、従業員を無視するよう勧める経営理論を、僕らは1つも知らないが）。

したがって、ときには部下がパフォーマンスの障害になっている欠点を改善する手助けをする必要があるとしても、もしも部下ができないことに注目するのがチームリーダーのデフォルト設定であり、チームリーダーがネガティブなフィードバックをより効率的に頻繁に与えることだけに労力を費やしているのなら、莫大なポテンシャルが手つかずのまま眠っていることになる。

人はフィードバックを求めているのではない。注目を、さらにいえば自分が最も能力を発揮できることへの注目を求めているのだ。

それを与えれば、エンゲージメントと生産性を高めることができる。

人は毎日少しずつ成長する

ここまではいい。人はポジティブな注目を与えられるのが好きで、それはよい仕事をする助けになる。

だが、学習という点ではどうだろう？

強みだけに注目されていたら、自分を伸ばすことができるだろうか？　サイモン・シネックが問いかけたように、改善が必要な領域はどうしたらいいのだろう？

チームリーダーは当然チームメンバーの成長と向上を願うから、彼らの欠点を指摘し、直すことに自分の時間をつぎ込むべきではないのか？

この点でも仕事の世界におけるエセ理論——われわれが「たしかに知っている」と思い込んでいる理論——は役に立たない。

一方の極に「強み」があり、もう一方の極に「改善領域」や「課題」があるという考え方や、高業績を挙げている領域が最も完成された領域で、低業績の領域が成長すべき領域であり成長できる領域だという考え方は一見、正しいと受け入れられているように思える。

だが前章で見た通り、チームのパフォーマンスとエンゲージメントを予測するうえで最も強力な判断材料は、「仕事で『強みを発揮する機会』が毎日ある」という感覚である。毎日強みを発揮できることが、パフォーマンスの向上につながる。

一般に、「パフォーマンス」と「能力開発」はまったく別物だと考えられがちだ。まるで能力開発や成長は今やっている仕事とは無関係な領域で起こるかのように。だが能力開発とは、仕事を毎日少しずつうまくやっていくという以外の何ものでもない。**パフォーマンス向上＝成長**なのだ。

強みに焦点を合わせることは、パフォーマンスを高める。つまり強みに目を向けることが、成長を生み出すのである。

脳は「狭く、深く」進化する

最高のチームリーダーはこのことを知っているように思われる。

最高のチームリーダーは、自分が一番時間をかけるべきは部下の弱みだという考えを却下する。

むしろ現実世界では、学習と成長の余地が最も大きいのは一人ひとりの強みであり、したがって強みに時間と注目を賢く注げば、現在と未来に爆発的な見返りが得られることを知っているのだ。

これを直感的に知っているリーダーもいれば、チームの生身の人間とのやりとりから学んだリーダーもいるが、知らない人たちのために、ポジティブな注目が成長を加速させるという事実を裏づける、数々の生物学的データを紹介しよう。

顕微鏡レベルでは、学習にはニューロン新生、つまり脳内での新しいニューロンの生成が大きく関わっていると考えられている。そして最近の多くの研究が示すように、シナプスの成長と刈り込み〔必要なシナプス結合が強化され、不要な結合が削除されること〕の速度が最もすさまじいのは幼年時代と思春期だが、それ以降も脳はニューロンを増やし、ニューロン間のシナプス結合を増やす能力をもち続ける。

これは「神経可塑性《かそ》」と呼ばれ、このことを根拠に、脳は生涯を通じて変化し続けることができるのだから、部下が自分で欠点を直し、ものごとを正しく行えるようになるために、上司がつねに欠点を指摘し続けるべきだとされる。

もちろん、何かを正しく行う方法、少なくともより正しく行う方法を学ぶことは、誰にでもできる。規律正しい練習を通してスキルを少々高めることは誰にでもできる。

だが、確かに脳は生涯にわたって成長し続けるが、**成長する方法は一人ひとりまったく違うことも、脳科学でわかっている。**

脳の配線は遺伝的に受け継いだものや幼児期の環境の影響を受けるため、人によってまったく異なる――あなたとまったく同じ配線の脳をもつ人はこれまで誰一人いなかったし、脳の複雑さを考えればこれからもけっして現れない。

そして脳内には、シナプス結合の密度が高い部分と、密度がずっと低い部分とがある。

脳の成長の度合いを調べるために、新生したニューロンとシナプス結合の数を数えてみると、**すでにニューロンとシナプス結合が最も多い部分は、ほかの部分に比べてそれらが増加するペースがずっと速い**ことがわかる。

これは「使わなければだめになる」という、自然の過酷なまでに効率的な設計のせいかもしれないし、あるいはシナプス密度が最も高い部分は、既存の生物学的インフラによって密に支えられているおかげで、新たな結合をつくりやすいからなのかもしれない。

いずれにせよ、どの脳も成長するが、すでに最も強力な部分が最も成長しやすいことが、今ではわかっている。**脳の発達の方向性は専門化へと向かう。**

脳科学者のジョゼフ・ルドゥーがいみじくもいう通り、「脳の成長は、新しい枝が増えるというよりは、すでにある枝に新しいつぼみがつくようなもの」なのだ。(5)

批判が脳を「機能障害レベル」に落とす

このように神経学的証拠は、強みこそが開発すべき領域だという考えを裏づけている。生物学的には、強みと能力開発の領域は同一だということだ。

また脳科学は、弱みではなく強みに意図的に集中したとき、何が起こるかを教えてくれる。

ある実験で、研究者が学生を2つの集団に分け、一方の集団では学生に夢やそれを実現するための計画について尋ねるポジティブなコーチングを行い、もう一方の集団では課題について尋ね、パフォーマンスを向上するには何をどう変えるべきかを話し合った。こうしたやりとりが行われている間、研究者は学生に機能的磁気共鳴画像装置（ｆＭＲＩ）をとりつけ、この2種類の注目を与えられたとき、脳のどの部位が活性化するかを調べた。

その結果わかったことはこうだ。

ネガティブなフィードバックを受けた学生の脳では、交感神経系が活性化した。これは「闘争・逃走」システムとも呼ばれる、生き残りに最も必要な情報だけに集中できるよう脳のその他の部位の働きを抑制するシステムである。

この神経系が活性化すると、心拍数が増加し、エンドルフィンが全身にみなぎり、コルチゾールレベルが高まり、ただちに動けるよう体が緊張する。これが、ネガティブなフィードバックに対する脳の反応である——それを脅威として受けとめ、脳の活動を狭めるのだ。

批判されたことで生まれる強いネガティブな感情は、「既存の神経回路へのアクセスを禁じ、認知、感情、知覚機能に障害を来す」と、心理学と経営学の教授であるリチャード・ボヤツィスが、研究成果を要約して述べている。(6)

ネガティブなフィードバックは学習を促すどころか、学習を組織的に阻害し、神経学的にいえば機能障害を引き起こすのだ。

ニューロンは「環境」で成長するかしないか決まる

他方、夢とその実現計画に主に注目された学生の場合、交感神経系は活性化しなかった。代わりに活性化したのは「休息・消化」のシステムとも呼ばれる、副交感神経系だった。ボヤツィスの言葉をここでも引用すると、「副交感神経系は……大人のニューロン再生（つまり新たなニューロンの成長）……、幸福感、免疫機能の改善、そして認知、感情、知覚の開放を促す」のである。[7]

いい換えれば、未来に目を向けたポジティブな注目を与えられると、脳はより多くの部位にアクセスできるようになり、それが学習を促進するということだ。

学習のカギは、自分の快適ゾーン〔心地よいと感じられる領域や環境〕から抜け出すことにあるとよくいわれるが、研究成果はこの金言と真逆のことを指し示している——**快適ゾーンから出ると、脳は目先のことを乗り切る以外に注意を向けなくなってしまう**。

快適ゾーンにいるときにこそ、学習が最も促進されるのは明らかだ。快適ゾーンは、神経経路の密度が最も高い、強みのゾーンだからだ。

快適ゾーンにいるときにこそ、われわれは可能性に向かって最も心を開き、創造性と洞察力を最大に発揮することができる。部下の学習を促すには、今彼らのなかでうまくいっていることに注目し、それを伸ばしていく必要がある。

脳は「ネガティブなこと」に注目する

問題は、どうやってそれを行うかだ。チームの学習と成長を促し、部下にたがをはめるようなネガティブなフィードバックを避け、なおかつ円滑で効率的なチームの運営を図るには、いったいどうすればいいのだろう？

いますぐ始められることが1つある。**チームメンバー一人ひとりのなかで何がうまくいっているのかを探すことを、意識的にあなたの習慣にする**のだ。

ネガティブな面に目を向けたい衝動はとてつもなく強い。カリフォルニア大学バークレー校の心理学者リック・ハンソンは、こんな印象深い言葉で研究を要約している。**「脳はネガティブな経験に対してはマジックテープのように密着し、ポジティブな経験に対してはテフロン加工のようにはじく」**——だからこそ、意識的に習慣化することがとても大切なのだ(8)。

ポジティブな面に注目するのは、自然に簡単にできることではないかもしれないが、パフォーマンスとエンゲージメント、そして成長の面でどれほどの見返りが得られるかを考えれば、練習する価値はある。

コンピューティングの世界では、「高優先度割り込み」と呼ばれる事象が発生することがある。何かが即時の対応を必要としていることをコンピュータのプロセッサに知らせ、通常の処理に「割り込」んで、処理待ち行列の先頭にもってくるのだ。

現実世界でも同様に、チームリーダーの注意を引き、即時の対処を迫る事象がいろいろと起こる。そうした物事の多くは、チームリーダーが介入しないと問題化する。それは当然のことだ。誤った薬が患者に投与されたり、古くなった情報が重役向けプレゼンテーションで発表されたりするのを阻止しなくてはならない。

故障したシステムやプロセスには、チームリーダーのあなたの対処が求められる。これが高優先度割り込みの役割だ。あなたの注目を引くために、ほかのすべてを中断するのだ。

部下の誰かが問題を起こせば、高優先度割り込みが発生する。誰かの不適切な行い——電話応対の失敗や会議の欠席、プロジェクトの不調など——を目にすると、同じ本能が働く。

すべてを中断して、担当者に何がいけなかったのかを指摘し、問題を修正するためにどうすべきかを指示しなければならない、と脳がうずく。

「指摘」は内容問わずマイナスに働く

このとき注意を要するのは、人間は機械でも工程でもないということだ。機械や工程を直すのに有効な方法は、人間には効果がない。

機械や工程は有限で、静的で、何かを変えない限り状態は変わらないか、少しずつ摩耗する。これに対し、人間はつねに学習し成長し続けていて、今見た通り、ポジティブな注目を受けると最大限に成長し、ネガティブな注目を受けると最小限にしか成長しない。

つまり皮肉なことに、**高優先度割り込みによって部下のうまくいかなかったところを指摘すればするほど、短期的には部下の生産性を引き下げ、長期的には成長を妨げることになってしまう**。

人間の脳はネガティブな批評を受けたと感じると硬直し、緊張し、そして向上を拒む。(9)

機械や工程は修正できても、人間を同じ方法で直すことはできない——トースターじゃないのだから。

では部下については、どんなときにどういう高優先度割り込みをすればいいのだろう?

部下を伸ばすことを願うのなら、チームの誰かが何かを本当にうまくやってのけた瞬間だ。チームの誰かがあなたの心をほんのわずかでもゆさぶるような仕事をやすやすと見事にやり遂げる瞬間に意識的に目を光らせて過ごし、そして**今見たばかりのことを本人に伝えるの**だ。

「その場でほめる」のは簡単だと思うかもしれないが、これから説明するように、それだけではない。NFL（全米プロフットボールリーグ）ダラス・カウボーイズのヘッドコーチを29年間務めた往年の名将トム・ランドリーは、これを行う方法を編み出したリーダーの1人だった。

「称賛」が能力を確かに向上させる

ランドリーがコーチに就任した頃、カウボーイズはリーグで低迷していて、メンバーにははみ出し者が大勢いた。

ランドリーは斬新なコーチング手法を導入した。ほかのチームがタックルの失敗や落球のシーンを振り返っていたのに対し、ランドリーは選手の注目を、どんなにささいなものでもいいから、自分の必勝プレーに向けさせた。

過去の試合の映像を調べ上げ、選手がやすやすと自然に有効なプレーをしたシーンを集めて、一人ひとりの選手のためにハイライト集をつくったのだ。ランドリーはその理由として、**何かをしくじる方法は無限にあるが、それぞれの選手にとって何かをうまくやる方法は無限ではない**からだと考えた。

そうした方法は限られていて、自分で認識することができる。うまくやる方法を浮かび上がらせ、認識するための最善策は、選手自身が自分の最高にうまくできたプレーに注目することだ。だからランドリーは選手が際立った卓越性を見せた瞬間をとらえ、それを一人ひとりに見せることにしたのだ。そして、「これからは君の必勝プレーだけをリプレーするぞ」と告げた。

ランドリーがこれを行ったのは、選手に自信をもたせるためでもあった。優れたチームリーダーの例に漏れず、彼もほめることの力を知っていた。例の8項目のうちこれに相当するものは、「『優れた仕事』をすれば必ず認められると知っている」である。前に見たように、高業績チームには、低業績チームに比べて、この項目に強く同意するメンバーがずっと多い。*

「優れた行い」は自分ではわからない

だがランドリーはほめることよりも、学習させることにずっと関心をもっていた。

それぞれの選手が、自分自身の卓越性はこういうものなのかと、スローモーションで確認することができれば、パフォーマンスを最も有効に高める方法を自分で学べるはずだと、ランドリーは直感的に理解していた。

真に優れたパフォーマンスは、自分のやっていることをほとんど意識していない、いわゆる「フロー」の状態で行われることが多い。

マイケル・ジョーダンは試合後のハイライト映像で自分のプレーを見て、首を振り「ワーオ、あれを俺がやったのか？」とよく言っていた。

ランドリーは選手に自分の必勝プレーをリプレーして見せることによって、自分の姿を外から眺めさせ、自分の「うまくいっている」ことの輪郭やリズムが実際にどういう感じなのかを理解できるよう手助けした。そうすれば、彼らはただ自信を高めるだけでなく、自分のユニークな強みが実際に活用される方法を再現し、それに磨きをかけることができると考えたのだ。

ケースウェスタンリザーブ大学の社会起業学教授デイビッド・クーパーライダーは、ど

＊どっちが原因でどっちが結果なのか——パフォーマンスが高いからほめるのか、それともほめるからパフォーマンスが高まるのか——と考えている人のためにいっておくと、データから次のことがわかっている。時間1におけるパフォーマンスが高いと、実際に時間2における承認項目〔『優れた仕事』をすれば必ず認められると知っている〕のスコアが高くなるが、相関係数は逆方向の場合のほうが4倍も高い。つまり**パフォーマンスが称賛をもたらすというよりも、称賛がパフォーマンスをもたらす**のだ。

こに注目するかによって、組織の成長の方向性が決まるという、アプリシエイティブ・インクワイアリー理論を提唱する。(10)トム・ランドリーがカウボーイズに適用していたのも、この原則だった。

意見せず「感想」を伝える

コツは、どんなに優れたパフォーマンスだったかを伝えるだけで終わらせないことだ。単純に称賛するのも悪くはないが、それは過去の瞬間をとらえたというだけで、そうした瞬間を未来に再現する可能性を生み出そうとするものではない。

そこで、**卓越性の瞬間に気づいたときにあなたが経験したこと、その瞬間にあなたが感じたことを伝えよう**。チームメンバーにとって、リーダーのあなたが自分のなかに何を見て、それをどう感じたかを伝えてくれることほど、信用でき、力を与えてくれることはない。

あなたがそれを見て何を考え、何に気づいたか、今後そのメンバーに何を任せようと思ったかといったことでいい。これらはあなたの反応であり、それを具体的に詳しく伝えても、相手を判断、評価したり、正したりすることにはならない。

たんに相手がたった今世界につくったユニークな「凹み」*について、あなたという1人の人間の目から見たことを伝えているだけだ。

それは判断や評価でなく、たんなる反応だからこそ、信憑性があり、疑問の余地がない。それに謙虚でもある。

部下に「私の立ち位置が知りたいのですが」と言われたら、相手が本当に聞きたいのは別のことだし、率直にいってあなたはそれを判断できる立場にない――あなたは部下の立ち位置に関する、究極かつ決定的な真実の源ではない。むしろ相手が言いたいのは、「あなたから見た私の立ち位置を知りたい」ということなのだ。そしてさいわいそれに関しては、あなたの考える真実は誰にも疑いようがない。

チームメンバーが卓越性を垣間見せた瞬間を、あなた自身の経験というレンズを通してリプレーして見せるたび、相手は「休息・消化」の心理状態になるから、脳が新しい情報を受け入れやすくなり、それを脳のほかの部位にある情報と結びつけて、学習、成長、向上しやすくなる。

*スティーブ・ジョブズの名言、「われわれは宇宙に凹みをつくるために存在している」より。

それこそが、チームメンバーが得られる最高の承認なのだ。あなたはチームメンバーのことを学び、学んだことを相手に伝え、そして最高のチームに漏れず、相手はあなたが明日もそれをくり返してくれることを知っている。

すばらしいパフォーマンスは、この儀式を通じて築かれていく。

「ノーミス」でもうまくできない

あなたがどういう注目を与えるかが、カギを握る。

チームメンバーが何かをしくじったら、当然あなたは対処しなくてはならない。だが覚えておいてほしいのは、それはたんに誤りを正しているにすぎないということだ。**二度とまちがいが起こらないよう誤りを正しても、卓越したパフォーマンスには近づけない**。看護師が誤った薬を投与した場合、誤りを放置すれば死を招くこともある。そういうときは当然、「二度とやってはいけない」と注意していい。それにもちろん、投与前に薬をつねに3重に確認するプロセスを設けることもできる。

だがその際気をつけたいのは、看護師が今では患者につねに正しい薬を投与しているからといって、より迅速で十分な回復を導く、優れたケアを提供できるようになったわけではないということだ。

看護師の過ちを正してもそうはならない。文法を正しても美しい詩を生み出せるようにはならないし、ジョークのオチを教えてもおもしろい人にならないのと同じだ。**卓越性は失敗の対極にあるのではない**。悪いパフォーマンスを正しても、卓越したパフォーマンスを生み出すことはけっしてできない。

誤りを正すことは、失敗を防ぐ手段でしかないのだ。

称賛と指摘を「3：1」で行う

チームの卓越性を引き出すには、あなたが注目の焦点を変えることが欠かせない。**誰かが本当に有効な行動を取ったとき、割り込んでそれを本人にリプレーして見せる**。これはたんなる高優先度割り込みではなく、あなたにとっての最高優先度割り込みなのだ。

この習慣を身につければ、あなたの指揮するチームを高業績チームにできる可能性が飛躍的に高まる。

ではバランスという点ではどうだろう？

トム・ランドリーは必勝プレーだけをリプレーすると宣言した。あなたも同じように極端になるべきだろうか、それとも必勝プレーに注目するのは時々にして、主にまちがいを正すことに集中したほうがいいのか？

平たくいって、まちがいの修正1回につき、ポジティブなリプレーを何回するべきだろう？「いいね、それだよ！」と「それはいけない！」のベストな比率は、何対何だろう？

この手がかりは社会科学の別の分野から得られる。

ジョン・ゴットマン教授の幸福な結婚生活の研究と、バーバラ・フレデリクソン教授の幸福と創造性の研究を参考にするなら、**ポジティブ対ネガティブの理想的な比率は3対1から5対1程度、つまりネガティブなフィードバック1回につき、強みに注目するフィードバックを3回から5回**、ということになる[11]。

細かい比率にこだわる必要はないが[12]、この程度の不均衡を意識的に目指せば、あなたにもチームにもよい結果が得られることを、研究は示している。

人間は「アドバイス」したくなる生き物

とはいえ、あなたがよかれと思って周到にハイライトに注意を喚起していても、部下にネガティブなフィードバックや問題の指摘を求められることもあるだろう。「どこがいけないのか教えてほしい」「仕事での行き詰まりを打開して前進するためのアドバイスがほしい」など。その場合どうしたらいいのか？

まずは、**「とっておきのアドバイスを与えたい」という、強力な誘惑に打ち勝とう。**＊

なぜなら第一に、脳の配線は人それぞれ違うから、あなたが見る世界や、あなたが世界に意味づけする方法、あなたが惹かれることや反発すること、あなたを疲れさせることや元気にすること、あなたがひらめく洞察のすべてが、ほかの誰の場合ともまったく違っていて、あなたが成長するにつれて違いはさらに拡大する。

だから他人であるあなたの助言は、ほかの人にとっても有効とは限らない。最高のチームリーダーはこのことをわきまえている。

たとえば人前で話すのが苦手な人に、流れを整理し、運びを練習し、締めをキメろと助言しても何にもならない。**あなたにとっての流れ、運び、締めをキメるの意味は、相手にとって同じ言葉が意味することとはまったく違うかもしれない**からだ。

最高のパフォーマンスを挙げる方法は、人によって予測がつかないほど違うことを、最高のチームリーダーは理解している。

＊そして皮肉なことに、アドバイスを与えないようにとあなたに助言している僕らからして、この誘惑を免れていない。

今度誰かに周到なアドバイスを与えたときに、相手があなたが勧めたのとはまったく違う行動を取ったら、このことを思い出してほしい。

腹を立ててもしかたがない。相手は真剣に聞いていなかったわけでもないし、適当に相づちを打ってやりすごし、不満をほのめかすためにわざと反対のことをしたわけでもない。真剣に聞き、たぶん勧められた通りのことをしようとしたのだろう。

たんにあなたがいわんとすることを理解できなかったにすぎない。相手には相手の理解力があり、それをもとに最善の行動を取っただけなのだ。

「助言」が他人の役に立つことは稀

そう考えると、**世間で「助言」と呼ばれているものの大半は、自分だけに有効な一連の戦術を並べ上げたもの**、といったほうがしっくりくるかもしれない。

レイ・ダリオの原則は興味深いが、誰にでも通用するわけではない。あれはダリオだけ、もしくはダリオに性格がとても近い人だけに有効な、210の原則というだけだ。

この意味で、助言は血液型に似ている。20世紀になるまで、輸血が非常にうまくいく場合もあれば、患者がドナーの血液に拒絶反応を起こしてまったく受け入れない場合もあることに、医師たちは頭を悩ませていた。

オーストリアの科学者カール・ラントシュタイナーが血液型の存在を突き止め、血液型の不適合な組み合わせを発見してようやく、輸血前にドナーと患者の血液型を調べることの重要性が認識されるようになった。

「パフォーマンス輸血」についても同じだ。

輸血が成功するかどうかは、助言を与えられた人がその意味を理解できるかどうか、つまりそれを代謝して、自分の思考と行動のパターンに落とし込めるかどうかにかかっている。

パフォーマンス輸血の助言は、助言から始まるのではなく、相手から始まらなくてはならない。

自分で考えないと成長しない

優れたリーダーが知っていて、脳科学で明らかにされている第二の点は、「ひらめき」が脳力を高めるということだ。

その理由が、ひらめきを感じるとドーパミンやその他の神経化学伝達物質が放出されるからなのかどうかは、脳科学者にもわかっていないが、わかっているのは、新しいひらめき――彼らの言葉でいえば「自分の内側からわき上がってくる、これは知っているぞという感覚」――を、脳が心地よく感じるようにできているということだ。

あなたもチームメンバーに何かを教えたとき、これが起こるのを見たことがあるかもしれない。くり返し助言を与えるうちに、相手はとうとう助言を自分の内側にある何かと組み合わせ、そうして初めて新しい理解のひらめきを生み出し、パフォーマンスを向上させる。

このひらめきが、意味づけを助け、目の前の課題を見るレンズとなり、前進を導く指針になる。**このひらめきこそが学習であり、それは外側から促すことはできても、内側からしか生み出すことはできない**。

誰もが役に立つ助言を与えようと腐心している。親身になった客観的で惜しみない助言を、単純な仮定から始め、注意深く組み立てたロジックを通して示し、目の前の明白な解決策に向かって、悩める相手を一歩一歩導こうとする。いわば、完成した美しい絵をかざそうとする。

だが一番役に立つ助言は、絵ではなく、絵の具と筆のセットだ。最高のチームリーダーは、この絵の具と筆を使って自分で解決策を描いてごらん、という。

つまるところ、最高のチームリーダーがメンバーにとって有効なことを熱心にリプレーしようとするのは、このためだ。

チームメンバー自身の卓越性がどのようなものかを、本人に直接見せることによって、絵を描くときに素材として使えるイメージを提供しているのだ。

またそのイメージは、そもそもチームメンバーの行動から生まれたものだから、メンバーはそれが内側からわき上がるのをすでに感じている。

それを外側から見せることによって、チームメンバーが自力でそれを認識、再現、改良できるようにするのが、あなたの仕事である。

「相談」を受けたら一緒に考える

チームメンバーに助言を求められたら、すぐにイーゼルに飛んでいって絵を描いて見せようとしないこと。代わりに、現在と過去、未来を一緒に検証してみよう。

「今、うまくいっていること」を3つ挙げさせる

まずは「現在」から始めよう。

問題を抱えてあなたのもとにやってきたチームメンバーは、今その問題の渦中にある。

参っていて、打ちのめされていて、重圧を感じているから、何とかしてあげなくてはならない。

だが問題に正面から向き合う代わりに、**現時点でうまくいっていることを3つ挙げてもらおう**。この「うまくいっていること」は、今の状況と関係があることでも、まったく関係がないことでもいい。重要なことでも、ささいなことでも、何でもかまわない。ただ3つの「うまくいっていること」を尋ねよう。

それを聞き出すことによって、相手の脳にオキシトシンを放出させることができる。オキシトシンは「愛情ホルモン」と呼ばれることもあるが、ここでは「創造性ホルモン」と考えるとわかりやすい。

うまくいっていることを具体的に考えさせることによって、脳内の化学物質を意図的に変化させ、新しい解決策や新しい思考・行動方式を進んで受け入れやすくするのだ（ちなみに、あなたが何をしようとしているかを、相手に隠さず話してもかまわない——この手法は、本人が積極的に関われば関わるほど、有効性が高まることが示されている）[13]。

「過去」に同じようなことがあったか探す

次が「過去」だ。「過去に同じような問題が起こったとき、役に立った方法は何だろう？」と尋ねよう。

人生に起こることの大部分はパターン化されているため、チームメンバーは過去にも同じような問題に遭遇し、同じように行き詰まった可能性が非常に高い。

だがそうした状況のなかで、何らかの打開策を見つけ、何らかの行動やひらめき、つながりをうまく活かして、泥沼から抜け出したことが必ずあったはずだ。

そのことを考え、見るよう促そう。そのとき実際にどう感じ、どのような行動を取り、次にどうなったのか。

「何をやる必要があるだろう？」と確認する

最後は「未来」に目を向ける。チームメンバーにこう尋ねよう。「やる必要があると自分でわかっていることはあるだろうか？　今の状況で有効だとわかっている方法はあるだろうか？」

あなたはある意味で、相手がすでに答えをもっているという前提で話している——相手がそれに気づけるよう、手を貸しているだけだ。

そしてこのときにこそ、あなた自身の体験をぜひ1つか2つ話して、チームメンバーが自分の解決策をはっきりイメージできるかどうかを確かめよう。

ただし肝心なのは、**相手にすでに見えているもの、自分に有効だとすでにわかっていることを説明させる**ことだ。

「辞めて喜望峰を回ろう」とする部下を説得する方法

このとき気をつけたいのは、**「WHY」（「なぜうまくいかなかったのか？」「なぜそうすべきだと思うのか？」）に重点を置かない**ことだ。

そういう質問をすると、あなたと相手の両方が、憶測や概念にあふれた曖昧なうしろ向きの世界にとらわれてしまう。

代わりに「WHAT」（「何が起こってほしいのか？」「いますぐ取れる行動が2つあるとしたら何か？」）の質問をしよう。この種の質問は具体的な答えを引き出すから、相手は近い将来に実際に行動を起こしている自分の姿を思い描くことができる。

もしもチームメンバーがいきなり大きな計画に飛びつこうとしたら――「仕事をやめてヨットを買い、喜望峰を回ろうと思います」――今抱えている問題の〝小さな側面〟に注意を向けさせよう。

そうすれば、いきなり仕事をやめるよりも、いますぐ取り組める解決策をいくつか思いつくかもしれない。そうした小さな一歩を踏み出すことで、少しずつ前進し、ついには新しい解決策を自力で見出すことができるだろう。

ウソ#6 人は「他人」を正しく評価できる

人事評価の疑わしい公平性・妥当性・正確性

外から観察しているだけで、あなたは他人のことをどれだけ理解できるだろう？

毎日一緒に働いている相手なら、何に燃えるタイプなのか、競争心旺盛なのか、利他的なのか、やることとリストの項目をクリアすることに執念を燃やしているのかといったことを判断するための手がかりを得られるだろうか？

思考の仕方についてはどうだろう？　ものごとを大局的に考えるタイプなのか、仮説思考が得意なのか、論理的で演繹《えんえき》的なのか、概念より事実を重視するタイプなのかといったパターンを見抜いて指摘できるほど、あなたは洞察力に優れているのだろうか？

人との関わり合い方についてはどうだろう？　たとえば、誰かが見た目よりもずっと思いやりがあって、内心では仲間のことを気にかけている、などと見抜けるだろうか？

資質に「点数」はつけられるのか？

もしかすると、できるのかもしれない。あなたは他人の行動から直感的に手がかりをつかみ、それをつなぎ合わせて、その人がどういう人で、どういう生き方をしてきたのかを詳しくイメージできるタイプなのかもしれない。

実際、最高のチームリーダーはそれができるようだ。チームメンバーの無意識の行動や反応を注意深く見守ることによって、誰もいないところでほめられることを好むタイプなのか、チーム全員の前で称賛されたいのか、明確な指示に反応するのか、命令される気配を感じただけで拒否反応を示すのかといったことを見抜くのだ。

最高のチームリーダーは、メンバー一人ひとりが違っていることを理解し、それぞれの個性に注意を払い、それを生産的な方面に向けることに、膨大な時間を費やしている。

だが、チームメンバーを評価することに関してはどうだろう？

あなたはチームメンバーの資質の一つひとつに、正確な評点をつけられるだろうか？

あるチームメンバーが戦略的思考に優れていると判断した場合、どれだけ優れているかを自信をもって点数化できるのか？　影響力や業務知識、総合的なパフォーマンスについても同じことができるだろうか？

あるチームメンバーが、残りのメンバーに比べてこうした能力をどれだけもっているかを評価する場合、各メンバーの相対的な能力に評点をつけられるほど、一人ひとりを正確に比較検討できるだろうか？

みんなが「バラバラの基準」で採点する

これは一筋縄ではいかないように思える——個性的な各メンバーを、影響力なら影響力の定義に照らして評価する間中、その定義を一定に保っていなくてはならないからだ。

だが詳しい行動特性によって1から5までの段階が定義されたモデルがあれば、その尺度を公正に用いて、真の評価を導くことができるだろうか？

それに、たとえ自分にはできるという自信があっても、自分以外の周りのチームリーダーはどうだろう？

誰もがあなたと同じ方法で同じ尺度を用い、あなたと同じだけの客観性と判断力をもって評価できると思うだろうか？　それとも、評価が甘く誰にでも高い点をつける人や、「影響力」の定義があなたと違う人がいるのではと不安になるだろうか？

まったく同じ方法で評価を行うよう、チームリーダー全員を指導することはできるのか？

気を配らなくてはならないことが山ほどある。

多種多様な人が多種多様な他人を多種多様な方法で評価したデータが洪水のようにあふれている。

だが評価は正しく行わなくてはならない。なぜならこのデータは人を代表し、そしていったん収集されると、その人の職場での評価を定義するようになるからだ。

「辞めてもいい人材」とわかりにくく示される

毎年少なくとも1回、上級幹部が一室に集まってあなたのことを話し合う。

あなたのパフォーマンスとポテンシャル、キャリア目標を討議し、ボーナスをいくらにするか、特別な研修に参加させるか、昇進させるかといった、重要な決定を下す。

この会議はご存じの通りタレントレビューなどと呼ばれ、ほぼすべての組織が何らかのかたちで実施している。

その目的は従業員一人ひとりについて検討し、それぞれにどのようなかたちで投資を行うかを決定することにある。

一般に、パフォーマンスとポテンシャルの評点が最も高い人材――いわゆるスター人材――に最も多くの金額と機会が割り当てられ、評点が低くなるほど割り当ては小さくなり、最底辺で苦戦する人たちは業績改善計画（ＰＩＰ）と遠回しに呼ばれるプログラムの対象となり、穏便にやめさせられる。

こうしたタレントレビューは、組織が従業員を管理するために用いる仕組みだ。**最高の人材をつねに満足させ、成長を促し続ける一方で、組織に貢献しない人材は間引きたい**。

ほとんどの企業にとっての最大のコストは、従業員の給与と福利厚生費だから、この会議は非常に真剣に受けとめられている。あらゆる大企業の上級幹部にとって最も差し迫った問題、最大の関心事は、**「どうしたら従業員のありのままの姿を正しく評価できるだろうか？」**である。

これは上級幹部が、いわゆる「夜も眠らずに考える」問題だ。

チームリーダーは組織にどんな人材が真に必要なのかを上級幹部ほど明確に理解していないのではないか、部下を客観的に評価できないのではないかという不安を、組織はつねにもっている。

面倒だから「マトリックス」を全員に使う

この不安を解消するために、組織は種々の仕組みを通じて、人事評価プロセスの厳密性を高めようとしてきた。

おそらく最もよく知られているものが、「9ボックス《ナイン》」だろう。縦軸にパフォーマンス、横軸にポテンシャルをとり、それぞれの軸を低、中、高の3段階に分けて、9つのボックスからなるマトリックスで人事評価を行う仕組みだ。

チームリーダーはタレントレビューに先立ち、各チームメンバーのパフォーマンスとポテンシャルを評価して、9つのボックスのどれかに振り分ける。こうしてチームリーダーは、「このメンバーはポテンシャルは大きいが現実のパフォーマンスにつながっていない」とか、「最高のパフォーマンスを挙げているが伸びしろは少なく、現在の職務で頭打ちだ」といったことを可視化できるわけだ。

タレントレビューでは、経営陣がこのデータを見ながら、各従業員に対してどのような方針で投資を行うかを決定する。たとえば前者には研修を受けさせて中長期的に育成し、後者にはボーナスをはずむといった具合だ。

「4の人が多いから、あなたは3」となる

また多くの企業が、5段階の人事評価を行っている。9ボックスと並行して行う企業もあれば、それに代わる方法として行う企業もある。

ここでもチームリーダーが、各メンバーの評点を提案する。すると、タレントレビューの前かその一環として、「コンセンサス会議」や「評価調整会議」が開催され、次のような話し合いが行われる。

チームリーダーが部下について話し、評点を4にした根拠を主張し、また別のチームリーダーが部下に5や4の評点を与えた経緯を説明し、それから4とはどういう人材なのか、あるチームの4と別のチームの4に違いはないか、この人材は今年度本当に4に値するのか、組織全体で見てまだ4の枠は残っているか、といったことを全員で討議する。

もしも組織の4の枠がなくなってしまったら——3や2を与えたがらないチームリーダーが多いため、しょっちゅう起こることだ——その場合は3を与え、「あなたは本当は4に値するのだが、今年はあなたの番ではなかった。来年は4にできるように計らおう」などと本人に言って聞かせる。これを**「分布を制限する」**という。

これはハイパフォーマーに認定される人材を一定の割合に抑えたいという組織の必要性と、気詰まりな評価面接をせずにすむように全員に高い評価を与えたがるチームリーダーの傾向を折り合わせる、苦痛に満ちたプロセスに与えられた名称だ。

分布制限を楽しいと思う人などいないが、それはチームリーダーに課せられる必要な制約と見なされていて、報酬を適切に差別化し、ハイパフォーマーが得られるものが低パフォーマーよりずっと多くなるようにする狙いがある。

評価者に「これをしたら〇点」リストが配られる

おそらくパフォーマンスとポテンシャルという用語の正確さを期するために、多くの組織はチームメンバーがもつべき一連のコンピテンシーを列挙し、それに照らして年度末にチームメンバーを評価している。

4章では、こうしたモデルが現実世界でのパフォーマンスを正しく反映しているかどうか(すべてのコンピテンシーを併せもつ人材が存在するのか? 自分に欠けているコンピテンシーを獲得した人が、そうでない人より高いパフォーマンスを挙げることを実際に証明できるのか?)に疑問を呈した。

それでも、多くの組織が今も標準的なチェックリストに照らして社員を評価している。

この参考になるようにと、それぞれのコンピテンシーは様々な行動によって定義され、各行動はコンピテンシーの特定のレベルに関連づけられる。たとえば「組織力と政治力」というコンピテンシーでは、「組織の問題を有効に解決するための賢明な方法を提示できる」と見なされた人は3、「困難な政治的状況を察知し、有効に対処することができる」人は4の評点を与えられる、など。

チームリーダーはこうした具体的な行動を基準とするコンピテンシー評価をもとに、チームメンバーのパフォーマンスとポテンシャルの総合評価を組み立て、タレントレビューではその評価をもとに、各メンバーについての討議が行われる。

従来タレントレビューは年に1、2回の開催だったが、ブリッジウォーターの例で見たように、こんにちではスマートフォンの普及により、組織は年間を通じて短期のパフォーマンス評価調査を実施できるようになった。

同僚や直属の部下、上司などによって与えられたスコアが、半期末または年度末に集計され、パフォーマンスの総合評価が最終決定される。

一部のスタートアップやベンチャー企業が率先して常時評価を職場に導入し、大きな関心を集めたことから、最近では従来型の人材管理ソフトウェア開発を手がける企業までもが、常時評価のツールを競って制作し、プライスウォーターハウスクーパースやゼネラル・エレクトリック（GE）などの大企業は自社版のツールを構築しているほどだ。

このリアルタイム評価競争は避けがたいようにも思えるし、その熱狂ぶりは異常なようにも思えるが、すべては「うちには実際のところどういう人材がいるのか？」という、組織の関心に答えるために行われているのだ。

「よく知らない人」の採点が正式になる

他方、従業員であるあなたの関心は、組織の関心と関係はあるが、別のところにある。コンピテンシーや評価調整会議、行動基準うんぬんといった小難しいことは、正直どうでもいい。

それよりも**あなたの給与や昇進の可能性、ひょっとすると雇用の継続までもが、自分が出席してもいない会議で決定されるという現実の厳しさをひしひしと感じている。**

会議の出席者には、あなたが知っている人もいれば、あなたを知っている人も、あなたが一度も会ったことのない人もいて、その人たちがあなたや同僚について討議、評価し、誰がどのボックスに入るかを決め、それをもとに、あなたが1年間の激務の末に何を得るか、あなたのキャリアがどこに向かうのかを決定するのだ。

こんな決められ方をしていることを最初の2年ほどは知らなかったが、知ってからは気になってしかたがない。あの人たちによく評価されたい、絶対に悪く思われたくない、とあなたは思う。

だが何よりも、決定が行われるあの部屋で、本当の自分を評価してほしい。これがあなたの関心だ。

あなたは評価尺度や同僚調査、常時オンの360度評価アプリはいったいどういうものだろうと考え始め、自分を——できれば最高の自分を——正確にとらえられるほど科学的で、厳密で、しっかりしたプロセスにもとづくものであってほしいと願う。

あとはもう、運を天に任せるしかない。少なくともあなたは1人の人間としての、またチームメンバーとしての真価を公正に審議されたのだから。

「最新ツール」を使っても不正確

だが**現実世界では、今いったことがどれ1つとして機能しない**ことを知れば、あなたはきっと不安になるだろう。こういった仕組みや会議——モデル、コンセンサス会議、コンピテンシーを網羅したリスト、注意深く調整された評価尺度など——はどれ1つとして、会議室で本当のあなたが正しく評価される保証にはならない。

なぜならこれらすべてが、「人は他人を正しく評価できる」という考えに基づいているからだ。だが**正しく評価することはけっしてできない**。

これがいらだたしくも単純な、6つ目のウソである。

もしも十分な訓練を受けた人が、適切に設計されたツールを使えば、他人のスキルやパフォーマンスを正しく評価できるなら、どんなに都合がいいだろう。

もしそうなら、膨大なデータを収集し、それをもとにいろいろなことができるはずだ！

従業員のパフォーマンスとポテンシャルを正しく測り、コンピテンシーを正確に評価し、上司や同僚、部下の目から見たデータをさらに収集し、それらをすべてアルゴリズムに投入すれば、昇進名簿や後継者育成計画、人材開発計画、ハイポテンシャル人材プログラムの候補者リストが打ち出されるだろう。

しかし、**多くの人材管理ソフトシステムの喧伝とは裏腹に、こういったことは現実にはどれ1つとして可能でない**。

過去40年間に人間の他者を評価する能力がくり返しテストされてきた。

「評価におけるバイアスの制御：評価についての一理論」「360度評価における素因効果、評価者効果、および均《なら》し効果」「評価者を源泉とする効果はいまだ健在である」といった研究によって報告された、紛れもない結論はこれだ――**人は何に関しても他人を正しく評価することはできない**[1]。

一部が優れていると全部がそう見える

これを確かめるには、最近の冬季オリンピックでのフィギュアスケートの採点を見るだけでいい――あのトリプルトウループの評価で、中国人とカナダ人のジャッジの意見があそこまで分かれたのはなぜだろう――が、ひとまずここでは、人間の評価能力またはその欠如に関する最も意味深い現実世界の研究を見てみよう。

この研究を行ったのはスティーブン・スカレンとマイケル・マウントの両教授と、産業・組織心理学者のメイナード・ゴフである。

研究では4392人のチームリーダー一人ひとりにつき、上司2人と同僚2人、直属の部下2人の計6人から評価を収集した。いくつかのリーダーシップコンピテンシーを複数の観点（「実行管理」「チームワークの促進」「問題分析」など）から評価するもので、評価者に各コンピテンシーにつき6つの質問項目を読んでスコアをつけてもらい、合計約2万5000人の評価者から50万件弱のスコアを得た[2]。

このデータをもとに、研究者は素朴な疑問について考えた——こうした多面的評価は、本当に有効といえるのだろうか？　つまり、評価者がつけるスコアは、チームリーダーの能力以外の、何か別の因子に影響を受けているのではないだろうか？

研究者は、次の潜在的因子を想定した。

①評価者のチームリーダーとの立場関係。つまり、評価者がチームリーダーの上司なのか、同僚なのか、部下なのかによって、評価に何らかの影響がおよぶのではないか？

②チームリーダーの一般的なパフォーマンス。つまり、あるチームリーダーが全体として仕事ができる人だと見なされている場合、評価者はそのチームリーダーのすべてのコンピテンシーに高い評価をつける傾向にあるのではないか？

③チームリーダーの特定の側面のパフォーマンス。たとえば、あるチームリーダーが政治力という側面が優れていると見なされている場合、評価者は政治力に関するすべての質問項目におしなべて高評価を与える傾向にあるのではないか？

これらの3つの因子——①評価者立場因子、②一般因子、③側面因子と研究者は名づけた——について分析を行った結果、3つの因子はたしかに評価のばらつきの一定割合を説明できること、そして**3つのなかでは③が最も大きな割合を説明できる**ことがわかった。

評価する人の「独自性」が54％入ってくる

各評価者はもちろん、自分なりの根拠をもって一つひとつのスコアをつけていたのだが、研究者はあらゆる方向からデータを分析することによって、全体的なパターンをさらによく説明する要因を探し出そうとした。

その結果、評価の分散の大半、実に54％が、たった1つの要因によって説明できることがわかった。その要因とは、**評価者自身のものの見方の特異性**だったのだ。

一人ひとりの評価者——上司であれ、同僚であれ、直属の部下であれ——に独自の評価パターンがあることを、データは示していた。評価が非常に甘く高評価に偏りがちな人もいれば、評価がとても厳しく低評価に偏っている人もいた。また1から5までの段階をまんべんなく使い、スコアが自然な分布を描いている人もいれば、スコアを狭い範囲にとどめがちな人もいた。

評価者の一人ひとりが、自覚しているかどうかは別として、特異な評価パターンをもっていたため、この強力な影響は**「評価者特異効果」**と呼ばれるようになったのだ。

どういうことなのかを説明しよう。

ルーシーが「戦略的思考」というコンピテンシーに関する質問項目でチャーリーを評価するとき、ルーシーがつけるスコアには際立ったパターンが見られる。

そのパターンは、チャーリーがどれだけ戦略的思考に優れているかという、ルーシーの判断を反映しているはずだと、あなたは思うかもしれない。

だがこれが真であるためには、ルーシーが別のチームメンバーのスヌーピーを同じコンピテンシーで評価するとき、ルーシーがつけるスコアが（チャーリーを評価したときとは）違うパターンを示していなければならない。なぜならスヌーピーはおそらく戦略的思考のレベルがチャーリーとは違っているからだ。

ところがスカレン、マウント、ゴフの研究によれば、ルーシーが2人の別々の人間を評価するときも、評価パターンはほぼ変わらない――**ルーシーの評価パターンは、誰を評価するときも同じ**なのだ。

つまり、**ルーシーの評点が明らかにしているのは、評価されるチームメンバーのことというよりも、むしろ彼女自身のこと**である。

評価ツールは他人を見るための窓だと思うかもしれないが、実は自分の姿だけを映し続ける鏡でしかないのだ。

「誰を評価しているのかわからない」ようなスコアになる

ちなみにこの効果は、評価者が特定の性別や人種、年齢などの人に対してもっている、無意識の偏見とは何の関係もない。

そうした偏見は現に存在するし、偏見を克服し、なくすよう努力すべきなのはまちがいない。だがこの研究によって明らかになったのは、評価する側とされる側の性別や人種、年齢とは関係なく、評価者特異効果が働くということだった。

評価パターンの特異性は評価者の個性から生じるもので、対象者とはほとんどまったく関係がないように思われる。**実際、まるで対象者が存在しないかのよう**なのだ[3]。

測定に携わる人々は当然のことながら評価者特異効果の大きさに悩まされ、多大な労力を払ってそれを最小化または除去しようとしてきた。

たとえば、レベル4と比較した5の定義や、コンピテンシー尺度の各段階に関連づけられる行動基準の説明を詳しくするのも、そうした取り組みの一環だ。

残念ながら、尺度や行動基準の説明を詳細にすればするほど、効果はかえって拡大することが、今ではわかっている。評価尺度が複雑であればあるほど、特異な評価パターンの影響はますます強力になる。[4] **まるで評価者が尺度の複雑さに圧倒されて、「安心」できる自分の自然な評価パターンに戻るかのよう**なのだ。

人が他人の能力を質問項目で評価するときには、評点の半分以上に評価者自身の特異な傾向が反映される。

人が他人の仕事のやり方を評価する方法に関する最も大規模な3つの研究が、驚くほどよく似た結論に達している。**評価の分散の約60%が、評価尺度に対する評価者の特異な反応によって説明することができた**のだ。

「対象者」をよく知らないまま評価する

本当の自分が評価されることに最も関心があるあなたは、この結果に大いに不安を感じるはずだ。

あなたに与えられた評点に表れているのは、評価者の評価パターンなのに、会議の参加者は、まるであなたのパフォーマンスのパターンが反映されているかのようにそれを扱うのだから。

それに、たとえ評価の特異性を修正できたとしても、もう1つハードルが残っている。**あなたと一緒に働く人は、影響力や政治力、戦略的思考、いや正直いってどんな抽象的な属性についても、あなたがそれをどれだけもっているかを特定できるほど密にあなたと交流していない**のだ。

職場の人は（主に仕事のことで）頭がいっぱいだから、こういう抽象的な資質を評価できるほどあなたにじっくりたえまなく注意を払うことはできない。あなたのことをそこまで見ていない、つまりあなたに関するデータが不足しているのだ。

そこで、このハードルを**「データ不足」**と名づけよう。

すわったままトリプルトウループを見ることだけに専念しているオリンピックのフィギュアスケートのジャッジが、トリプルトウループの評価で合意できないというのなら、多忙なあなたの上司や同僚、直属の部下があなたの「ビジネス感覚」を正確に評価できるはずがあるだろうか？

「曖昧な基準」で余計に自己流になる

それに、たとえ仕事の世界に「移動評価者」という職種を設け、廊下や会議室を回って従業員の行動や反応をリアルタイムで観察し、一連の資質を評価することだけを任せたとしても、よいデータは得られない。

その理由の1つは、定義が適切でないからだ。トリプルトウループは、「うしろ向きの足のアウトサイドエッジからもう片方の足のトウをついて3回転し、跳んだのと同じうしろ向きのアウトサイドエッジで着氷すること」と定義されている。しかもこれが唯一の定義だ。

他方、ビジネス感覚について調べると、こんな感じの定義が見つかるだろう。

ビジネス感覚とは、ビジネス状況を理解して決断を下す機敏さと速さをいい……ビジネス感覚をもつ人は……状況に関する重要な情報を取得し、主要目標に集中し、問題解決のために取り得る妥当な対応策を認識し、(また) 適切な行動指針を選ぶことができる。[5]

しかも、これは無数にある定義のうちの1つにすぎない。

おまけに「うしろ向きの足のアウトサイドエッジから跳ぶ」という具体性と、「重要な情報」「主要目標」「適切な行動指針」の曖昧さとには、雲泥の差がある。誰にとって重要なのか？ 誰によって定められた主要目標か？ どのように決定される適切な行動指針なのか？

のか？

もちろん、定義を読む人は「そんなの自分で簡単に定義できるさ」と思うかもしれない——だが**そこが問題**なのだ。**抽象的な資質で他人を評価すると、評価者自身の特異性が反映される余地がさらに拡大する**。

そのうえ、ある人のビジネス感覚の理解は、別の人の理解とは明白に異なるから、高度な訓練を受けた2人の真剣な評価者が、同じ人物を同じ資質で評価するときでさえ、同じ評価に到達することをひどく難しく感じるのだ。

「群衆」は1人よりも正しいのか

評価者特異効果とデータ不足の問題がこれほど深刻だというのに、きっと誰かがあなたの不安をなだめようとして、こんなことを言ってくるだろう。

本当のあなたは会議室で必ず明らかになる。たとえ特異性のある、信頼できない評価者がいたとしても、そうではない人が大勢いる。もしも彼らのそれぞれがあなたを「ほぼ正しく」評価し、その「ほぼ」を集計することができれば、あなたの姿をかなり正確にとらえられるはずだ、と。

まさにこれが、360度評価の根底にある考え方だ。たとえ的外れな評価をする人が1

人いたとしても、残りの10人があなたはビジネス感覚が欠けていると評価するなら、実際に欠けている可能性が高い。

この考え方はごく一般的だが、残念ながら間違っている。これには2つの誤謬《ごびゅう》が含まれている。

1つ目は、群衆の知恵に関するものだ。群衆の知恵とは、ジェームズ・スロウィッキーが同名の著書（邦題は『「みんなの意見」は案外正しい』）のなかで広めた考え方である。スロウィッキーは、**1人の天才よりも、事情に通じた大多数の人のほうが賢い**ことを、次々と例を挙げて示した[6]。最初に取り上げたのがチャールズ・ダーウィンの半いとこ*、サー・フランシス・ゴルトンの物語だ。

ゴルトンは1906年にイングランド西部の食肉用家畜家禽《かきん》見本市を訪れた際、雄牛の重量当てコンテストに出くわした。興味のある人が6ペンスでチケットを購入し、それに重量の推定値を書いて提出すると、実際の重量にいちばん近い人が賞品をもらえる、というものだ。

データに魅了されていたゴルトンは、勝者が発表されたあともその場に居残り、主催者に頼んで推定値が記載された800枚のチケットを貸してもらった。推定値をすべて足し上げ、それを人数で割って平均値を出してみた。雄牛の実際の重量は1198ポンド、そして驚くなかれ、**すべての推定値の平均は1197ポンドだった**のである。

群衆は賢かった[7]。

360度評価は「雄牛の体内の原子数当て」のようなもの

そしてそれはまったく正しい――事情に通じた群衆は賢く、少数の特権的な専門的エリートよりも賢い場合が多い。

だが今の文章のキモは、**「事情に通じた」**という修飾語句にある。

群衆の知恵が生まれる仕組みは、群衆の多くが問われている問題について実体験を積んでいることにある――この場合でいうと、ほとんどの人が周辺の農場に暮らし、雄牛の大まかな重さを知っていた（たとえ知らなかったとしても、「重量」とは何かという共通の理解があった）。

これらの「ほぼ」の推定値をすべて足し合わせて平均値を出せば、雄牛の実際の重量にとても近くなるのは当然だった。

＊祖父が同一人物だった。

だが群衆が事情に通じていなかったらどうなるのか？　もしも群衆が雄牛の重量の代わりに、雄牛の体内の原子の個数を推定するよう求められたら？　または雄牛がどれだけ「友好的」かを当てるとしたら？　群衆は推測の参考になる実地の枠組みをもたないから、まったく賢くなくなる。

あなたとたまにしか顔を合わせない、「ビジネス感覚」についてそれぞれ異なる定義をもつ人たちが、あなたを評価しようとするときに起こるのが、まさにこれである。**360度調査は、イングランド西部の住人による、雄牛の体内の原子数当てに相当するのだ。**[*]

「ビジネス感覚」はまったく信頼できない

これに対する反論は、ビジネス感覚はこのたとえでいうと雄牛の体内の原子数より、雄牛の重量に近い、というものだ。

つまり、ビジネス感覚が何なのかは誰でも知っているから、お互いがそれをどれだけもっているかを大まかに評価できるのだと。

だがデータを分析すると、**人がそれぞれビジネス感覚について独自の特異な定義をもっ**

ているように思われること、そして前に見たような行動基準によって定義を標準化しようとすればするほど、評価者特異効果がかえって拡大することがわかる。*

同じことが、影響力や意思決定能力のような資質、それにパフォーマンスについてもいえる。**これらのそれぞれが抽象的な器で、われわれはそこに自分独自の意味を注ぎ入れる。**われわれは事情に通じておらず、評価者としての力量は原子数を推定する農家の人々と変わらないのだ。これが群衆の知恵に関わる1つ目の誤謬、「われわれはみな（つねに）1人よりも賢い」である。

多人数で評価すると「ノイズ」が拡大する

2つ目の誤謬はこうだ。

たとえある人があなたに与えたスコアが悪いデータだったとしても、同じくらい悪い、

*知りたがりの読者のために計算してみたところ、答えは約54,340,365,926,000,000,000,000,000,000個になった。群衆の知恵を確かめたい人は、イングランド西部の住人に相当する群衆を自分で集めて当ててもらおう。
*この理由を、前のスケートの例で説明しよう。トウループジャンプが、トウループと呼ばれるようになる前から存在していたおかげで、その名称には正確な定義が組み込まれている。これに対し、ビジネス感覚は、そう名づけられるまで存在しなかった。そのため、それはほかの抽象概念によって定義された抽象概念にすぎず、正確に定義することがつねに、頑固なまでに不可能なのだ。

もう6人のデータと組み合わせれば、あたかも魔法のように——なぜだか誤差が平均化されて——よいデータになる、と（よいデータ、悪いデータについては後程、説明する）。

だがデータはそういう仕組みにはなっていない。平均を取ることで誤差を軽減できるのは、われわれがお互いに与える評価や、測定器の不具合から生じる系統誤差（システマティックエラー）の場合、それらを足し合わせれば誤差は軽減されるどころか、ますます拡大する。ノイズとノイズを合わせても、さらに大きなノイズにしかなり得ないのだ。**ノイズにどんなに多くのシグナルを合わせてもノイズにしかならない**、というのがデータの常識である。ほんのわずかな悪いデータが、すべてのよいデータを汚染してしまうのだ。

この興味深い例を、「アリエル6」の物語に見ることができる。アリエル6とは、1960年代と1970年代にイギリスによって設計、建造され、アメリカによって打ち上げられた、一連の研究用衛星の最後のものだ。

アリエル6には1台の宇宙線検出器と2台のX線検出器の、計3台の計器が搭載されていた。X線検出器の向きは衛星のスピン軸に合わせてあったため、それを特定の星に向けるには、衛星全体を（その星が含まれる）天空の特定の領域に向ける必要があった。

設計者は衛星の姿勢制御を実現するために、地球の磁場を利用して、検出器が向いている領域を測定することと、衛星の向きを変えることの両方を行うという、巧妙な方法を考案した。

磁場を測定するために、衛星には磁力計と呼ばれる機器も搭載されていた。データの冗長性を高め（何らかの障害が発生したときのために余分のデータを収集しておくこと）、かつ2台の独立した測定結果を組み合わせて偶然誤差を減らす目的で、磁力計は2台積まれていた。

誤ったデータで「スター人材」を決めている

1979年夏、アリエル6は注意深く梱包され、イギリスからアメリカのバージニア州東海岸にあるワロップス飛行施設まで輸送され、打ち上げロケットにはめ込まれて、宇宙に飛び立った。

たちまち問題が発生した。衛星は所定の軸を中心に回転しておらず、少々傾いてもいた。バッテリーの充電にも問題があった。そして何らかの理由で、X線検出器が検出するX線量は、科学者が想定したよりも少なかった。科学者は問題を解明するためのテストを行おうとして、天空の最も強力なX線源であるカニ星雲に衛星を向けた。科学者が得られるだろうと期待したデータと、実際に得たデータとの比較から、2つの発見があった。

第一に、片方のX線検出器の鏡面が汚染されていた。これを受けてその後のミッションでは、宇宙空間に曝露できる安全な場所に到達するまで、X線検出器は保護されるようになった。

そして第二に、衛星は正しい方向に向いておらず、数度ずれていた。磁力計の1台に不具合が生じていたため、測定値の平均値には系統誤差が生じていたことになる。そしてこの悪いデータが、もう1台の正常な磁力計からのよいデータと混ざったせいで、衛星は自分の位置を知ることができず、正しい星を正確に指し示すことができなかったのだ。

評価の世界においては、数多くのデータ源からデータを収集することによって、個別の悪いデータ源を埋め合わせることができるという考えは誤っているし、有害でもある。**悪いデータをよいデータに加えても、その逆をしても、データの質を改善したり、もとの不備を埋め合わせることはできない**のだ。

アリエル6にとっての解決策は、不具合が生じた磁力計の測定値を無視して、正常に機能している1台の測定値に頼ることだった。

だが最高の人材を見きわめるためのタレントレビューに、この選択肢はない。なにしろすべての測定値に欠陥があり、頼れるよいデータが存在しないのだから。われわれは、誤ったデータを使って、誤ったスター人材を指し示しているのだ。

「ビッグデータ」は使いようがない

ここまで見てきたことをおさらいすると、

①人は訓練を積んでも他人を正しく評価できるようにはけっしてならない
②人が他人を評価したデータは、評価される人よりも評価する人自身のことを表しているため、汚染されている
③汚染されたデータをどんなに増やしても汚染は排除できない

となる。

したがって、毎年のエンゲージメント調査であれ、パフォーマンス評価ツールや360度評価、その他の多種多様なツールであれ、何らかの評価にもとづくツールは、測定しているはずのことを測定していない。

つまり、こうしたツールが生成するデータをもとにした議論は、本当のあなたを正確に反映していないということになる。

この嘆かわしい状況を前に、いったいどうすればいいのだろう？

まずは、よいデータと悪いデータを識別する方法を学ぶことが、賢明な出発点になる。職場でよくいわれるように、われわれはビッグデータの世界にまっしぐらに突き進んでいて、その世界ではあらゆるプロセスや成果、項目、個人的嗜好、やりとりが、機械学習を活用したアルゴリズムに取り込まれ、定量化され、解析されるようになる。

膨大な量のデータポイントがリアルタイムで収集され、人工知能を活用してデータ間の関係を分析、学習することによって、何が何をどれくらいの頻度でどんな状況下で予測できるかを理解できるようになるという。

しかし、**解析するのがよいデータでない限り、こうしたアルゴリズムのどれ１つとして、何ら有益な結果を生成することはない**。

たとえばの話、もしもポケットの携帯電話が体温計を狂わせることが判明したら、体温の経時的データを分析したり、体温とその他のデータポイントとの関係を調べたりしても、何も有益なことを学べない。なぜならポケットの携帯電話のせいで体温データがすべて汚染されているからだ――ゴミデータを入れても、ゴミ発見しか出てこない。

では「よいデータ」とは、正確にはどういうものなのか？

「信頼できる数字」とは何か？

よいデータには、3つの際立った特徴があるといえる。**信頼性・変動性・妥当性**だ。

信頼性のあるデータとは、測定しようとする内容を、安定した予測可能な方法で、実際に測定していると自信をもてるデータをいう。

信頼性の高いデータのなかでも最もわかりやすいものが、**「数えられるもののデータ」**だ。指や測定器を使って何かを数えることができるなら、誰の指やツールを使っても同じデータが得られる。身長、給料の額、去年の欠勤日数、ある春の午後のオフィスの外の気温などが、信頼性のあるデータの例になる。

だが、春の午後に外へ出て温度計を見たら21度だったが、10分後に見るとマイナス6度を示していた場合、世界が急激に寒くなったこともちろん理論的にはあり得るが、温度計が壊れている可能性のほうがずっと高い。もう10分経って24度になっていたら、おかしくなったのは世界ではなく、温度計だと確信できる。

データセットの信頼性を統計的に検証する方法はいろいろあるが、要は**測定対象が変わらないとき、生成されるデータも変わらなければ、そのデータ収集ツールは信頼性がある**

といえる。逆に信頼性に欠けるデータとは、不安定なデータ、つまり独りでに動くように見えるデータである。そして壊れた温度計のように、現実世界が何も変化していないときにデータの変化を示す測定ツールは、どれも信用できない。

360度評価に信頼性がないのは、このためだ。このツールが生成するデータは、特定のコンピテンシーが対象者にどれだけあるかを表しているという建前だが、実際に検証してみると、**データが勝手に動くことは明白**だ。

なぜならこのツールが反映しているのは、評価者の特異性なのだから。

5段階で評価させると、人は「4か5」ばかりを選ぶ

次に、変動性のあるデータとは、自然な（制限されない）分布、つまり**現実世界の実際の分布を示すデータ**をいう。

測定ツールのよし悪しを判断するには、現実世界の分布を測定し、表示できるかどうかを調べればいい。

温度計の例でいえば、もしも下限がマイナス10度の市販の温度計を南極にもっていったら、実際の気温がそれよりずっと低くても、温度計は毎日マイナス10度を示し続けるだろう。この温度計は、測定しようとする分布の全体を測定する能力を欠いているため、測定

ツールとしては失格だ。壊れているというより、たんにこのタスクに適していない。

職場研修を受講後、研修を評価するよう求められたことがある人は、変動性に欠けるデータを生成する測定ツールをよく知っているだろう。

研修の受講者に、「全体的に見てよい学習経験だった」という質問項目に「まったくそう思わない」の1から「強くそう思う」の5までの5段階で評価してもらうと、**ほぼすべての回答が4か5になる。**

例の温度計が南極に適していないのに対し、この研修評価ツールは設計がまずいという違いはあるが、影響は同じだ。生成されるデータにはばらつきがなく、自然な分布が見られない。

業績評価ツールも同様に設計が悪い。チームメンバーを1から5の5段階で評価するようチームリーダーに求めると、得られるデータはまるで3段階評価のデータのように見える。**チームリーダーが下2つのスコアをつけることはまずない**からだ。

回答にばらつきをもたらすには、**質問項目に極端ない い回しを含める**必要がある。

たとえば「仕事が能力に合っていると感じる」のような文章では、ほとんどの人が「そう思う」か「強くそう思う」を選ぶから、ほんのわずかなばらつきしか生まれない。

僕らが強みと職務の適合性を測るために「仕事で『強みを発揮する機会』が毎日ある」という言葉遣いを選んだのも、ばらつきを生み出すためだ。**「毎日」**という言葉は極端だから、回答を評価尺度のどちらかの極に近づける効果がある。

1章で見たチーム経験に関する8項目を振り返れば、どの項目にも極端ないい回しが含まれていることに気づくだろう。たとえば使命と目的を測定する項目は、たんに「会社には立派な使命がある」ではなく、「『会社の使命』に貢献したいと**心から**思っている」である。

わずかな違いに思えるかもしれないが、ツールが現実世界のばらつきをとらえるデータを生み出せるかどうかは、そうした小さな違いにかかっているのだ。

「数字が妥当」とはどういうことか？

最後に、こうした信頼性のあるデータのばらつきに、意味があるかどうかを考えなくてはならない。

この測定ツールでの高スコアは、現実世界の何らかの高スコアを有効に予測できるだろうか？　このツールの生み出すばらつきは、現実世界の何か別のものごとのばらつきと相関しているのか？

これはデータオタクにとっての至高の目標であり、その正式な（やや魅力に欠ける）名称を、**「基準関連妥当性」**という。

あるツールのデータに妥当性があるといえるのは、そのツールの生成するデータのばらつきが、何か別のもののばらつきを予測できるとき――つまり、**別のツールを使って測定された別の結果と相関している何か、またはそうした結果を予測できる何かを測定しているということを、くり返し証明できるとき**――だけである。

たとえばアマゾンのおすすめ機能のデータに妥当性があるといえるのは、ある品を購入した人が、実際に（おすすめされた）別の品を購入したことを証明できる場合に限る。あるウェブページのクリック数が、まったく別のページのクリック数と相関していることをたしかに知っているとき、アマゾンは妥当性のあるデータを見ていると確信できる。

また、エンゲージメント項目に肯定的な評価をした人たちが、実際に会社に長くとどまるならば、エンゲージメント項目のデータには妥当性がある――エンゲージメントのスコアのばらつきがその後の離職率のばらつきを予測する――といえる。

つまり、**1つの信頼性のあるデータが、別の信頼性のあるデータを予測する、**ということだ。

このように注意深く研究を進めていけば、世界に関する妥当な知識の蓄えを増やしていくことができる。(8)

統計学者の「前提」でものを見る

信頼性、変動性、妥当性――これらがよいデータの証《あかし》であり、この3つの概念を使えばどんなデータを差し出されても、その品質を賢く判断することができる。

たとえば誰かが、自分のデータには妥当性があると主張したら、そのデータは別の方法で測定された現実世界の別の何かを予測できるのかと、礼儀正しく尋ねるといい。その人がそれを示すことができれば、妥当性のあるデータといっていいだろう。

もし誰かにあるデータセットに注目するようにいわれたら、そのデータが自然なばらつきを示しているかどうかを確かめよう。散布図を見せてもらうといい。**散布図中のすべての点が、尺度の一端に集中しているなら、それはたぶんよいデータではない。**

それにもちろん、評価調整会議やコンセンサス会議で分布を制限して、ばらつきを強制的に生み出す必要があるなら、それはまちがいなく悪いデータだ。コンセンサスによってデータが汚染され、分布が制限されているのだから、データは悪いということになる。

ただし、**最初に確立しなくてはならないのは、信頼性**である。

統計学者にいわせれば、データにもとづく発見は、すべてデータに信頼性があることを大前提としている。

何かを測定する際には、測定ツールが信頼性のあるデータ――勝手に変動しないデータ――を収集できるかどうかを確かめなくてはならない。そして信用できないばらつきは信用できない。独りでにふらつくデータのばらつきは、われわれにとって重要な、現実世界の別の何かのばらつきを予測できると自信をもっていうことはけっしてできない。

このように、信頼性は妥当性の必要条件である――だから信頼性のないところからは知識は得られない。これはどんなことにも、いつでも当てはまる原則である。(9)

「知識労働」の評価はあやしい

また本章で見てきたように、人間――あなたを含む――に関するほぼすべてのデータの問題点は、信頼性に欠けることだ。

「何パーセント完了」を報告する目標データや、人を抽象概念に照らして評価するコンピテンシーデータ、信頼性に欠ける証人の目を通して測定したパフォーマンスとポテンシャルの評価データ。

これらは独りでにふらつき、測定しようとするものを測定することができない。

この一貫した信頼性のなさからわかる本当に不思議なことは、ビッグデータの時代といわれているこの時代、少なくとも知識労働者に関する限りは、**パフォーマンスを高める要因が何であるかを理解している組織が1つもない**ということだ。

売上や出来高払いの仕事なら、どちらも信頼性をもって成果を測定できる——数えられる——から、生産性を高める方法について、それらしいことをいえるかもしれない。だがそれ以外の仕事、つまりほとんどの仕事については、信頼性をもってパフォーマンスを測定する方法がないから、何がパフォーマンスを高めるのかを知る術《すべ》がないのだ。

大規模なチームのほうが小規模なチームよりもパフォーマンスを高めやすいのか、リモートで働くほうが一緒に働くよりもパフォーマンスが高いのか、文化的多様性が高いチームは低いチームよりもパフォーマンスが高いのか、契約社員のほうが正社員よりもパフォーマンスが高いのか、それともこれらの反対なのかはわからない。従業員の研修や能力開発への投資が高パフォーマンスにつながると証明することさえできない。

これらのどれについても何一つ確かなことがいえないのは、ひとえに**信頼性をもってパフォーマンスを測定する方法がない**からなのだ。

だから今挙げたことや、パフォーマンスのその他の側面について断定する文章を読んだら、脳内でデータ品質警報を発動させよう。

そういったことは事実かもしれないが、その正反対もまた事実かもしれない。看護師であれ、ソフトウェア開発者や教師、建設作業員であれ、知識労働者一人ひとりのパフォーマンスを信頼性をもって測定する方法が開発されるまでは、パフォーマンス向上のカギに関するどんな主張も無効だ。

それは誰にもわからないし、**わかっていると主張する人は、たんによいデータと悪いデータを判別できていないだけ**なのだ。

自分のこととなると「まとも」になる

この状況で、何かできることはあるだろうか？

まずは質問することから始めよう。自分のパフォーマンスやポテンシャルの評価がどこから来ているのか尋ねよう。どんなコンピテンシーで評価されたのか、調査の質問項目を見せてもらえるかどうか聞いてみよう。特定の行動やコンピテンシーであなたを評価することを求める質問が並んでいたら、評価者特異効果を考慮したかどうか尋ねよう。

たぶん、ポカンとした顔をされるから、この章を手元に用意しておくか、前に挙げた論文のどれかをダウンロードしておくといい。

たとえ質問しても、ツールやプロセスがすぐに変わる見込みはほとんどないが、こういったことを知っておくのはよいことだし、またデータをうのみにせず、賢明に、厳密に精査する人だと思ってもらえる。そういう評判はあって損はない。

もう1つ、もしもあなたが組織全体に影響力をおよぼせる立場にあるなら、組織内の人材関連データの測定方法を変えることもできる。実は、人に関するデータを得るのには、もっとよい方法、もっと信頼性の高い方法があるのだ。

それは次の真実にもとづく方法である――**人は他人を正しく評価することはできないが、自分自身の経験は正しく評価できる。**

たとえばあなたが地元の代議士の政治的手腕を評価するよう求められた場合、あなたの評価は「政治的手腕」と呼ばれるものの信頼性のある尺度ではない。代議士の頭の中に入って、この抽象的な資質のあるなしを信頼性のある方法で評価することなどできないからだ。だが、もし今日投票するとしたら誰に投票するかという質問へのあなたの回答は、あなたの今日の投票選好の信頼できる尺度になる。今日誰に投票したいと考えているかを聞くだけなのだから、ずっと謙虚な尺度でもある。それでも、測定しようとするものにおける信頼性のある尺度であることに変わりはない。

「主観的評価」のほうがよっぽど的確

同様に、あなたがあるチームメンバーの「成長余力」を評価するよう求められた場合、あなたの評価には信頼性がない——そもそも成長余力とは何なのか、それになぜあなたがそれを判断できるのか?

だが、**あるチームメンバーを昇進させたいと今日考えているかどうかを聞かれた場合、あなたの回答には信頼性がある。**彼女の頭の中に入って成長余力を正確に感じ取ることはできないが、彼女を昇進させたいと今日思っているかどうかを自分の胸に聞き、そして得られた答えには信頼性がある（人は自分の経験を報告するときには、必要なデータをすべてもっている、つまりデータ充足性が満たされている。いつも自分のことを見ているからだ）。

あなたの回答は、主張している通りのことを示している。つまり、注意深く測定された、チームメンバーに対するあなたの主観的反応だ。それはより謙虚であると同時に、より信頼性の高いデータである。

同様に、チームメンバーの「パフォーマンス」と呼ばれるものについてのあなたの評価も、信頼性に欠ける。

あなたの考えるパフォーマンスの定義は、あなた独自のものだからだ。だが**「並外れた成果を挙げたい場合、必ずこのチームメンバーの力を借りますか？」という質問に対するあなたの回答には、十分な信頼性がある。**

この質問は、なにもあなたに自分の外に出てチームメンバーを見下ろし、彼女のパフォーマンスに対する考えを冷静に述べるよう求めているのではない。自分の内面を見つめ、卓越した成果を求めるときには、迷わず彼女のところに行くかどうかを答えればいい。

あなたの答えが間違っているはずがない。それには正解も不正解もなく、このチームメンバーについてあなたが何をしたいか、したくないかというだけのことだからだ。

あなたと意見が合わない人がいるかもしれないが、だからといってその人が正しいということではない——たんにあるチームメンバーに対するその人の反応が、あなたとは違っているにすぎない。

「信頼性がある＝正確」と混同してしまう

このデータも、より謙虚（あなたの経験に対するあなた自身の評価というだけ）であるとともに、より信頼性が高い（あなたは自分の経験を知っている）。

したがって一般的なルールとして、**よいデータを見つけるには、評価者自身の経験や感情、評価者自身が意図する行動だけを尋ねる質問を探そう**。

たとえそうした質問に妥当性があるかどうか、つまりそれに対する回答が現実世界の何かを予測できるかどうかはわからなくても、少なくとも回答の信頼性を確保することはできる。

念のためいっておくと、**「信頼性がある＝正確」**ではない。何かに信頼性があるとは、ランダムに変動しないということだ。

したがって、あなたが自分の経験や意図の信頼できる評価者だからといって、自分の性格やパフォーマンスを正確に評価できるということにはならない。

あなたは自分のパフォーマンスや成長志向、学習機敏性を評価するよう求められたら——こうしたものが実際に存在するとして——ほぼ間違いなく正確に評価できない。

信頼性があるとは、あなたが自分の内にある経験や意図を信頼性のある方法で評価できるということであって、それ以上のことではない。

「もし○○なら、自分はどうするか」という正しい評価法

このレンズがあれば、知識労働者のパフォーマンスをどうやって評価するかという厄介な問題に答え始めることができる。

人が自分自身の経験や意図する行動を聞かれたときの回答に信頼性があることを利用して、これまでとは違う種類の質問を設計すればいい。ここで重要なのは、**質問を逆向きにする**ことだ。

誰かが何かの能力や資質をもっているかどうかを尋ねる代わりに、**「もし誰かが何かをしたらあなたはどう反応しますか」**と尋ねる。他人のことを尋ねるのをやめ、回答者自身について尋ねるのだ。

こういう質問を設計すれば、毎四半期か、プロジェクトが完了するたびに、チームリーダーに各チームメンバーとの経験について尋ねることができる。

質問の実例を挙げよう。

チームメンバーの仕事の質に関しては、前の例のような質問をするといい。**「並外れた成果を挙げたい場合、必ずこのチームメンバーの力を借りますか？」**

メンバーがチームとうまくやっているかどうかを問うには、チームリーダーにメンバーの協調性や貢献度を評価してもらう代わりに、チームリーダーが非常に協調性の高い人と一緒にいる際に感じることを、このチームメンバーに対しても感じるかどうかを尋ねるといい。**「できる限りいつもこのチームメンバーと一緒に仕事をしたいと思いますか？」**

チームメンバーの将来性を問うには、チームリーダーにメンバーのポテンシャルやその他の抽象的な能力・特性を評価してもらうことは避け、その代わり意図を尋ねよう。**「もしも可能であれば、このチームメンバーを今日昇進させますか？」**

そして最後に、チームメンバーの仕事ぶりに気になる点があるかどうかを問うには、次のような質問をするといい。**「このチームメンバーにはあなたがいますぐ対処しなくてはならない、パフォーマンス上の問題がありますか？」**

「客観性」を求めるとうまくいかない

これで、チームリーダー自身の感情と意図する行動について尋ねる、4つの質問項目ができた（これらをパフォーマンス項目と呼ぼう[10]）。

ただ、これらの質問への回答は、チームメンバーの全体的なパフォーマンスを測る完璧な尺度ではない――パフォーマンスを見きわめる方法はおろか、定義する方法さえ存在しないのだから。
それでも、各チームリーダーが各チームメンバーについてどう感じているか、何を行おうとしているかについて、信頼できる視点を与えてくれる。

一般に、データに関しては主観性がバグで、客観性が望ましい仕様と考えられている。だが実際のところ、**こと測定に関する限り、客観性の追求がバグで、信頼性のある主観性こそが仕様**なのだ。

これら4つの質問は、信頼性のある（かつ主観的な）データを生み出す。信頼性さえあればよいというわけではないが、それでもこのデータには大きな意味がある。

たとえば体重を量っても、全体的な健康状態の尺度にはならないが、少なくとも明らかに健康の一部である何かを測るための信頼性のある尺度を得ることはできる。

それと同じで、これら4つの質問項目を通して、明らかにパフォーマンスの一部である何かを、信頼性のある方法で見ることができるのだ。

ちなみに「パフォーマンスとは何か？」という問いは、抽象性と有益さという点では「健康とは何か？」という問いと変わらないともいえる。

最近では健康状態を直接測る代わりに、複数の尺度が用いられる。たとえばＢＭＩが高すぎないか、血糖値はどうか、運動後の回復率はどうか、など。そうして収集した情報を使って、また別のことができる。データが具体的だから、それをもとにしてさらに有益な調査を進めたり、対策を講じたりすることができるのだ。他方、あなたが自分の健康状態を4だと評価したところで、健康を増進するのに何の役にも立たない。

このようにパフォーマンスというものを理解するには、健康と同様、それを幅広い抽象概念と見なすのをやめて、そのなかに信頼性のある方法で測定することができ、かつそのデータをもとにして有用な行動を取れるような要素がないかを探し始めることがカギとなる。

「お互い」に作用をおよぼし合っている

もちろん、チームリーダーがこうしたことを健全に判断する能力をもっているとは限らない。

だがデータをもとに、信用できるリーダーとできないリーダーを見きわめる有効な方法はけっして見つからないから、最善策として、チームメンバーに関する先の質問かそれに似た質問を、四半期ごとに各チームリーダーに投げかけるしかない。

そうすれば、タレントレビューでは、各チームリーダーが各チームメンバーについてどう感じているか、何をするつもりかという情報を叩き台にしていることを少なくとも知っていられる。

これはささやかなデータだが、絶対的真実ではなく、測定可能なものに照準を合わせているからこそ、何のデータなのかを確実に知ることができる。

信頼できるパフォーマンスデータは、こうあるべきなのだ。

信頼できるパフォーマンスデータの実例を紹介しよう。

シスコのチームリーダーの集団から得た、パフォーマンス項目の1番目と2番目――並外れた成果を挙げたい場合に関する質問と、できる限りいつもこのチームメンバーと一緒に仕事をしたいと思うかという質問――に対する回答を見てみよう（図6-1）。

シスコはこの2項目に関して、チームリーダーごとの独自の評価の「指紋」――評価が甘いか厳しいか、尺度の使い方が広いか狭いか――を調整するアルゴリズムを適用しているため、この結果は各チームリーダーが考えていることを可能な限り正確にとらえているといえる。

見てわかるように、これらの質問が生成するデータは、信頼性があるのはもちろんのこと、自然なばらつきを生成する。

図6-1　標準スコアの分布

「並外れた成果を挙げたい場合、必ずこのチームメンバーの力を借りる」

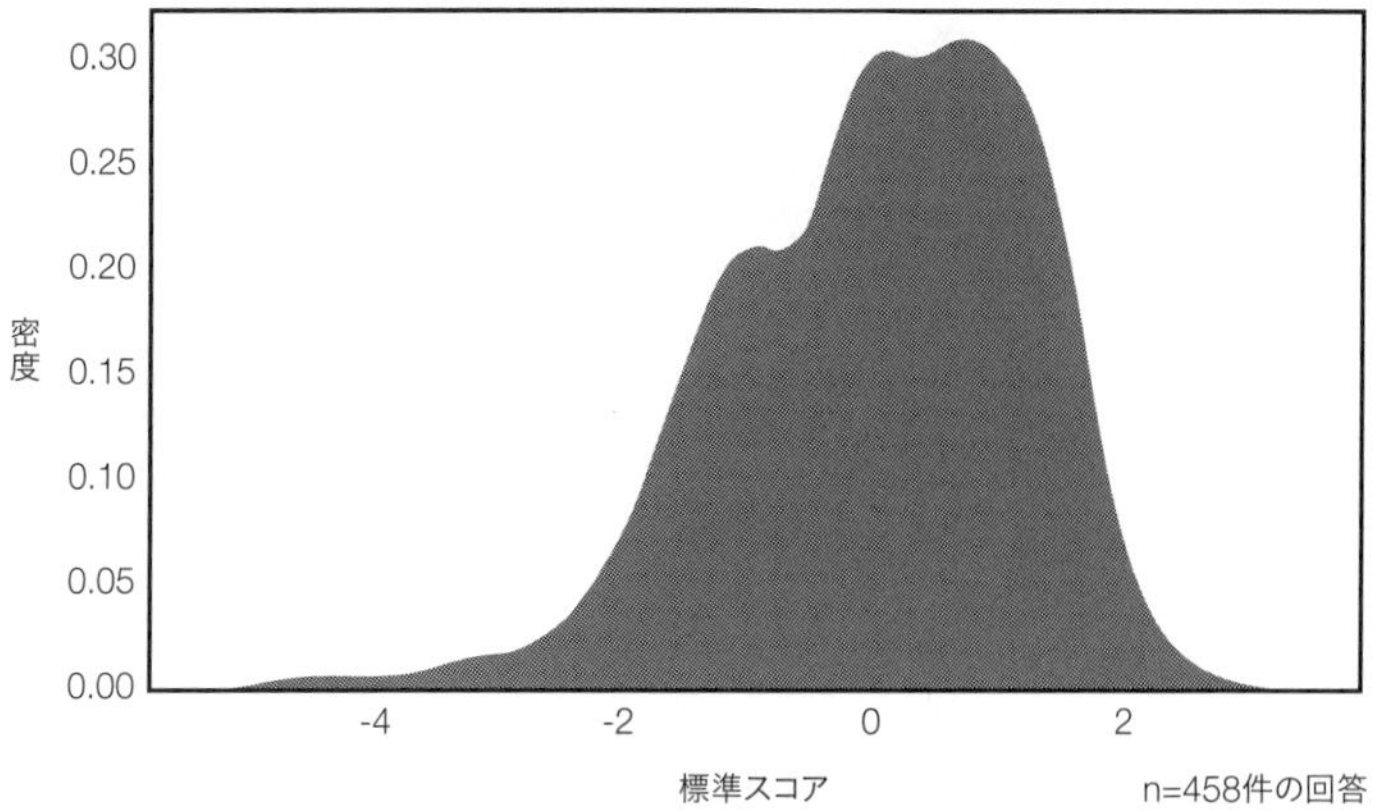

「できる限りいつもこのチームメンバーと一緒に仕事をしたい」

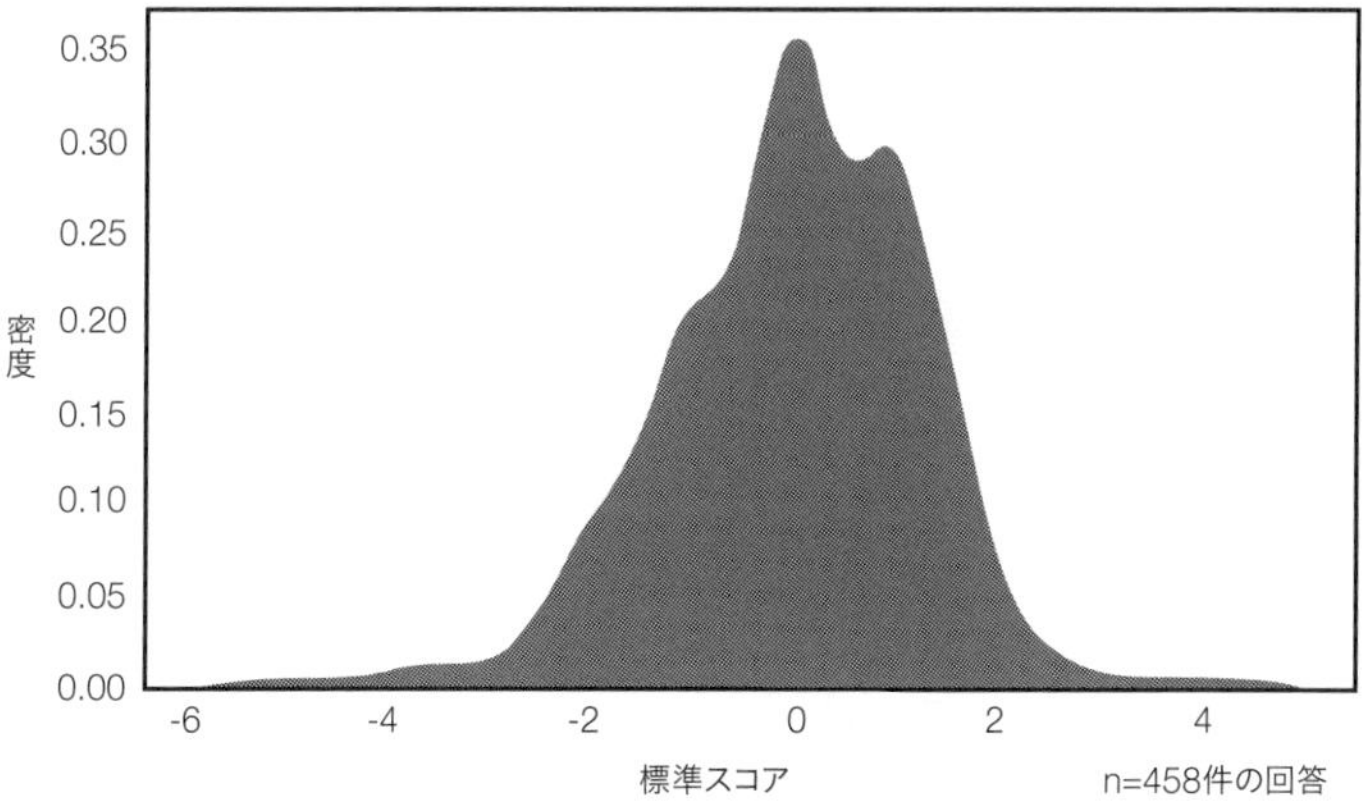

これらの注意深く言葉を選んだ質問に対するチームリーダーの回答は、制限されない自然なばらつきを生み出すため、シスコは分布を制限する必要がない。

この謙虚で信頼性のある現実世界のデータを武器に、シスコは今では様々な質問を投げかけ、その回答をもとに行動を起こすことができる。

シスコは個人のレベルでパフォーマンスとエンゲージメントの両方について、信頼性、変動性、妥当性のあるデータをもっているから、両者の関係について調べ始めることができるのだ。

たとえばシスコの発見の1つは、チームメンバーが自分に期待されていることを理解し、自分の強みを発揮する機会が頻繁にあり、優れた仕事をすれば認められ、つねに成長を促されていると強く思うとき（つまり、1章で見た「私のベスト」項目に高スコアをつけるとき）、チームリーダーはこれらとは独立的に、かつこれらのスコアを知らない状態で、**チームメンバーにパフォーマンス項目の1番目――並外れた成果を挙げたい場合、必ずこのチームメンバーの力を借りる――に高スコアをつける傾向にある**ということだ。

「評価」されるとがっかりする

さらに、チームメンバーが価値観を同じくする仲間に囲まれ、自分には仲間がついていると強く思うとき（つまり「われわれのベスト」の4項目のうちの2項目に高スコアをつけるとき）も同様に、チームリーダーはこれらとは独立的に、かつこれらのスコアを知らない状態で、チームメンバーにパフォーマンス項目の2番目——できる限りいつもこのチームメンバーと一緒に仕事をしたいと思う——に高スコアをつける傾向にあることがわかった。

こう書くと小難しく聞こえるかもしれないが、チームリーダーのあなたもこの発見を役立てることができる。

チームメンバー個人の貢献を促したい場合は、「私のベスト」の項目——メンバーの期待と強み、承認、成長——についてメンバーと話し合い、メンバーのチーム全体に対する貢献を促したい場合は、メンバーとチーム全体に対して、「われわれのベスト」のうちの2項目——チーム全員にとって卓越性が何を意味するのか、お互いが仕事で助け合うにはどうすればよいか——を話し合って理解を徹底すればよい。*

この章の冒頭で、タレントレビューで本当の自分が評価されると——自分の給与や次の

＊付録にADPRIとシスコの研究成果の詳細を載せたので、興味のある人は読んでほしい。

職務、昇進、キャリアに関する決定が、本当の自分をもとに下されると――自信をもつためにはどうすればいいだろうと問いかけた。

だが実のところ、あなたは会議室で本当の自分が評価されることなど望んでいないはずだ。

会議室にいる誰かに、あなたという人間を測るための、信頼性のある尺度をもっている、などと主張してほしくない。あなたは業績評価がたった1つの数字で表されることに反発するように――自分はただの3などという数字ではない――あなたの重要なコンピテンシーをすべて捕捉していると、さらに声高に喧伝する新しいツールにもきっと反感をもつだろう。

そうしたツールがあなたの本当の姿をとらえることは、今もこれからもけっしてない。たんにあなたを表しているという触れ込みの、悪いデータがさらに増えるだけだ。あなたという人間を明らかにしているとうたう、どんなツールもまやかしだ。

あなたが会議で話し合ってほしいのは、あなたにとっての真実ではなく、ただの真実だ。あなたという人間を不遜にも見抜こうとするデータによって、自分を表してほしくなどない。そうではなく、あなたに対するチームリーダーの反応を、単純かつ信頼性のある方法で謙虚にとらえるデータで、自分を表してほしい。

そのデータはあなたではないし、あなたのふりをするべきでもない。それはチームリーダーと、リーダーが何を感じているか、今後あなたについてどのような行動を取るつもりかを表している。

それだけで十分なのだ。本当に。

ウソ #7 人には「ポテンシャル」がある

「将来性」が今わかると思う不思議

ジョーはいわゆる起業家だ。インターネットの黎明期に、ディレクトリリスティングとマッピング技術を統合した先駆的なインターネット版イエローページの会社を立ち上げ、ベンチャーキャピタルから出資を受けた。

すると投資家が乗り込んできて、ベンチャーキャピタルの慣行通り、会社を未来に導くポテンシャルがあるかどうかで現行の経営陣の一人ひとりを評価した。

悲しいかな、ジョーは大してポテンシャルがないと判断された。たしかに高校や大学でリーダーシップを発揮した経験は皆無だったし、クラス委員やラクロスチームの主将を務めたこともなく、いまや現在の仕事と働きぶりから、未来のビジョンを示し、適切な人材を集めるポテンシャルに欠けていると、投資家に決めつけられた。

ジョーはヘッドプログラマーに降格させられ、会社運営は送り込まれてきたプロ経営者の手に委ねられた。

「やる気」はあるのに降格を喰らったジョー

ジョーは新しい職務でも光らなかった。ソフトウェアのスキルは多少はあったが当てにならず、複雑に絡み合って解読困難な、いわゆる「スパゲッティコード」を山ほど生み出し、ベテラン開発者が解体してもつれを解かなくてはならなかった。

実際、あまりにもこんがらがっていたため、プロダクトのコードベース自体を書き直さなくてはならなかった。ジョーにやる気があるのは誰の目にも明らかだったが、会社の将来を背負って立つようなソフトウェアエンジニアにはならないということで、全員の意見が一致した。ポテンシャルが足りなかったのだ。

降格に不満をもっていたジョーは、投資家に見限られたことを察し、会社が買収されるのを待ってやめ、それから金融サービス会社を立ち上げた。

このときもいつもやってきたように、がむしゃらに働き、ハードに攻め、あらゆることに挑戦した。新会社は大きく成長し、さらに大きな企業に買収された。

ところが新会社の経営陣もジョーのポテンシャルに感銘を受けず――むしろ当惑し――ジョーはまたしても会社を去り、今度は機械・電子工学の分野でおもしろいことができないか、試すことにした。

この新しいベンチャーの成否はまだわからないし、現時点では利益らしい利益さえ計上されていないが、**ジョーのもとで目下数百人が真に革新的なプロダクトの開発に取り組んでいる。**

もしもジョーの功績がなかったら、彼らの仕事も、プロダクトも存在していないだろう。この意味で、ジョーはわれわれにとって理想のチームリーダーだ――自分独自の強みを思いっきり活かして、われわれ全員のためによりよい未来をつくろうとする人物なのだから。

ジョーの経験は、これからの議論と関係がある。なぜならこの章のすべてが、未来に関することだからだ。

具体的には、あなたの未来と、あなたのチーム全員の未来について、そして会社によって誤解され、誤ったレッテルを貼られ、誤った管理をされ、まるで顧みられない、大小問わずあらゆるチームで働くジョーたちについての章である。

「ポテンシャル」は説明ができない

ちょっと時間をとって、あなたのチーム全員について考えてほしい。一人ひとりの顔と名前を思い浮かべよう。今どんな仕事をしていて、どういう仕事のやり方が好きで、何をしているとき輝き、何に苦戦していて、何を目指しているのか。

次に、できればこれに答えてほしい――**最もポテンシャルがある人を1人選ぶとしたら誰だろう？**

チームリーダーになると、遅かれ早かれ必ずこの質問をされ、「9ボックス」のマトリックスのポテンシャルの軸に、それぞれのメンバーを振り分けるよういわれる。

あなたはどうしようか考えながら、たちまち問題にぶち当たる。

ジャックが今の仕事で優秀な成績を挙げているのは間違いないが、ポテンシャルという点ではどうなのだろう？　また、ジルもとてもよい成績を挙げているが、ジャックとはやっている仕事がまったく違う。もし片方に最もポテンシャルがあると判断したら、もう1人はどうなるのだろう？

もしも、この質問が暗に示すように、ポテンシャルが何らかの普遍的な資質だというのなら、違う仕事をする2人をどうやって評価すればいいのだろう？

それに、もしジルが今の職務で手こずっていたらどうなるのか？

現在のパフォーマンスは将来のポテンシャルと同じなのか、その手がかりでしかないのか、それとも不安なことに何の関係もないのだろうか？　もしかするとジルは何か隠れた才能を、つまり何か別のことで成功するポテンシャルを秘めているのかもしれない。

とはいえ、あなたは深く考えるのはやめる。もしもジルが（ジョーのように）ある職務でポテンシャルを欠き、次の職務でも欠くようなら、別の職務のポテンシャルがあるとは信じにくくなる。

今苦戦しているなら、どんな職務に就こうと苦戦するのではないか？

将来性と言いつつ「現状」で判断している

逆に、ジルが高業績を挙げている場合は、つねに成長を促されるような環境を好むだろうから、あなたはジルの将来のために、今と同様か、それ以上に能力を発揮できそうな、ほかのチームのほかの仕事にジルを推薦することを考え始めなくてはならない。

そしてジルにいつか将来のことを聞かれたら——きっと聞かれるはずだ——あなたはたちまち頭を抱えることになる。自分のチームの仕事はともかく、ほかのチームの仕事のことはほとんど知らないのに、ほかのチームで卓越性を発揮するポテンシャルがジルにあるだなんて、どうしてわかるだろう？

優れたチームリーダーのあなたは、ジルの現在のパフォーマンスはかなりよく理解しているつもりだが、**ポテンシャルを評価するためには、ほとんど知らない世界をのぞき込まなくてはならない**。

それは大変な重責だ。なにしろあなたがジルのポテンシャルをどう評価するか、具体的にはあなたがジルに与える評点は、長い間彼女について回るのだから。

高い評点をつければ、あなたの同僚のチームリーダーの間で、ジルは「ハイポテンシャル人材」、略して「ハイポ」として扱われ、どこへ行こうとこの資質をもっていると見なされるようになる。ほかのチームリーダーの注目を集め、より多くの機会や研修、投資を与えられ、パフォーマンスが低迷しても大目に見られる。

逆に、あなたが低い評点を与えれば、ジルはいわゆる「ローポ（ローポテンシャル人材）」になり、どう頑張ってもそのレッテルからはなかなか逃れられなくなる。

このように、あなたがジルのポテンシャルにつける評点、より正確にいうとジルが将来にわたって会社にもたらす価値に関するあなたの予測が、様々な現実的なかたちでジルの未来をつくるのだ。これはあなたにとって、とても重い責任だ。

上司は「わからない」まま話を進める

ジルはといえば、近いうちにまたタレントレビューがあることを知っていて、ハイポ入りできるだろうかと気を揉んでいる。

あなたと同じで、ジルもポテンシャルやハイポテンシャル人材が何なのかはよくわかっていない。ただ毎日よい仕事ができるよう心がけているだけだ。

ポテンシャルはよいもので、もっているといろんなメリットや特典があることは、ジルも知っている。だがジルが本当に知りたいのは、自分が今の仕事で十分よくやっているのか、そして自分のキャリアが次にどこに向かうのかだ。

あなたがジルに与えるポテンシャルの評点がキャリアの助けになるならいいが、もし助けにならなかったら、あるいはローポのレッテルを貼られて将来への足がかりを得にくくなったら、ジルは挫折を感じるにちがいない。

彼女にとっては大きな岐路になる。私にどんな評価をつけましたかと、ジルに聞かれたときのために、あなたは自分の決定を正当化しておかなくてはならない。

それはとても厄介なことだ。なぜなら**意識の片隅では、自分がそもそもポテンシャルが何なのかもわかっていないことや、どんな手がかりをもとに、どんな尺度に照らして評価すべきなのかもわかっていないことを自覚している**のだから。

だがそんなことはあとで悩めばいい。周りのチームリーダーは自信をもってチームのポテンシャル人材を発表しようとしているように見える。

だからいつか答えなくてはならない問題のことは忘れて、9ボックスのフォームを取り出して、ジルとジルの未来のために公正な評価を下さなくてはならない――。

「間引き手段」として企業は重宝する

もちろん、あなたがこんな重圧のかかる状況に置かれていることを、会社のせいにしてもしかたがない。

これまで見てきたほかの慣行と同様、会社が従業員に「ポテンシャル」の評点をつけるのは、会社にとってそれなりの必要性があるからでもあり、善意からでもある。

会社は有限な資源を最大限に活用するための「最大化マシン」だから、投資すべき人材とその方法を正確に見きわめることに、並々ならぬ関心をもっている。

このことのどこが問題かといえば、会社が善意をもって行うことの内容だ。

たとえば、なぜ特定の人材だけからしか投資の見返りが得られないと決めつけるのだろう？「人材がわが社の最大の資産」という決まり文句は、社内のすべての人に当てはまるはずなのに。

前に見たように、人間の脳は大人になっても学習と成長を続ける。もちろん、脳の成長の速度や方法は人それぞれだが、そのことが示しているのは人によって学習の方法が違うということだけで、成長する人としない人がいるということではない。

だから有能な最大化マシンが取るべき最善策は、それぞれの脳が一番成長しやすい領域と方法を探すことであって、一握りの人の脳に的を絞り、それ以外を脇に押しのけることではないはずだ。

だが残念なことに、**企業は人材があまりにも多様で個性的なことに閉口し、いつしか自然な多様性に背を向けるようになった**。

それに代わる実際的な方法として、「ポテンシャル」という包括的な資質を編み出し、これを使って全社員を評価し、ポテンシャルが大きい人材には重点的に投資し、ポテンシャルに欠ける人材への投資を大きく減らすことに決めた。

ここまで見てきたすべてのウソと同様、**人にはポテンシャルがあるというウソは、組織**

の管理欲求と、一人ひとりが違っていることへのいらだちから生まれたのだ。

「存在しようがない人材」が欲しがられている

ちょっと考えてみれば、「ポテンシャル」と呼ばれる包括的な資質があるという考え方は、とても奇妙に思える。その定義は調べてみると何百もあるが、われらがハーバード・ビジネス・レビューの定義を見れば十分だ。

ハイポテンシャル人材は、多様な背景や状況で、つねに同僚集団を著しく上回る業績を挙げる。こうした高水準の業績を挙げながら、会社の文化や価値観を反映する行動を、模範的な方法で示す。さらに、組織における全キャリアを通じて、同僚集団よりもすばやく確実に成長し、成功する優れた能力を示す。(1)

こうして読んでみると、とてつもなく望ましい資質に思えてくる。

現在の役職だけでなく、「多様な背景や状況」において「つねに同僚集団を著しく上回る業績を挙げ」、また卓越したパフォーマンスを見せるだけでなく「会社の文化や価値観を反映」し、その間ずっと「成長し、成功する優れた能力を示」し続ける。

そんな人材をほしがらない企業があるだろうか？　もちろん、どんな企業もほしいはずだ――ハイパフォーマーで、企業文化を体現し、高い学習機敏性と成功の方程式をもつ人材は、すべてのチームリーダーの夢だ。

それでも、この定義は聞いたとたん空々しく思えてくる。

まず何よりも、そういう人材はたしかにチームにほしいが、**その定義に自分の姿を重ね合わせることができない**。

最高の状態の自分を考えるとき頭に浮かぶのは、自分が好きな仕事をしていたり、得意なスキルを活用している姿だが、この定義は奇妙なほど曖昧で、現実の仕事からはかけ離れているように思える。

それに、「多様な背景や状況」で、つまりどこででもほぼ何にでも卓越できる、という部分にも引っかかる。そんなのあり得ないし、だいいち誰がそんな何でも屋になりたいと思うだろう？

こういう資質を備えている人がいるとしたら、個性的で際立った存在どころか、学習は得意だが何の特徴もない、状況や背景次第で変わってしまう空っぽの学習容器でしかない。なんて気の滅入る話だろう。

よくわからないから「仮説」でランク付けされる

この気味の悪いほど空虚な定義はさておき、何よりも有害なのは、「ポテンシャル」という資質は生まれつきのもので、どこにいてもついて回り、それをたくさんもっている人はどんな「環境や状況」にあってもよりすばやく学習し、より大きく成長し、より多くを達成できる、特別な能力に恵まれている、という考え方だろう。

ハイポテンシャルは、会社版のウォンカチョコレートのゴールデンチケットのようなものだ。それさえもっていれば、ほかの人には手に入らない力と通行権を得ることができる。

4章で、人に生まれつき備わっている「特性」と、同じ人の中で変化する「状態」の違いを説明した。

この区分でいえば、ポテンシャルは明らかに特性と見なされる。それは生まれつき備わっていて、人並み以上に多くもつ人がいて、もつ人はどんな状況でもそれを活用できる。*

とりあえずここではポテンシャルを特性だと仮定して、最初に突き当たる問題が、「ど

＊特性だからほとんど変化しないはずなのに、なぜかわれわれは来る年も来る年もポテンシャルを評価される。

うやってそれを測るか」ということだ。

前に見たように、特性を測ろうと思ったら、他人に評価してもらうわけにはいかない。評価者はあなたの頭の中をのぞき込み、そこに見えるものに点数をつけられるほど鋭くもないし、客観的でもないからだ。

それにポテンシャルを測る場合は、現在の行動に表れている特性を評価するだけでなく、**予測に基づいて評価する、つまり将来の何らかの状況で現れる才能をもっている可能性を考慮に入れて評価する必要があるから、測定の難しさは何倍にもなる。**

評価者はこれを信頼できる方法で測ることはけっしてできないから、評価者が下すどんな評価も、悪いデータのなかでも最悪のデータになる。

それなのに、ジルの事例で見たように、このデータが未来をつくるのだ。

「IQ」でさえ、それが何かよくわからない

だがそもそもここに測るべきものはあるのだろうか？

ポテンシャルというものは存在するのか？　一部の幸運な人々だけがもち、背景や状況を問わず成長・学習能力を授けてくれるという特性が、本当にあるのだろうか？　「ハイポ人材」は、どんな状況に投げ込まれてもポテンシャルを活かして状況に適応し、成功で

きるというのか？

この包括的なポテンシャルが、ターボチャージャーのような働きをして、仕事世界からのあらゆるインプットをめざましいパフォーマンスに変換するのだろうか？

たとえそう考えられていたとしても、**それを裏づける証拠は1つもない**。

過去100年間に、人間の知的活動すべてに共通して働く一般知能、いわゆる謎の「G因子」の存在をめぐって議論がなされ、たとえ存在したとしても発見はできないという結論に至っている。

たしかにIQと呼ばれるものを信頼性のある方法で測定するテストは作成できるが、**IQが何なのかは実はよくわかっていない**のだ。IQは、教育成果やキャリアでの実績、健康、幸福などを独立して予測できるようには思われない。[2]それはテストのスコアでしかないのだ。

このテストが役に立つとしても、せいぜいスコアが非常に低い人がおそらく認知障害を抱えていて、学習が困難であることを知らせる程度にすぎない。つまり問題の予測因子としては機能するが、成功を予測したり説明したりすることはできない。

これと同じで、**包括的なポテンシャルが存在するという証拠も皆無**だ。むしろ、証拠は正反対を示している。前にも見たように、脳はシナプス結合を増やすことで成長し、シナプス結合のパターンは人によって異なるため、一人ひとりの脳が成長する方法も異なることがわかっている。

つまり、①学習能力は誰にでもあり、②その表れ方は人によって違い、③人は誰でもどんな能力でも伸ばすことはできるが、脳の配線を変えてすべての能力で抜きん出ることはけっしてできない。

簡単にいえば、**人はみな能力を伸ばすことができ、それぞれが異なる能力を、異なる方法で、異なる速度で伸ばしていく、**ということだ。

人間を「人間らしさ」で評価しているようなもの

そんなわけで、人にポテンシャルがあるなどということはあり得ない。

いや、あり得るが、それには何の意味もない。あなたにポテンシャルがあるというのは、たんにあなたがほかのすべての人間と同様、学習、成長、向上する能力をもっているというだけのことだ。

残念ながら、あなたが正確にどの領域で、どうやって、どれだけ速く、どんな状況で、学習、成長、向上できるのかについて何も教えてくれない。
「ポテンシャルがある」というのは「人間である」というのと同じで、あなたがどんな人なのか、あなたのような人にとって今後どの方向に進むのがベストか、といったことを何も知ることはできない。

そして当然、ポテンシャルがある＝人間であるというだけなのだから、人をポテンシャルで評価することはできない。従業員をハイポとローポに分けるのは、従業員を人間らしさで評価して、最も人間らしい人を優遇し、人間らしくない人を冷遇するのと同じくらい**無意味なこと**なのだ。

こうしたアパルトヘイト的な施策は、会社にひどい悪影響をおよぼしている。

一部の人にハイポ、それ以外の人にローポのレッテルを貼るなどという、配慮に欠けた信用できない行為は、道徳にもとる。

大部分の人に「劣っている」という烙印を暗に押し、しかもその烙印ときたら、現在のパフォーマンスを測る尺度をもとにしたものではなく、**存在すらしないもののどうしようもなく信頼性に欠ける評価をもとにしている**のだ。

そしてこの「存在すらしないもの」の評価が、一部の人に扉を開き、威信を授け、高みに引き上げ、恩恵を与え、明るい未来を約束する一方で、それ以外の人たちを人間以下の地位に貶《おとし》めている。

なんてひどいことだろう。

「えり抜きの人材」を登用して生産性が下がる

生産性も犠牲になっている。企業が最大化マシンだというのなら、えり抜きの人材だけでなく、社内のすべての人を最大限に活用すべきだ。

ポテンシャルの非常に高い人材と、そうでない人材がいるという考え方でいると、一見したところチームの未来にほとんど貢献しなさそうな人を含む、すべてのチームメンバーが秘めている、すばらしくも不思議な可能性を見過ごすことになる。

ハイポはどう行動し、何を感じ、どうふるまうべきだという先入観や、ハーバード・ビジネス・レビューの定義のような細かい説明にとらわれていると、特異性をもつ一人ひとりのチームメンバーの前に開けているはずの多様な未来への好奇心を失ってしまう。

まさにこれが、ジョーの雇い主たちに起こったことだ。

彼らは「ハイポテンシャルのCEOはこうあるべきだ」「ハイポテンシャルのソフトウェアエンジニアはこうあるべきだ」という凝り固まった考えをもち、そのどちらにもジョーはあてはまらなかった。

だからジョーに注目するのをやめ、業を煮やし、脇へと追いやり、そしてジョーが自分の関心とやりがいのもてる仕事は別のところにあると決心すると、心底ホッとした。

ポテンシャルで評価すると「イーロン・マスク」は切られる

そしてそれは大失態だった。なぜなら「ジョー」は仮名だからだ。

彼の本名は**イーロン・マスク**という。[3] 最初に興したイエローページの会社Zip2は、コンパックに3億7000万ドルで買収された。金融サービス会社のXドットコムは、その後合併して有名なペイパルとなり、イーベイに150億ドルで売却された。

そう聞いて、あなたはこういうかもしれない。「まあね、でも最近の彼の行状を見たかい？」と。

そして彼が誤解を招くツイートでSEC（米証券取引委員会）に罰金を科されたことや、ポッドキャスト出演中に大麻を吸引したこと、それに本書執筆後からあなたが本書を読むまでに彼が起こすかもしれないあらゆる問題行動を挙げるだろう。

そこで僕らはこう返すだろう。「まあね、でも最近の彼の行状を見たかい?」。そして彼が自動車産業を刷新したことや、宇宙産業に新しい息吹を吹き込んだこと、意外にもＡＩの危険に警鐘を鳴らしたことを挙げるのだ。

ニューヨークタイムズ紙は２０１８年にＳＥＣとマスクとの間で和解が成立すると、こう結論づけた。「電気自動車の未来はイーロン・マスクがいたほうが明るい」[4]

そう、彼は最も尖ったタイプのリーダーで、衝動的で、配慮に欠けた行動に走りがちだが、そのポテンシャルを否定すれば、彼について意味のあることのほとんどを見過ごすことになる。

手に負えないところはあるし、ツイッターでは暴言を吐くが、イーロン・マスクがハイポテンシャル人材でないというのなら、その概念が何の役にも立たないことを認めるしかない。

「見えない力」はこうして測る

それでもあなたは会社からは部下のポテンシャルを評価するようにいわれ、チームメンバーからは自分を伸ばせるような仕事につけるようにしてほしいといわれる。

いったいどうすればいいのだろう？　一人ひとりの人材を最大限に活用したいという会社の必要性を満たしつつ、とってつけたような、人を貶める、ハイポ／ローポなどの分類でチームメンバーを区別しないようにするには、どうしたらいいのだろう？

まずはスコットランド北岸への旅から始めよう。

ちょっと想像してほしい。

あなたはインヴァネス近郊の小さな村に居を構え、熱気球観光ビジネスを始めた。業績は好調で――何しろすばらしいスコットランドの荒野の眺望に恵まれている――今では総勢5人の優秀な熱気球パイロットのチームを従えている。

その1人がモーリーンだ。ある霧雨の降る午後、モーリーンがやってきてこう言った。「今の仕事はとても好きだけど、ずっと成長し続けたいんです。つねにチャレンジし続けて、実績を積んで、仕事の幅を広げていきたい。グライダーのパイロットになろうかと思っています。力を貸してもらえますか？」

あなたは何と言うだろう？

あなたが何を言わないかはわかる。「モーリーン、君には十分なポテンシャルがあるだろうか？」とは言わない。「君にはグライダーパイロットとしてのポテンシャルがあるか？」とも言わない。現実世界では、誰も人に向かってそんなことを言わない。

代わりに、意識してか無意識にかはわからないが、きっとこんな2組の質問をするだろう。そしておもしろいことにこれらの質問をすることで、包括的なポテンシャルという考えから離れ、モーリーンを理解し、キャリアを導く手助けをするのにずっと役に立つ考え方に近づくことができるのだ。

「モーリーン自身」について

1組目の質問は、1人の人間としてのモーリーンに目を向ける。

「今の仕事で一番好きなことは何だい、モーリーン？　気球乗りの何が一番好き？　操縦の部分だろうか？　気球を浮揚させるスリルや、上空に浮かばせる感覚？　それとも空中を進む部分だろうか？　空気のように軽い気球が冷たい北風をぬう動きや、炎を調整して正しい高度にもっていく感覚、それか観光客に名所を見せ、この地方について彼らの知らないことを教える部分だろうか？」

続いて、モーリーンが次にやろうと考えている仕事のことや、グライダーパイロットの仕事で楽しめそうな部分について尋ねる。モーリーンにとっての「理想の仕事」を説明してもらうのもいい。

どの質問も、1人の人間としてのモーリーンに焦点を合わせている。何が好きか、本当に関心があることは何か、キャリアにおける夢は何か。要は、働くモーリーンがどういう人なのかを詳しく知ろうとしているのだ。

「モーリーンのパフォーマンス」について

2組目の質問は、モーリーンのこれまでの来し方や、彼女が学んできたことに照準を合わせる。

現在のパフォーマンスについて尋ねよう。ひと月に何回の気球飛行を行い、何人の観光客を案内しているか。

過去のパフォーマンスについて尋ねよう。パイロット歴は何年で、総飛行時間はどれだけで、安全記録はどうなっているか、指定された着陸帯に着陸する確率はどれくらいか。

それからスキルについて尋ねよう。評点や360度評価のことではなく――現実世界でそんなことを聞く人はいない――気球パイロットの1級・2級・3級免許をもっているか、パイロット認証を取得しているか、グライダーパイロットの免許をもっているかを聞いてみよう。

この組の一つひとつの質問を通して、モーリーンがどうやって仕事の世界をわたってきたか、これまで挙げた重要な成果や学習にはどんなものがあるかを知ることができる。

「人となり×実績＝モメンタム」の公式

2組の質問への答えからわかるのは、第一に、働くモーリーンの人となりだ。これらは彼女の特性である。生まれつきの永続的な部分、まったく変わらないわけではないが変わりにくい部分だ。彼女ならではの好きなこと、目指していること。こうした特性は、どこにいても自分から切り離すことはできない。

これらを**モーリーンの「質量」**と呼ぼう。

第二にわかるのは、モーリーンが特定の方向に向かって世界を進むうちに獲得してきたものだ。つまりモーリーンの現在と過去の実績記録や、試験を受けて取得した免許や認証などである。

当然、これらはどれも変わりうるから「状態」である。モーリーンが世の中をどうわたってきたか——どうやって、どれくらいうまく、どれだけの速さで、どの方向に向かって進んできたか——を説明するから、これらを**モーリーンの「速度」**と呼ぶとわかりやすい。

物理の世界では、質量と速度を掛け合わせたときに生まれる、明確で定義可能な方向性のあるものに名前がついている。これを**「モメンタム（運動量）」**という。

チームとチームメンバーの世界でも同じだ。モーリーンにはモメンタムがある。

「冷たくて間違った評価」の逆になる

モーリーンの質量と速度という2つの側面を分けて考え、2つを掛け合わせたものをモメンタムという言葉で説明することによって、あなたはチームリーダーとして、モーリーンを手助けするのに役立ついろいろなことができるようになる。

「ポテンシャルの呪縛」から離れられる

第一に、すべての人をハイポかローポかで区別する、ポテンシャルのアパルトヘイトを排除できる。

「ポテンシャルがあるのかないのか？」という問いは、会社のために存在する。チームリーダーの役には立たないし、モーリーンにとってはまったく興味がなく、何の助けにもならない。なぜなら**モーリーンが知りたいのは、単に自分が学習し、成長できるかどうかではなく、どうやって、またどれだけ効率的に、どの方向に向かって学習し、成長できるか**だからだ。

いわゆる「ポテンシャル」をもつのは限られた人かもしれないが、モメンタムは誰にでもある。人によってその強さや速度、方向性は違うが、誰もがモメンタムをもっている。生まれつきたくさんもっているのかいないのかは問題ではない。モメンタムに関する限り、大事なのは今この瞬間に、どれだけあるかなのだ。

「キャリアの選択肢」が増える

第二に、モーリーンに本質的なことを伝えられる。それは、**今この瞬間のモーリーンの速度と軌道は①自分で知ることができ、②自分で変えることができ、③自分でコントロールできる**ということだ。

モメンタムに的を絞ることによって、モーリーンを分類しレッテルを貼りどれかのボックスに振り分けるためにではなく、次にどんな道を取り得るかを理解させるために、彼女の立ち位置を確認することができる。

モーリーンのキャリアは、ある特定の軌道上を特定の速度で進んでいる。彼女はあなたの助けを借りて、自分の実績や好きなこと、嫌いなこと、スキル、知識を見定めたうえで、どこで加速し、軌道を少々変更し、大きな飛躍を試みるかを検討できるのだ。

ポテンシャルが固定的で生まれつきの――ハイポか、ローポかの――資質と見なされるのに対し、モメンタムは定義上、絶えず変化している。

そしてモーリーンは自分の思い通りにモメンタムを加速させたり、方向を変えたりすることができる。

「自分のキャリア」は自分では見えないもの

第三に、モーリーンの現在のキャリアのどの部分がモーリーンという人間に由来し、したがってどんな状況でも変わらないのか、そしてどの部分が完全に状況に応じて決まり、したがって自分の意思で変えることができるのかを見きわめる手助けをすることができる。

自分の実績は近すぎてかえって見えづらく、ときに見当違いなキャリア願望を抱くことがある。だから、こうしたさりげなく具体的なヒントは、不用意なキャリア転換を防ぐのに役立つことが多いのだ。

「重責」を負わなくてすむ

最後に、モーリーンのキャリアをモメンタムという視点から理解することは、モーリーンのためになるだけではない。**チームリーダーのあなたも、虚構をもとにモーリーンの未来全体を決定づけるという重荷から解放される**のだ。

「人にはポテンシャルがある」という考えは真実ではないし、役にも立たない。真実は、

「人にはモメンタムがある」のだ。

ポテンシャルが一方通行の評価なのに対し、モメンタムは継続的な対話である。「ポテンシャル」の世界では、いったんローポの迷宮に追いやられた人は、キャリアについてどういう対話をすればいいのかわからなくなる。

だが**モメンタムは、「昇進の見込みのない従業員はクビ」という考え方の真逆を行く**。それにモメンタムは、エンゲージメントとパフォーマンスを測る8つの質問項目の1つ、「仕事でつねに『成長』を促されている」という感覚を高めるのに最も適した概念である。ポテンシャルは成長を促さない。その人が成長するかしないかを、一方的に宣告するだけだ。

ポテンシャルに注目すると、部下は機械的に処理されたように感じる。モメンタムに注目すると、部下は理解されていると感じる。

そしてさらに重要なことに、部下に今現在の立ち位置を——静止点としてではなく、目的意識をもって世の中を動いている個性的な人間として——考えさせ、自分自身を理解できるよう手助けすることができるのだ。

リーダーは「自分みたいな人」を評価する

だが、現実世界で未来に関するこうした率直な対話ができるというのなら、なぜわれわれはポテンシャルなどという、アパルトヘイトを生み出す理論上の世界にはまり込んでしまったのだろう？

人にはポテンシャルがあるというウソもやはり、特定の状況で役に立つことが、一般化されて役に立たなくなってしまった一例なのだ。

この場合でいうと、特定の仕事をうまく行う、個別的なポテンシャルがモーリーンにあるかどうかを問うのはまったく問題ない。

だがモーリーンのポテンシャルを、特定の仕事の具体的な要求と見返りから切り離し――モーリーンの人となりや目指すもの、それらが彼女の次の動きにどのように結びつくかを考えることをやめ――**ほかの因子から取り出して評価尺度として使える、抽象的で謎めいた必要不可欠な資質として扱うようになったとたん、不真実に向かって危険な坂道を滑り落ちることになる。**

また、ものごとを予測、制御しやすくするという目的のために、この考え方を人材管理プロセスやシステムを通じて制度化してしまうと、全社的な統一性のために、常識と人間らしさを犠牲にすることになる。

人々がこのような事態にいらだちを覚えるのは無理もない。それにこうしたシステムでは、偏見や憶測が規則に組み込まれ、増幅されることもある。**最大の「ポテンシャル」をもつ人材は、結局のところ組織のリーダーに見かけやふるまいが似ることが多い**のだ。

「ちゃんと見てくれている」と感じられることがすべて

人材管理のツールやプロセスでは、悪いチームリーダーを補うことはできない。

一般には、たとえばチームリーダーの目配りが足りなくても、メンバーはクラウド型フィードバックを通して自分の仕事ぶりについて知ることができるし、チームリーダーがキャリアに関する対話をもたなくても、メンバーはタレントレビューを指針にすることができる、などと考えられている。

だがこれまで見てきた、一般的な手法の欠陥を抜きにしても、**大規模なシステムはチームリーダーの与える細かい具体的な目配りを再現することはけっしてできない。**

チームとはメンバーの居場所であり、チームリーダー次第で、メンバーの経験はよいものにも悪いものにもなる。

それに、チームリーダーが頼りない場合の埋め合わせになるようにと、システムやプロセスに投資するより、チームリーダーが必要な行動を取れるよう手助けをすることに投資するほうがずっといい。

そのために、①「ポテンシャル」の評点をなくし、②人間の成長に関する最新の研究知見をチームリーダーに教え、③モメンタムという視点から、つまり各チームメンバーの人となりと世の中を動いていく速度という視点から、キャリアについて対話をするようチームリーダーを促す必要がある。

これは当然、最新のエンタープライズソフトウェアを購入し、リーダーに使わせるよりもずっと困難なことだが、正しく困難なことだ。

「キャリア」をフラットに考える

チームリーダーが、このように現実世界でキャリアが形成される方法を理解すれば、アンディのような考え方ができるようになる。

アンディはシスコのチームリーダーで、少し前にそれぞれのチームメンバーが未来について考える手助けをしようと決めた。

まずチームメンバーに理想の仕事を思い描かせ、次にその仕事を現実的なものにするために、ビジネス交流サイト、リンクトインで検索させた。

チームメンバーは2人1組になって、理想の仕事に近い仕事を、企業や業種、職種に制限を設けず、2時間かけてリンクトインで探した。それからパートナーの助けを借りて、一番やりたいと思える1つか2つの仕事に絞り込んだ。

続いてこれらの仕事を分析して、必要なスキルや経験、資格を洗い出し、すでにもっているスキルや経験、資格に照らして、新しく身につけたいものを選んだ。

いい換えれば、アンディはチームメンバーのポテンシャルを評価し、成長できる人材とできない人材に区別したのではなく、**各チームメンバーが、自分がどういう人間で、どこに向かおうとしているのか（質量）、自分がすでにもっているか、これから身につけたい測定可能なスキルと経験は何か（速度）を理解できるよう手助けをした**のだ。

どんな人にもモメンタムがあるとアンディは考え、それを方向づける方法を理解できるよう手を貸すのが、自分の務めだと心得ていた。

「うちのチームには活用されていないエネルギーがたくさんあると思うんです」と、彼は話してくれた。

「適切なエンゲージメントや適切な顧客など、何であれ適切な環境がそろえば、使われていないエネルギーを共有し、活用する方法を見つけられるはずです」

結果はすばらしいものだった。アンディはこう説明する。

「私たちはお互いを見つめ合い、自分たちのキャリアがシスコという枠に収まりきらないことに気づきました。またこのステップを進めていけば、自分たちを市場全体の中でプロフェッショナルとして定義できると」

それだけではない。チームメンバーはアンディの勧めで、各自が学びたいスキルの多くを、今の仕事のなかで身につけることができるようになった。日々の仕事を利用して、将来に必要なスキルを身につけていくことができたのだ。

「おかげで対話が変わりました」とアンディは言う。

「どうしたら社外でほかの仕事を見つけられるかを考えていたのが、**どうしたら社内によりよいサービスを提供しつつ、社外でも通用するスキルをもつ最高のプロフェッショナルになれるような経験を積んでいけるかを話し合うようになったん**です」

そしてもちろん、これこそが真の人材最大化マシンたる企業が望むことなのだ。

ウソ#8 「ワークライフバランス」が何より大切だ

なぜ、彼らは激務でも幸福なのか？

仕事は大変だ。職務をこなし、目標や目的を達成し、家族を養えるだけの給料を稼ぎ、キャリアアップを図って給料を増やせるようにうまく立ち回る方法を身につけなくてはならないというストレスに、日々押しつぶされそうになる。

そのうえ、変化の脅威がいつものしかかっている。会社の焦点が変わり、自分の業務がアウトソーシングされ、よりよくより速くより安価に業務を遂行できる、とびきりスマートな機械が導入されるおそれがつねにある。

一緒に仕事をする人たちの問題もある。廊下の向こうの人たちから、世界各地に散らばる人たちまで、たえず入れ替わる多様なメンツと協力しなくてはいけないが、彼らがどういう意図や方法をもっているのかはよくわからない。

通勤も楽じゃない。電車や飛行機、高速道路での勤め人たちとの日々のバトル。誰もが先を急ぐ結果、都市の動脈を詰まらせ、ストレスレベルは上がる一方だ。毎日片道45分や1時間、90分かけて——巨大コンサルティング会社の社員がクライアント企業に顔を出す場合は、片道2時間のフライトを経て——職場に到着し、ようやく日々の競争のスタートラインに着く。

ちょっとだけ憂さ晴らしをしてから帰宅し、家族との夕食をそそくさとすませると、またスマホを取り出して、夜間のメールやテキストのやりとりをし、朝のシャワー前に緊急対応を求められずにすむよう、もう1つだけ要求に応えておこうとする。

やりがいがあるのに「自殺率」は2倍

仕事は大変だ。医師の場合は輪をかけて大変なようだ。

医師はほかの人よりはましだと思う人がいるかもしれない。大変とはいえ、少なくとも本当に意味があることのために奔走しているのだからと。

われわれが仕事の世界から何か学んだことがあるとすれば、それは「誰もが意味と目的のある仕事を求めている」ということだ。医師は、書類書きやその他雑多な事務作業があるにしても、自分の骨折りと専門知識の力で、患者が次々と快方に向かい、立ち直るのを見ることができる。

誰もが仕事の意義をこれほど明瞭に、頻繁に確認できたらいいのに。誰もが医師のように仕事を愛せたらどんなにいいだろう。

しかしデータを調べてみると、違う実態が見えてくる。医師は純粋な目的をもって仕事をしているにもかかわらず、ほかの人たちより大変な思いをしているようなのだ。

メイヨークリニックの最近の研究によれば、医師の52％が燃え尽き感（バーンアウト）を報告しているほか、PTSD（心的外傷後ストレス障害）の発生率は15％と、一般労働者の4倍にも上り、**イラク・アフガニスタン帰還兵の平均発生率さえ3ポイント上回っている**(1)。

この極度に高いストレスレベルは、当然ながら患者のケアにも、医師の健康状態にも著しい悪影響をおよぼしている。

メイヨークリニックによると、**医師の燃え尽き感の測定値が1ポイント上昇するごとに、患者満足率が20％から30％低下する**。さらに気がかりなことに、医師の15％がキャリアの間に薬物乱用を経験し、**医師の鬱と自殺の発生率は全国平均の2倍**なのだ。

「わが子に医療職を勧めない」医師が73％にのぼる

医師たちによると、事情は悪化の一途をたどっている。

メイヨークリニックの研究では、医療専門職が重要でなくなりつつあると考える医師は80％に上り、60％の医師がキャリアの間に医療訴訟を経験し、そして最も多くを物語るデータとして、**73％の医師がわが子には医療専門職を勧めないと答えている。**

つまり、現在の傾向が続けば、アメリカは２０２５年に2万人以上の医師不足に陥るだろうというのだ。

医師よりもさらに大変な唯一の職業は——データによれば——救急救命室（ＥＲ）の看護師で、**燃え尽き症候群と鬱の発生率はさらに高く、ＰＴＳＤの発生率は戦闘帰還兵の2倍近い19％**である。

医療関係者はこのデータを深刻に受けとめ、会議や研究、実践的な実験に多大な時間と資金を投じ、なぜ医療の仕事がこれほどやる気をなくさせるのか、どうすればよいのかを突き止めようとしている。

どんな対策が取られているかを知っても、あなたは驚かないだろう。医療システムはそれぞれ手法や優先順位が異なるというのに、ほとんどの対策が同じ基本的前提の上に立っているのだ。

それは、医師や看護師の毎日は必然的につらいものだから、意識の高い病院は、医療専門家が仕事のストレスから回復できるよう手を尽くすとともに、ますます高まるストレスに対する何らかの防護壁になるように、週労働時間を60時間未満にする方法を見つけるべきだ、という考え方である。

そのほか、救急救命室の近くに瞑想室を設けたり、医療記録の電子化を通じて事務作業の負担を軽減したり、同僚や家族との外食費を毎月支給したりといった取り組みを進める医療機関もある。

労働の本質は「取引」

医師と看護師の世界は、ストレスレベルの高さとストレス関連障害の深刻さから、仕事の世界の極端な例といえる。

仕事はストレス要因であり、エネルギーを吸いとる苦役だから、気をつけないと体力消耗や空虚感、鬱、燃え尽き症候群を招きかねないことは、経験上わかっている。

仕事とは、取引だ。時間と才能を売って、その見返りとして、好きなものを買ったり、愛する人を養ったりするためのお金を手に入れる。

実際、この取引で得られる報酬を指す「コンペンセイション」〔償い、埋め合わせなどの意〕という言葉は、負傷させられたり法律的に不当な扱いを受けたときに受ける補償と同じ言葉だ。

つまり、賃金とはただの金銭ではなく、仕事の避けがたい悪影響を埋め合わせるためのお金、苦しみに耐えるための賄賂《わいろ》なのだ。

仕事は、仕事から気をそらすこともある。何か重要なことを片づけなくてはならないとき、日々の決まりきった仕事を抜け出す必要を感じて、会社の保養所に出かけ、仕事の雑音とストレスを逃れながら、別の仕事に集中したりする。

そして、仕事はきわめて有害な影響をおよぼす恐れがあるから、**デスクで息絶えるような事態を避けるための賢明な予防策は、何か別のよいもの、つまり生活でバランスを取ることだと考えられている。**

仕事で自分を見失い、生活で再発見する。仕事を耐え抜き、生活を満喫する。仕事で空っぽになり、生活で自分を取り戻す。仕事で消耗し、生活で充電する。

仕事にまつわる問題の解決策は、ワークライフバランスを図ることだと、世間では考えられているようだ。

「仕事が悪」で「私生活が善」という謎のコンセンサス

もちろん、ことはそう単純じゃない。実際には仕事で満足を味わっている人もいるし、ストレスに満ちた生活を送っている人もいる。

仕事には、本質的に困難だったり退屈だったりするものもある。またどんな人の仕事や生活も、完全に喜びだけではあり得ないし、完全に自分でコントロールできるわけでもない。

それなのに仕事の世界には、「仕事は悪」で「生活は善」だから、ワークライフバランスが何より大切だという前提がまかり通っている。

「仕事と生活の両立支援のための制度はありますか？」は、「御社の企業文化はどんなものですか？」と並んで、候補者が面接で必ず聞く質問リストの常連だ。

だからこそ企業はこの競争の激しい労働市場で、ドライクリーニングや銀行、託児所、クワイエットルーム（集中して仕事ができる個室）、マッサージチェア、仮眠ポッド等々の提供にしのぎを削っているのだ。

こうした特典はまったくの善意から提供され、従業員にも好評なことが多い一方で、仕事はてんびんに載せられた重い分銅であり、意識の高い組織はその重みを減らして、生活の側にてんびんを傾けるために全力を尽くすべきだという考えに根ざしている。

「はるか昔の説」がまだ生きている

善意はともかくとして、この考え方にまつわるすべての問題は、**「バランス」**という概念にその元凶がある。そしてこの概念には長い歴史がある。

カリフォルニア州サンタバーバラのエル・プレシディオ——サンタバーバラ伝道所をアメリカ先住民の攻撃から守るためにスペインの探検者たちが建てた要塞——の壁に貼られたリストを読み上げよう。これは要塞の隊長がメキシコシティにいる上司に宛てて送った、要請物資のリストだ。

要請リストが書かれた日付は1793年で、「マスケット銃兵の肩章用の金モール2ポンド〔約900グラム〕」や、「ビーバーの毛皮帽2個、うち黒1個、白1個」などと並んで、「バラ油4ポンド〔約1.8キログラム〕」、ガラパ粉3オンス〔約89ミリリットル〕、甘汞《かんこう》2オンス〔約59ミリリットル〕、種なし綿を詰めた吸い玉12個入り1箱」と記されている。

これらの一部はデザートづくりや紅茶の飲用に使われた可能性もあるが、主な用途は別のところにあった。

古代ギリシアの医師ヒポクラテスの時代から19世紀半ばの近代医学の到来まで、身体的健康の概念は「バランス」という考えを基盤としていた。

ヒポクラテスは、人間の身体が黒胆汁、黄胆汁、血液、粘液の4種類の体液で構成されると考えた。それらのバランスは人によってやや異なり、その違いが異なる気質を形成するが（粘液が多い人は粘液質、血液の多い人は多血質など）、四体液がバランスよく保たれている人が健康とされた。

体液のバランスが崩れると病気になり、甘汞（塩化水銀）を摂取して粘液を排出したり、吸い玉（カッピング）を使って瀉血《しゃけつ》したりするなどの治療が行われた。体液のバランスが回復すれば病気は治癒し、また健康に戻れるとされた。

要塞の壁の要請リストにあったのは、医療品だったのだ。

それは「宇宙」まで説明できたはずだった

身体のバランスを保つことの重点は、やがて心理的な意味合いを帯びるようになり——短気な人は黄胆汁過剰、怠惰な人は粘液過剰など——ついには物質的宇宙全体を説明するまでになった。

四体液は土、火、水、空気の四元素に概念的に置き換えられ、各元素がバランスよく組み合わされることによって、あらゆる創造物の調和が達成されると考えられた。

つまり、**人間ははるか昔からバランスに魅せられてきた**ようなのだ。

バランスの取れた状態こそが、誰もがつねに目指すべき、正しく立派で賢明で健全な状態だと考えられてきた。

それに、バランスを実現することの難しさが、その魅力をさらに高めているようにも思える。欠点の修正などと同様、バランスの達成とはつねに道半ばで、実際にはとんでもなく困難なことなのだ。

あなたも、自分と家族、友人、同僚、上司、仲間が求めるものの間でバランスを図るのに苦心してきただろう？　それぞれから別々の、ときに矛盾する要求を突きつけられ、自分のニーズも満たしつつも、それぞれにしかるべき配慮をし、異なる要求をかなえようと苦労してきたはずだ。

駐車場の順番待ち中に、子どもたちに「ごめん！」と謝りながら電話会議に出たり、大統領記念日の家族との外出をすっぽかしてしまい、今日は月曜だし、ほかのチームメンバーも仕事をしているようだし、そもそも大統領記念日は本当の祝日じゃないんだからと、自分を納得させたこともあるだろう。

「実力以上」の仕事を打診され、もしかしたら――万が一でも！――昇給か、最低でもボーナスを得て、家族のためにもっといい家を借りられるかもしれないという皮算用で引き受けたが、仕事量と責任が増えたせいで、学校の理事会やいとこの結婚式、オンラインのマネジメント講座の時間が取れなくなったこともあるだろう。

人生は取捨選択の連続で、自分の人生は自分で選択するしかない。

達成しても途中で崩れる

皿回しにジャグリング、綱渡り――たとえはいろいろあるが、あちこちから要求を突きつけられ、1日24時間ではとても足りないと感じたことは誰でもあるはずだ。

皿を回し、玉を投げ、綱を渡り続ければ、仕事でも生活でも、ないがしろにされたと誰にも思われない程度にはうまく注意と労力を振り向けられるはずだと――全員の要求には応えられなくても、それなりに公平さを保てるはずだと――あなたは考える。

だが老若男女貧富を問わず、現実世界でバランスを見出している人が1人でもいるだろうか？

たとえいたとしても、僕らはまだお目にかかったことがない。だからこそ、バランスを取ることは益より害のほうが大きいというのだ。

実際、バランスを取ろうとしてもがいていると、まるでトリアージ〔傷病者の重症度に応じて治療の優先度を決めること〕を行い、自分の時間にたえまなく入り込んでくるものや、容赦なく上がっていく仕事への期待に対してバリケードを張っている気さえしてくる。そしてその間、他人はもっとうまく立ち回っているのではないかと、気が気でない。

もちろん、生活にはトリアージが必要になるときもあるが、それだけではうまく行かない。要求を寄せつけずにおくことはできても、自分らしくいられない。

それに結局のところ、**バランスはどっちみち達成しようがない目標**なのだ。たえまなく変化する世界のなかで、瞬間的な静止状態を目指す試みなのだから。

仮にすべてを完璧にバランスさせることができたとしても、必ず何かが起こってバランスが崩れ、ギリシア神話のシーシュポスが岩を山頂に押し上げ続けるように、また一からすべてやり直さなくてはならない。

バランスを理想にすると、人間らしさが、われわれの現在と未来の本当の姿が失われ、シーシュポスのような対処戦略を取り続ける羽目になる。

科学では「否定」されている

ではどうすればいいのだろう？　仕事は大変なこともあるし、生活もそうだ。そしてほとんどの場合、仕事でも生活でもやることが多すぎる。すべてのバランスを取ることが解決策にならないとしたら、いったい何が解決策になるのだろう？

必要なのは、**仕事と生活についての新しい考え方**だ。

僕らは本書全体を通して、こうあってほしいという世界の理想の姿ではなく、ありのままの姿を考えることによって、答えを見つけてきた。

一見するとバランスを保つ必要がありそうな要素（たとえば血液の酸性度やインスリン濃度など）も、よく観察すると大事なのはむしろ「フロー」（流れ）だとわかる。

こんにちでは、あらゆる物質が4をはるかに超える数の分子でできていて、そうした数百万の分子間のバランスは、すべての分子間の継続的な関係や、それらが生み出す生物学的、化学的、物理的プロセスに比べれば、重要度がずっと低いことがわかっている。

何かが「健康」だといえるのは、その何かに備わったプロセスが、外界からインプットを取り入れ、それを代謝して何か役に立つものを生み出し、なおかつそれを持続的にやり続けることができるときである。**健康はバランスというより、運動**なのだ。

あなたという存在も、そういうプロセスの1つだ。

あなたとあなたの生活は、今もこれからもバランスが取れることはないだろう。

だが健康でベストな状態にあるときのあなたは、外界から何かを取り入れ、自分なりにそれを咀嚼《そしゃく》して、何か役に立つものを生み出し、なおかつそれを持続的にやり続けることができる、ユニークな存在だ。

ベストな状態にあるときのあなたは、外界に影響を与えるだけでなく、外界からも影響を受けている。あなたは外界が提供する「素材」——活動や状況、成果——をもとに行動するが、そのなかには、あなたにとくに活力やエネルギーを与えてくれるものがある。

そうした素材を探して取り入れ、利用することができれば、あなたは何らかの貢献を行いつつも、エネルギーをかえって高めることができる。それがあなたの目指すべき状態である。

「病人が好きでない」のに仕事を満喫する医師

マイルズは医師だ。詳しくいうと麻酔医といって、患者を眠らせ、目覚めさせることを仕事にしている。マイルズはイギリス在住で、麻酔医の仕事を愛していて、かれこれ20年もこの仕事をしている。

何万人もの同僚たちが燃え尽き症候群に苦しんでいるのをよそ目に、マイルズは仕事を満喫しているように見える。

そんな彼に、僕らは少し前に話を聞いた。NHS（イギリス国民健康保険）の普通の区の普通の大学病院で働く普通の医師が、どうやってほかの多くの医師には無縁な精神状態に到達できたのかを知りたかったのだ。

このとき驚きの発見があった。**マイルズは病人が好きではない**。詳しくいうと、病人の回復を助けることに、大して喜びを感じていないようなのだ。

僕らがインタビューでどうやってこれを発見したのか、読んでほしい。

マーカスとアシュリー：さてマイルズ、あなたの職務で何か気が滅入ることや、いらだたしいことはありますか？

マイルズ：勤務時間が長いこと以外で？

僕ら：ええ。仕事そのものに関して。

マイルズ：実はフォローアップがほんと嫌いで。

僕ら：何ですって？
マイルズ：手術後に患者と面会して、具合や回復状態を確かめたり、症状を和らげるために自宅でできることを教えたり、しばらくしてまた面会して回復ぶりを確かめたりする、あれですよ。あのすべてがもう嫌で。
僕ら：［絶句］でも、それが医師の仕事ってものでは？
マイルズ：僕にとってはそうじゃない。
僕ら：どこが嫌なんですか？
マイルズ：プレッシャーですね。
僕ら：プレッシャー？
マイルズ：そう、患者を回復させなきゃというプレッシャー。ていうか、よくならなかったらどうするんですか？　人間の体は一つひとつ違う複雑な有機体で、とにかく変数が多くて、しかもライフスタイルや環境、心理状態、運が違うんだから、本当に回復するかどうかなんてわかるはずがない。僕にはプレッシャーが大きすぎるんです。
僕ら：おや。

とまあ、こんな具合だ。非常に成功していて、真に満足している医師が、仕事での一番のストレスが患者の回復を見届けることだと白状したのだ。

これは、医師の満足度について、僕らがそれまで読んできたほとんどのことの真逆を行っていた。

僕らは続けた。

僕ら：それじゃ、仕事をしていて本当に楽しいと思うことを教えてもらえますか？

マイルズ：ええ、いいですよ。まずは、ストレスが大好きですね。

僕ら：何ですって？　たった今、ストレスが嫌いだと言いませんでしたか？

マイルズ：いや、患者を回復させなくてはという、プレッシャーが嫌いだと言ったんです。**僕がたまらなく好きなのは、患者に生死をさまよわせることのストレスですよ。**麻酔が実際にどういう仕組みで効くのかについては、まだほとんど何もわかっていません。僕が働き始めた頃は、麻酔薬といえばチオペンタールでした。最近は新薬のプロポフォールが主流です——ほら、マイケル・ジャクソンの死につながったといわれている麻酔薬で、実際ずっと効果が高いんです。なのにどういう仕組みで効くのかは、実際のところ誰にもわかっていない。どっちの薬も血液系内のミネラルの流れを遅くする作用があるから、心臓を止めることなく患者を眠らせることができるんですが、実際にどういう仕組みでそうなるのかはまだよくわかっていないんです。患者を眠らせ、生死の境目に立たせ、ときには16時間もその状態を保つことがあるのに、どうなっているのか、なぜそうなっているのかはわからない——そこにシビれるんですよ！

僕ら：前からずっとその部分が好きでしたか？

マイルズ：そう、最初からね。患者に麻酔をかけ、それから少しずつ麻酔を覚ますのを怖がる医者もいるけど、僕はいつだってワクワクしますよ。僕にはアドレナリン中毒的なところがあって、サメと泳いだり、飛行機から飛び降りたりといったことが大好きで。だから仕事のこの部分は僕を覚醒させ、生きているという実感を与えてくれるんです。

僕ら：ほかに好きな部分はありますか？

マイルズ：ええ、ありますよ。簡単にいうと、職務の責任ですね。イギリスでは、たぶんアメリカやカナダでよりも、患者の体全体を理解するのは麻酔医の役目と考えられています。外科医は心臓弁を治すことができる。神経科医は脳の働きを解明できるし、一般外科医は腸を処置することができる。どれも重要ですが、局所的で専門的ですよね。

僕ら：麻酔医は違う、と？

マイルズ：呼吸器系、心臓血管系、胃腸系の体全体を理解していなくてはならないのは麻酔医です。これらシステムのすべてが、薬に対する患者の反応や、眠ったままになる仕組みを左右しますから。麻酔状態にある人は、ずっと深い昏睡状態を保っているわけではなくて、状態がたえず上がったり下がったりしている。僕の仕事は、患者を麻酔状態にとどめるために、その体を隅々まで知り尽くし、体全体を理解することです。麻酔医の仕事は飛行機の操縦によく似ています。一歩間違えば急降下が始まり、もう一歩間違えばさらに降下が加速し、患者の状態が急変してどんどん手に負えなくなっていく。この責任がたまらなく好きなんです――手術室の12人全員が、体のことを理解してもらい、支えてもらおうと、僕を頼りにしてくれている。

僕ら：怖くないですか？

マイルズ：いや全然、すばらしいですよ。毎日がほんとに楽しくて。

「一般論」は現実とは異なる

あなたが今の話をどう思うかはわからないが、僕らは仕事で成功している人へのインタビューでいつもやるように、集中して耳を傾け、すべてを書きとめ、それから考えた。

僕らが到達した結論は、いつもと同じだ――**人が仕事についてこう感じるだろうという理論的モデルは、現実世界で特定の人が実際に感じていることとはまず合致しない。**

優秀で成功している医師のマイルズは、患者の回復を助けるプレッシャーを嫌い、それでいて麻酔が作用する仕組みを正確に知らずに患者を死の淵にとどめ生死をさまよわせるストレスを愛しているのだ。

そんなマイルズにケチをつけたがる人がいるかもしれない。「いや、医師たる者が、患者の回復を見届けることに喜びを感じなくてどうする。だいいち医師であることの意味はそこにあるんだろう？」

だがそんな批判が何になる？　マイルズはマイルズでしかない。マイルズは、なぜ自分が医師になったのか、なぜ麻酔医になったのかを自分でわかっていて、麻酔医の仕事のどの部分を一番愛しているのかもわかっている。

そして誰が何といおうと、僕ら2人は自分がどんな医師に麻酔をかけてほしいかを知っている。仕事に大きな喜びを感じ、自分の責任の微妙な複雑さに興奮を覚え、患者を三途の川のこっち側にとどめることに快感を味わう医師だ。

僕らが望むのはマイルズだ。

めったにない「おまけ」みたいな話をされる

マイルズのような人に話を聞くと、自分もいつか仕事に同じ気持ちをもてたらいいのにと思う。

もちろん、マイルズだって毎日スキップして出勤しているわけじゃない——大変な日や疲れる日もあるだろうし、たぶんとても悲しい日やつらい日もあるだろう。

でもあなたはマイルズの喜びを感じ取り、自分でもそういう気持ちになりたいと思う。自分の仕事生活でもその気持ちを感じたい。仕事に愛を見つけたい。

だが自分の身に置き換えて考えたとたん、「そんなのは感傷的だ、現実的じゃない」と、頭から追い出してしまう。卒業式の名スピーチをユーチューブで見たり、メンターとゆっくりランチをしたりすると、「愛することを仕事にしなさい、そうすれば一生のうち1日たりとも働く必要はなくなる」というアドバイスを必ずといっていいほど聞かされ、そのたび心が沈む。

たしかにもっともな話だ――愛することだけしていられたらどんなにいいだろう？　だが、このご時世には贅沢な話に思える。

愛することを仕事にできた幸運な人はいいが、それ以外のわれわれにとっては仕事は義務に近く、愛はおまけ、それもめったにないおまけでしかない。

今の仕事に「愛」を見つける

だがこのままもう少し考えよう。これから愛についてじっくり考えたい。仕事世界のつらい現実から目を背けるためではなく、信頼性のあるデータの必要性やデータに関する発見を無視するためでもなく、その両方について深く考えるためにだ。

そしてそれを通して、**ワークライフバランスを目指すよりも、仕事に愛を見つけることが何より大切だという真実を分かち合いたい**。

「仕事に愛を見つける」は自由思考の現実的なリーダーには、軟弱で理想主義的で現実離れしているように聞こえるかもしれない。

もしそうだとしても、このまま読み進めてほしい。愛――具体的にいうと、たんに「愛することを仕事にする」のではなく、「自分の仕事に愛を見つける」ためのスキル――について考えることによって、現実に役に立つことが学べるからだ。

ビジネスは「重厚なもの」ではない

そうはいっても、**組織は一見、愛などにはほとんど関心がないように思える**。

サウスウエスト航空は機体にハートマークをつけているし、フェイスブックは「愛を届ける」のが使命だとはいうが、どちらの企業も、ほかのほとんどの企業と同様、愛を向ける対象は従業員ではなく、「顧客」である。

ほとんどの組織は業績や目標、実績、規律、実行、厳密性といった重厚なことをずっと気にしている。これらをすべて達成し、すべての期限を守り、所定の品質水準をクリアしたあとでなら、最後に少々愛をまぶすことはあるかもしれない――。

もしあなたが組織のことをそんなふうに考えているなら、またもし組織が同じ考えをもっているなら、それはまったくの見当違いだ。

実際には、どんなに現実的で実績重視の組織でも、従業員が仕事に大きな愛を見つけてくれることを切望している。

ただ、そういう表現を使わないというだけだ。

組織に頼るな

ほとんどの組織は愛という言葉を避け（あなたもそろそろ避けたいと思っているかもしれない）、献身、意欲、自発的努力のような、よりビジネスにふさわしい言葉を好む。

だが現実世界では、こうなってほしい、こう感じてほしいという、現実の骨抜き版でお茶を濁すのではなく、ありのままの姿と向き合わなければ何も始まらない。部下を輝かせ、創造性や好奇心、寛容さ、回復力をもたせるには、マイルズの見つけたものを部下が探せるよう手助けする必要がある。

仕事には愛する余地があるのだから、愛という言葉を使うべきだ。われわれ一人ひとりが愛を見つける方法に関心をもたなくてはならない。

そして、組織は従業員のために愛を見つけたり、定義したりすることはけっしてできない、という真実を受けとめなくてはならない。

組織はあまりにも長い間、愛や情熱、興奮、スリルといった人間的な言葉を都合よく使い、そうした言葉を唱えただけで本物の人間的感情を生み出したような気になっていた。だが今までもこれからも、実際にはそんなことはできていない。

組織は1章で説明した用語を使うと、「共同主観的現実」という虚構であり、従業員が仕事のどの部分を愛しているかを理解できるほど実体的でも、人間的でもない。

それを理解できるのは、あなたをおいてほかにいない。どこで愛を見つけられるか、見つけられないかを、マイルズのような詳しさで理解できるほどあなたに近い存在は、あなた自身しかいないのだ。

マイルズが僕らに語ってくれたのはつまるところ、「僕が愛しているのはこれであって、あれではない」ということだ。また、彼のその思いを知る人は、彼を採用した人たちや、採用後の上司や同僚の中に、1人もいなかった。それはマイルズだけがアクセスできる、マイルズの内にある神秘的な場所にある思いなのだ。

愛せるところが20％以上あればいい

あなたについても同じだ。あなたのなかには、組織が触れることも知ることも見ることも、もちろん感じることもけっしてできない、小さな場所がある。

だが、あなたが仕事で生を実感できるのも、あなた自身を驚かせ喜ばせるようなすごいことができるのも、チームを驚かせあなたを内側から輝かせるような、思いがけなく生み出されたとんでもなくよいことができるのも、すべてこの愛すべき多感な小さな場所のおかげなのだ。

組織が無力だとはいわないが、組織にはあなたを輝かせる力はない。組織の力とは、すでに存在するものごとを組織化する能力にすぎない。

あなたの組織は、不注意であれば、あなたの精神を押しつぶし、あなたという人間を貶め、ないがしろにするおそれがある。あなたの理想の状態を引き出せるのは、あなた1人だけだ。あなたの仕事世界に愛をもち込めるのは、あなたしかいない。

それをすれば、いいことがたくさん起こる。

メイヨークリニックは、仕事への愛がおよぼす力を数値化することに成功した。

医師たちに、勤務時間のどれだけを自分の最も愛することに割いているかを尋ねたところ、**勤務時間の20%以上を愛する仕事に費やしていると報告した医師は、燃え尽きのリスクが著しく低かった。**またその割合が20%から1ポイント低下するごとに、燃え尽きリスクがそれと見合うだけ、ほぼ直線的に上昇した。

仕事から愛を取り除くと、医師は仕事で身心をすり減らし、ついには害するようになる。

理解しただけでは動けない

そこで大きな問題になるのは、どうやってそれを実現するかだ。

仕事に愛を見つけようが見つけまいが、仕事が仕事（しなければならないこと）と呼ばれているのには理由がある。あなたの仕事はただ忙しく、くり返しが多いというだけでなく、より肝心なことに、与えられた仕事であることが多いのだ。

あなたは特定の職に就き、特定の成果を期待され、特定の責務を与えられている。愛がこれと何の関係があるというのだろう？

愛は実際、大いに関係があることを、メイヨークリニックの研究は示している。どんな職務の人も、仕事に愛を織り込むことはできるし、そうすべきである。

そして疑問をもっている人のためにいっておくと、仕事に愛を見つけられない理由は、ほとんどの場合、仕事に制約が多すぎるからではなく、愛を織り込む方法がわかっていないからなのだ。

そのことはデータに表れている。

ADPRIのグローバルエンゲージメント調査では「仕事で『強みを発揮する機会』が毎日ある」という項目に強くそう思うと答えた従業員が16~17%しかいなかったにもかかわらず、アメリカ人労働者の代表的サンプルを対象とした同社の調査では、「自分の強みを活かせるよう職務を変える自由度がある」と答えた人が72%もいたのだ。

心理学ではこれを「態度と行動の不一致」の問題と呼ぶ。**自分に合うように職務を変えられるのに、ほとんどの人はそれをしない**のだ。

この問題を取り除く方法がある——意図的に、責任をもって仕事に愛を織り込む方法をこれから説明しよう。

「仕事」はつくるもの

あなたの知り合いで一番成功している人のことを思い浮かべてほしい。金銭的にではなく、チームや組織への貢献という点で成功していて、信じられないほど生産的で創造的で強靭で、仕事と一体化しているように思える人だ。

あなたはたぶん、その人は運がよかったのだと思っているはずだ。「どうやってあんな職務、仕事、人生を見つけたんだろう？　あれくらい自分にピッタリの仕事を見つけられるといいんだが」

もしあなたが本当にそう思っているなら、まずは特別で重要なことに気づいたことをほめたい。ただ、動詞の選び方が間違っている。

その人はそういう仕事を見つけたんじゃない――完全にできあがった状態の仕事をたまたま見つけたわけじゃない。**自分でつくったのだ**。

最初は普通の仕事に就き、普通の職務記述書に定められた業務をこなしていたが、自分の愛に真剣に向き合い、徐々に、少しずつ、長い時間をかけて、一番愛することが大半を占めるように仕事をつくり変えていった。

やがて愛する活動が、すべてではないにせよ仕事の大部分を占めるようになり、ついには仕事全体がその人という人間を表すまでになった。あっちをいじり、こっちをいじりしているうちに、とうとう最も重要な意味でその人らしい仕事になった――その人そのものになったのだ。

書いて「俯瞰」できる状態にする

あなたも同じことができる。

年に2度、仕事を愛する1週間を設けよう。通常勤務の1週間を選び、その週はどこに行くにもメモ帳をもっていく。メモ帳の真ん中に縦線を引いてページを左右に分け、左側の上部に「大好きなこと」、右側の上部には「大嫌いなこと」と書く。*

その間、愛の兆候のどれか1つを感じたら――何かをする前に待ち遠しくてたまらないか、している最中に時間が矢のようにすぎフロー状態になるか、したあとでまたしたくてたまらなくなるか――「大好きなこと」の欄に、その具体的な内容を書きとめよう。

またこの正反対の気持ちを感じたとき――何かをする前に先延ばしにしたり、「初歩的」だからといって新人に押しつけようとしたりするか、している最中に時間の歩みが遅くなったように感じるか、10分間が苦行の1時間に感じられ、したあとで二度とやりたくないと思うか――「大嫌いなこと」の欄に、具体的な内容を書きとめよう。

1週間の活動のなかには当然、どちらにも当てはまらないものがたくさんあるはずだが、仕事を愛する1週間を過ごせば、週が終わる頃には、「大好きなこと」欄にあなたにとってほかの仕事と違うように感じられる活動のリストができているはずだ。

これらの活動は感情価が異なり、あなたを夢中にさせ高揚させる、ほかとははっきり異なる際立ってポジティブな感情を生み出す。

仕事を「織物」のようにとらえる

これらの活動を、あなたの「赤い糸」と考えよう。

あなたの仕事はいろいろな活動や糸でできているが、そのなかにとくに強力な素材でできているように感じられるものがある。こうした赤い糸が、あなたの愛する活動だ。それを正確に突き止め、次週にまた再現し、磨きをかけて増やしていけるようにするのが、あなたの務めだ。

仕事という織物に、赤い糸を1本ずつ織り込んでいく。真っ赤な織物にする必要はない。メイヨークリニックの研究によると、勤務時間の20%を超える時間を愛する活動に費

＊念のためいっておくと、このエクササイズの主な狙いは、あなたが仕事に感じる強い肯定的反応と強い否定的反応を記録することにあるから、自分にとってそういう意味をもつ言葉を自由に選んでもらってかまわない。記録するのは両極端の経験だけで、その中間の「どうでもいい」経験は書かなくていい。

やす医師には、それに見合うだけの燃え尽きリスクの減少は見られなかった。
つまり**20%という数値は閾値《しきいち》**であり、少しの愛に大きな効果があることがわかる。

赤い糸が、あなたの強みだ。一般に、強みは得意なこと、弱みは下手なことで、それらを一番うまく判定できるのはチームリーダーや同僚だと考えられている。

だが4章で見たように、これらは強みと弱みの最良の定義ではない。強みとは、あなたを強くする活動をいい（麻酔医のマイルズにとっては患者に生死をさまよわせること）、弱みとは、たとえ得意であってもあなたを弱くする活動（マイルズにとっては患者の回復を手助けすること）なのだ。

「パフォーマンス」とは、あなたが十分な成果を挙げたかどうかを指し、チームリーダーはそれを判断することができる。

だが、**チームリーダーや同僚には、何があなたの強みか（あなたを強くするか）、弱みか（弱くするか）を判断することは、けっしてできない。**

「他人は違う」と明確に思う

たとえばあなたが仕事を愛する1週間を過ごし、データにパターンを見つけるのが大好きなことに気づいたとしよう。

チームリーダーはあなたのパフォーマンスに関して、「あなたはパターンを十分説明できていない」「有益なパターンを発見していない」「パワーポイントのスライドにデータを適切に示していない」と言うことはできる。

だが「あなたはデータにパターンを見つけるのが好きではない」とは言えない。マイルズに向かって「あなたは患者に生死をさまよわせるのが好きではない」と言えないのと同じだ。

チームリーダーは、あなたが見つけた赤い糸が、赤い糸ではないとは言えない。それを判断できる人は、あなた1人だけだ。

それに、**あなたと同じ職務に就いているチームメイトが、あなたと同じ赤い糸をもっているると思ってはいけない**。そんなことはけっしてないのだ。

マイルズに話を戻そう。僕らはほかの麻酔医、それもマイルズと同年代で同じ医療機関に勤務する麻酔医にもインタビューしたが、彼らが愛する仕事について話してくれたことは、マイルズとはまるで違っていた。

手術前の臨床中の会話や、鎮静状態の患者にパニックを起こさせずにゆっくり意識を取り戻させるための穏やかな気配りが好きだという医師もいた。

別の医師は、主に麻酔が効く仕組みの複雑さに魅せられ、それぞれの麻酔薬の作用を正確に特定することに全力で取り組んでいた――「意識」とは何かについて熱弁を振るう彼女からは、ストレスのスリルを語るマイルズと同じ情熱が感じられた。

自分たちは「n=1」の世界で生きている

だがマイルズのことをただ見ているだけでは、彼の赤い糸が何なのかを知ることは絶対にできなかった。

マイルズは外見も行動も、ほかのイギリス人の中年医師と変わらない。赤い糸は、その人の人種や性別、年齢、宗教などとは何の関係もなく、純粋な個性の表れである。

マイルズが仕事のある側面を愛し、別の側面を嫌っているのには、染色体の配合以外にこれといった理由はない。だから、**自分の赤い糸を見きわめ、ありのままにとらえ、それをほかの仕事に意図をもって織り込んでいくのは、マイルズの責任**だ。

それができるのはマイルズしかいない。マイルズだけが、規律と知性と意図をもって、自分の仕事に愛をもち込むことができるのだ。

あなただってもちろん同じだ。

あなたは世界と唯一無二の関係を築いていて、その関係を通して自分にしか見えないものを見ている。**世界はいつでも糸を織り込む機会を与えてくれるが、その糸が赤いかどうかを知っているのはあなただけ**だ。

世界は糸を織り込む仕事をあなたのためにやってはくれない――あなたの赤い糸のことなど眼中にないのだ。手を止め、細心の注意を払って糸を見きわめ、あなたの仕事という織物にそれを織り込むことができる人は、あなたをおいてほかにいない。*

仕事だけじゃない、生活全般についても同じだ。

あなた自身がいつもどう感じていようと、あなたの生活は、注意深くバランスを取らなくてはならない別々の部分からできているわけではない。あなたには1つの生活、1枚の原反《げんたん》、赤い糸を織り込むための1つの織物がある。

あなた自身が仕事や趣味、友人、家族のどの部分を愛しているかを突き止めるか、突き止めないかは、あなた次第だ。それはほかの誰のものとも異なっている。

だから誰かに「父／友人／同僚として、あなたはこうするべきだと思う」と言われたら、相手はあなたのことをあなたほどには理解していないこと、よかれと思って言ってく

*ちなみに「自分のキャリアは自分で選び取れ」というよくあるアドバイスは、「赤い糸を織り込むことに主体的に取り組め」という意味なのだ。

れているがあなたのことが見えていないことを、心に留めておこう。
あなたの世界ではn＝1で、その「1」はあなたである。

自分の「感情反応」にもっと意識的になる

1日15時間働くべきだろうか？　30歳になるまでに3人子どもをもつべきなのか？　老後に必要な介護施設に入る費用がたまるまで仕事に専念するべきか？　休暇は年6週間取ったほうがいいのか、まったく取らないべきか？　仕事をやめて、サーフィンやトレーラー旅行をするか？

こういった選択はあなたにしかできず、そして賢明な選択をする方法は1つしかない。それは、**「どんなできごとや活動、責務で毎日を満たすかを自分で選択し、それらに対する自分の感情的反応に注意を払うことができれば、人生から強さを得ることができる」という事実を肝に銘じる**ことだ。

ところで、「大嫌いなこと」リストはどうすればいいのか？

これらはあなたのほつれそうな弱い糸だから、人生の織物に織り込む本数をできるだけ減らしていこう――そうした活動をいっさいやめるか、誰かと組むことでなるべく苦痛を減らすか、好きな活動と組み合わせて（赤い糸のどれかと一緒に織り込んで）消耗しないようにする。

人生をこの視点からとらえ直すと、「バランス」がただ役に立たない概念というだけでなく、そもそも分類の方法が間違っていることにすぐ気がつくだろう。**われわれの現実世界で日々せめぎ合っているのは、仕事と生活ではなく、大好きなことと大嫌いなこと**なのだ。

自分の赤い糸に注意を払い、真剣に向き合おう。

何かに消耗したり、燃え尽きたり、脅かされたり、精神的に参っていると感じたときこそ、自分の強みに頼ろう。そうして新しいことを始めるための強さを蓄えよう。

あなたが始める新しいアイデアやプロジェクト、仕事、人間関係、生活は、他人の目から見ればバランスが取れていないかもしれない。他人はそれを選択せず、賛成さえしないかもしれない。それに、必ずしも簡単にできることとは限らない。

だがそれはあなたのものだ。あなただけが感じることのできる強みでできているから、強いはずだ。勢いづくはずだ。しおれることはないし、あなたもしおれはしない。

ポルーニンは超有望なのになぜ失踪したのか

もしも仕事が愛のために行われるのなら——もしも自分の愛することを見つけることが仕事の目的だったらすてきだと思わないだろうか？

もちろん、いまどきそんなふうには考えられていない。仕事は取引と見なされている。われわれは仕事を片づけ、その見返りに、好きなものを買うためのお金を得る。だが考え方を逆にしたらどうだろう？ 仕事という素材を使って本当の赤い糸を見つけ、それを使って何か強くてすばらしいものを責任をもって織り上げることを、仕事そのものの目的にしたらどうだろう？

生産性が低下することはない。むしろ上昇し、メイヨークリニックのデータが示すように、その生産性は回復力と充実感に裏打ちされた健全なものになるだろう。つきつめれば、仕事とはそうあるべきではないだろうか？

今から約20年前、セルゲイ・ポルーニンという13歳の体操選手が、生まれ故郷のウクライナの寂れた町から抜擢され、ロンドンのリッチモンドパーク内にあるロイヤルバレエ学校、通称ホワイトロッジに入学した。

少年時代の残りをかけてロイヤルバレエの技巧を仕込まれ、その類い稀な天賦の才能を認められて、19歳のとき史上最年少でロイヤルバレエ団男性プリンシパルとなった。ポルーニンは100年に1人の最も完璧な技巧を備えたダンサーと称されたニジンスキーをも超える逸材だというのが、ロンドン中の人々の認識だった。

ポルーニンを見出し、育て上げたことを、ロンドンは誇りにしていた。


しかし、ポルーニンのことを本当に知る人、本当に知ろうとする人は誰もいなかった。ポルーニンは情熱的で叙情的なダンサーで、力強いが流れるようにしなやかな肉体をもち、情感豊かなからだが怒りに燃え、タトゥーをまとったその体は、壁を打ち破りたいという切望の最も明白な表れにすぎなかった。

ロイヤルバレエ団の幹部は、そうしたすべてから目をそらし、ほかの神童たちを扱ってきたのと同じ方法で彼を遇し、ロイヤルバレエの枠にはめようとした。

ポルーニンはクラシックバレエのレパートリーを、クラシックバレエの形式で踊り、幹部はバレエ団の栄光を称えロンドンの観衆を喜ばせるために、何度も何度も彼に踊らせた。ポルーニンは何度も何度も踊り、人々を喜ばせ驚嘆させ続けていたが、プリンシパルになってからわずか2年後の21歳のある日、突然退団した。

１００年に１人の逸材も「愛の欠如」で簡単につぶれる

完璧なロイヤルバレエ団のダンサーには決まった型があり、その型はセルゲイ・ポルーニンが愛することに無関心だった。

ダンサーとしてのポルーニンの赤い糸になど無関心だった。悲しいかな、ポルーニンは糸にしがみつくことの大切さを信じられるほど強くはなかった。型に順応することを強いられた彼は、糸を手放し、たちまち精神的に追い詰められた。

バレエは知っての通り、高度に技術的で、たゆみない努力が求められる芸術だが、愛のない土台の上に技巧を築いても、結局は燃え尽きるだけだ。**燃え尽きの原因はバランスの欠如ではなく、愛の不在である。**

ロイヤルバレエ団は人材獲得戦争に勝った。１００年に１人の逸材ともいわれる、最も技術的、叙情的才能に富むダンサーを見出した。しかし彼の愛することに目を向けなかったがために、その心を引き裂いてしまった。

そしてわれわれや世界はその報いを受けた。

ポルーニンのなかには、世界に与えられるものはもう何も残っていなかった。情熱を失った彼は、ロンドンの家にもウクライナの家にも寄りつかず、何年か放浪した。両親が離婚してからは孤独になり、よるべを失った。

それから彼は、同じようによりどころを失った人たちがするかもしれないことをした。自分が愛していると知っていることを――ほつれた赤い糸を――1つ見つけ、それに導かれるようにして歩んだのだ。

振付師の友人に、自分が本当に愛するダンス、技術的であるとともに叙情的で、精緻であるとともに情熱的な振り付けのダンスをつくってもらった。

それを練習し、踊り、ある蒸し暑い午後にハワイで2度撮影し、親しい友人や家族に見せるために動画をユーチューブに上げ、そして――いや、次に何が起こるかなど考えもしなかった。たんに1本の強い糸を握りしめ、少なくとも純粋な何かにそれを織り込み、そして自分に再び人生を歩ませてくれるだけの力が、この動画にあることを祈った。

2015年のバレンタインデーの翌日、ポルーニンはホージアの「テイク・ミー・トゥー・チャーチ（教会に連れて行って）」に合わせて踊った動画をひっそりと公開した。

「自分の務め」と腹を括る

そこにいるのは、自分の愛と真剣に向き合い、それを技巧と規律とともにより合わせ、情熱的で希少で純粋な何かをわれわれに与えてくれる、1人の男性である。これがこの個性的な人間の最も十全にして最も純粋、最も豊かな表れだということが、内面からにじみ出ている。

もしもあなたのチームで働く人たちがこういう気持ちをもっともてたなら、もしもあなたの導きでチームメンバーが赤い糸とこれほど真剣に向き合えるようにできたなら、あなたとチームは世界に美しく永続的な貢献ができるだろう。

投稿以来、動画は2300万回以上再生されている。ポルーニンはこのダンスをロンドンのコベントガーデンからハリウッドボウル、エレン・デジェネレスのトークショー「エレンの部屋」まで、多様な場で披露し、そしてヨーロッパの最も権威あるバレエ団のゲストプリンシパルとして、技巧への愛を取り戻した。

ロイヤルバレエの古典的なレパートリーから解き放たれたポルーニンは、仕事への愛を取り戻し、われわれ全員がその恩恵に浴しているのだ。

あなたにも同じことをしてほしい。仕事を愛する1週間を過ごそう。美しい花を咲かせられるように、だが何よりも、あなたの個性を世界と分かち合う方法を見つけられるように、赤い糸をしっかり握っていよう。

人間性の力は、一人ひとりの人間性が個性的だという点にある。個性は仕様であって、バグではない。

あなたの個性の独自性と真剣に向き合い、それを最も賢く、最も純粋に、最も効果的に世界と分かち合う方法を考えるのが、あなたの務めだ。あなたならではの愛を分かち合ってくれるのを、チームメイトや家族、仲間、会社は心待ちにしている。

一緒にいられるのもほんの数年かもしれないから、あまり長く待たせないように。

ウソ#9 「リーダーシップ」というものがある

人心は「スキル」では引っ張れない

テネシー州メンフィスには国立公民権博物館がある。僕らは2年ほど前、この博物館に2、3時間滞在し、公民権運動のことや、制度的差別の終結と平等の獲得を目指すアフリカ系アメリカ人の長い闘いについて学んだ。

博物館のレイアウト、というより見学者の順路のレイアウトは目を引く。見ていく部屋が順に並んでいるのではなく、広いフロア全体が曲がりくねった経路になるように主要な展示が配置されていて——高い壁で仕切られた迷路のようだ——歩いていくと展示品や史料が年代順に見られるようになっている。

見学者は南北戦争の終結から旅を始め、その後訪れたつかの間の希望と可能性の瞬間が、黒人差別法によってたちまち押しつぶされたことを知る。

人種差別をめぐる闘争が、１９５４年の「ブラウン対教育委員会」事件判決〔公教育の場における人種差別を違法とした〕に至った経緯を学ぶ。

そして角を曲がると、そこには実物大のバスの模型がある。

それは１台の市バスで、ピカピカの新品ではなく、古びてボコボコになった働き者のくたびれたバス、暮らしの中にあって、考えごとをしている間に人々をあちこちに運んでくれる、名もなき乗り物だ。

しかしこのバスは、その前と後とでは風景が変わるような歴史的瞬間の記念碑である。１９５５年、職場での長い１日を終えたローザ・パークスは、これと同じようなバスで、白人に席を譲るよう求めた運転手の命令を拒否して、逮捕された。

これをきっかけとして始まった、地元教会の若い牧師が推進するモンゴメリー・バス・ボイコット運動は、公民権運動における初期の火種の１つになった。

リーダーシップはいつも同じ「論調」になる

この章は、「リーダーシップ」についての章ではない。

ビジネス書では、リーダーシップに関する文献の多さに触れるのがお決まりになっている。

リーダーシップが「真に重要なテーマ」もしくは「分析過剰なテーマ」だという証拠として、アマゾンで検索すると出てくる本の数を挙げ、膨大な数の論文やブログ記事、動画、感動的なスピーチなどの例を取り上げ、その内容のエッセンスを抽出して、リーダーシップはつねに人々を魅了し、それは仕事において決定的に重要なものである、などと結論づける。

またこうつけ加えることもできる。

リーダーシップという、特定の人がもつ、定義可能で一貫した重要な資質があるというのが、大筋で一致した見方である。技術的スキル（プログラミング力、文章力など）とはいろいろな意味で際立って異なり、「ソフト」スキル（対人的な販売や交渉を行う能力）ではとらえられない、「リーダーをリーダーたらしめる何らかの資質」があるのだと。

そして最高のリーダーが全員この資質、または一連の資質を備えていると、一般に考えられている。したがってリーダーシップとは、とくに指導的立場にある人のなかに存在し、人を導く能力を何らかのかたちで与えるものをいう。

だから、リーダーを志す者は、この種の資質をもっていなくてはならない——。

この議論はいらだたしいほど堂々めぐりだ。

リーダーシップというものがある。なぜそれがわかるかというと、リーダーがそういう資質をもっているからだ。それがなければリーダーにはなれない。

まるで、ネコはネコだからネコらしい、というのと同じだ。たしかにそうかもしれないが、いつの日かネコになることを夢見るハムスターには、何の役にも立たない。

この「見ればそうとわかる」的な曖昧な定義は、これほど議論が盛んに行われているのに、リーダーシップに関する理解が一向に進んでいないこと、リーダーシップの能力が大して高まっていないことの一因でもある。

こんなにできる人間はいるのか？

この曖昧さを克服するためか、さらに踏み込んで、リーダーシップを構成する資質をより正確に特定しようとする動きもある。

人を鼓舞する資質は不可欠だろう。ビジョンを描き、それをわかりやすく表現する能力も、とても大事に思える。

戦略策定能力は外せないし、よい戦略と悪い戦略を見分ける能力もだ。業務遂行能力がリストに入ることもある。

組織の方向性を打ち出す能力も欠かせないし、その方向に向けて人々を統率し、前進を促す能力も合わせて必要だ。

意思決定力も重要度が高いし、衝突管理《コンフリクトマネジメント》も忘れてはいけない。イノベーションと破壊も、たいてい登場する。コミュニケーションスキルも上位に入るし、いわゆる「エグゼクティブプレゼンス（リーダーにふさわしい品位）」も絶対不可欠とされる。

この長い資質のリストに、さらに「個人的な性質」が加わる。

リーダーシップには、真正さ（「偽りのない」人として信用されること）や、往々にして弱さ（人前で不完全な姿をさらす勇気や、「つねに正しい答えをもっていなくてはならない」という思い込みから抜け出す勇気）が含まれる。

リーダーが人と友好な関係を築くためには、こういったことが必要とされる。

しかし、**必要とされるこれらの性質は奇妙なほど限定的**だ。リーダーがありのままの姿を見せるのも大事だが、途方に暮れた姿を「ありのまま」にさらけ出したら、リーダーのビジョンは粉々になってしまう。

同様に、弱さを見せるのは大切だが、欠点はしかたないと開き直れば、部下はリーダーを信頼できなくなり、この人を模範にしていいのだろうかと不安になる。

どうやら望ましいのは、ありのままだが信頼性があり、弱さはあるが安心感を与えるようなリーダーらしい。リストの個人的性質には、「3匹のクマ」のスープのように、熱すぎず冷たすぎず「ちょうどいい」加減が必要とされる。

理論的世界では「矛盾」がまかり通る

だが**こういったささいな矛盾も、「リーダーシップは仕事における絶対的善だ」という確信の前にかき消されてしまう。**

リーダーシップが豊富なことはつねに望ましく、組織にリーダーが多くいればいるほど望ましい――少なくともここまでは、真実として定着しているように思われる。そしてその結果、キャリア向上に何より必要なのは、「リーダーシップを伸ばす」ことだと教えられる。

これら以外の属性が選ばれる場合ももちろんあるが、ここに挙げたものが、理論的世界から見たリーダーシップの妥当な概要といっていいだろう。

そして、この章がリーダーシップに関する章でない理由は、これらの資質や性質が有用でないからではなく（実際に有用である）、このテーマが飽きるほどくり返されてきたからでもなく（それに近いが）、よく考えてみると**リーダーシップというものが完全に誤解されているから**なのだ。

そう、**仕事でのよくある最後のウソは、「リーダーシップというものがある」**、である。

88人を指揮した「犯罪者」

2004年6月、アラバマ州モンゴメリーの郡保安官代理が地下室を整理していたとき、マグショット（犯罪者の顔写真）を集めた数冊の本を見つけた。

それは見るからに古い本で、写真は性別と人種別に注意深く分けられていた。「ニグロ男性」というタイトルのついた巻には、1956年2月22日にモンゴメリー・バス・ボイコット運動で逮捕された89人のうちの一部の写真が収録されていた。

こんにち、このページを見てみると、12人の男性の写真がこちらを見返してくる。普段着の人もいれば、正装の人もいる。若い人もいれば、歳をとった人もいる。不安げな人や、諦観したような人、反抗的な顔つきの人もいる。

一人ひとりの前に囚人番号が写っている。番号を手にもっている人もいれば、首から鎖でぶら下げた人もいる。

実際、このページの12人全員が、その名を全米で広く知られているが、それ以上のことはほとんど知られていない。そして彼らの名が知られているのは、彼らがともに行った行動のためであり、その行動はリーダーシップに対するわれわれの考え方を一変させる。

マグショットの本に載っている男性たちの共通点は、そのうちのとくに1人の身元を知ることで明らかになる。

ページの最上段の7089番をつけた男性は、レンズをにらみつけている。淡い色のスーツのボタンを留め、ネクタイはまっすぐで、両手を膝の上に置いている。写真が撮られた当時27歳で、モンゴメリーのデクスター・アベニュー・バプテスト教会の牧師を務めていた。

ローザ・パークス逮捕の数日後、牧師はバス・ボイコット運動を指揮するよう要請された。ボイコット運動は1955年12月に始まり、幅広い参加を集めて市の交通機関に経済的な大打撃を与えた。

1956年初頭、モンゴメリー郡大陪審はボイコット参加者数人をアラバマ州反ボイコット法違反で起訴し、牧師はほかの88人の参加者とともに逮捕された。

人を導く力は希少

彼の名はもちろん、マーティン・ルーサー・キング・ジュニアである。

だがこれらの写真が何よりも伝えているのは、7089番の彼の物語ではない。写真が伝えているのはページの残りの11人の物語であり、**リーダーシップに関するあらゆる理論化や、あらゆるリストやコンピテンシー、あらゆる論文や調査、評価、文献、あらゆる解剖や分析、分類が、残念ながら見落としてきた物語**である。

なぜならリーダーは抽象や平均の世界ではなく、現実世界に生きているのだから。

その世界を見渡したとき、われわれの目に映るのは次のことだ。

第一に、**人を導く力は希少**だということ。

マーティン・ルーサー・キング・ジュニアがモンゴメリー・バス・ボイコット運動のなかから国民的指導者として現れ、数百万の人々を従えたのは、必然ではなかった――モンゴメリー改善協会にはほかにも優れた指導者がいたし、2年ほど前のルイジアナ州バトンルージュでの運動など、ほかにもバス・ボイコット運動はあった。

だがモンゴメリーのキングには、特別な何かがあった。この特別な能力をもつ人々はもてはやされ、その能力を探し高めるのに多大な時間が費やされ、またその能力はわれわれの組織観に大きな影響をおよぼしている——これらの事実から、人を導く力がどこにでもあるわけではなく、希少だということがわかる。

またこの希少性から、**誰もがこの能力を簡単に伸ばせるという前提が誤っている**ことは明らかだ。もしも人を導くのが簡単なら、優れたリーダーがもっといていいはずだ。

そして、**もしも優れたリーダーがもっといれば、その能力にこれほど関心が集まっているはずがない。**

穴だらけの「偉大な指導者たち」

第二に、リーダーには欠点がある。つまり、完璧なスキルセットなどもっていないということだ。

FBI長官J・エドガー・フーバーの身辺調査ファイルがなくても、キングが優れたリーダーに必要とされる資質をすべて兼ね備えていないのは明らかだった。

このことは、「リーダーシップに不可欠な一連の資質が存在する」という考えと真っ向から対立する。

実際、望ましいとされているどの資質についても、それをもっていない現実世界の尊敬されるリーダーの例を挙げることができる。

たとえばリーダーシップが人を鼓舞する力やビジョンだというのなら、ウォーレン・バフェットをどう考えればいいのだろう？　リーダーとしてのバフェットの主な活動は、ネブラスカ州オマハのオフィスにすわって、チェリー・コークを飲みながら買収先を探すことのようだ。

また、リーダーシップが必勝戦略を生み出すことだというのなら、1920年代と1930年代の壊滅的な政策のせいで政府を一時追放されていた、ウィンストン・チャーチルはどうなる？

リーダーシップに実行能力とコミュニケーション能力が欠かせないというのなら、第2次世界大戦中に国民を導いたことで称えられるイギリスのジョージ6世が、人前で満足に話すことができず、何かを実行する立場にもなかったことをどう説明するのか？

もしもリーダーシップには倫理観が大切だというのなら、ナンバープレートを装着せずにすむよう半年ごとに新車のリース契約を更新し、いつでも身障者用のスペースに駐車できるようにしていたスティーブ・ジョブズはどうなのだ？

部下への配慮が大事だというのなら、PTSDを患う兵士に暴行を加えていた、ジョージ・パットン将軍はどうなる？

ありのままの姿をさらすことが重要だというのなら、病気や不倫を隠していたジョン・F・ケネディはどうなるのだ？

では、もしもこれらの資質をすべて兼ね備える必要がないというのなら、モデルやリストはいったいどうなるのか？

現実世界が教えてくれるのは、すべてのリーダーがもつべき決まった資質の集合があるということではない。すべてのリーダーが明らかな欠点をもっているということ、つまり**リーダーは完璧な人間ではけっしてない**ということだ。

リーダーによって「スタイル」がまるで違う

そして最後に、リーダーシップとは、とびきりのオールラウンダーであることではない。4章で見たように、最高の人材はオールラウンダーではない。現実世界で見かけるリーダーについてはとくにそれがあてはまる。

ここまで見てきた優れたパフォーマーたちと同様——リオネル・メッシと驚異の左足を思い出してほしい——最も尊敬を集めるリーダーは、オールラウンダーを目指して欠けた能力を伸ばすことに時間をかけたりしていない。むしろ、**すでにもっているものを最大限**

に活用することに努めている。

したがって、偉大なリーダーを詳しく見てみると、**人を導くという仕事をそれぞれがまったく異なる方法で行っている**ことがわかる。

この意味で、人を導くことは人間のほかの取り組みと何ら変わりはない。高いパフォーマンスには特異性があり、パフォーマンスのレベルが高くなればなるほど、特異性も高くなるのだ。

キングも非常に独特な方法で人を導いた。

彼の才能と能力は、オールラウンダーになろうとすること、たとえばローザ・パークスやマルコム・X、ラルフ・アバナシー牧師のようなスキルを身につけようとすることで発揮されたのではない。

むしろ、リーダーとしての自身の際立った才能を出発点として、それを育み、危機に瀕したときにそれに頼ることによってこそ発揮されたのだ。これについては少しあとで説明しよう。

だからこそ、リーダーシップというものがあるという考えはウソなのだ。リーダーシップのどの定義でもいい、それを現実世界に当てはめようとすると、例外だらけだということに気づく。

たとえそんな魔法のような資質の集合があったとしても、それが何なのかはまだ突き止められていないし、**そうした資質のほとんどをもたない多くのリーダーが、人を大いに導いている。**

もしそうだとしたら、リーダーシップをつくる資質をいくら調べても、リーダーシップに関する理解は一向に深まらないし、その能力を高めるのにも役立たない。

「リーダー」とは誰のことか？

だが、現実世界を通して、何がリーダーシップではないかを知ることができるのなら、そこから学ぶべき手がかりが何か得られないだろうか？

リーダーシップとは永遠に謎のままのスキルや属性、状態、特性の無秩序な寄せ集めだとしかいえないのだろうか？

それとも、何が起こっているのかを理解する別の方法があるのだろうか？

１９５５年からモンゴメリーで起こった一連のできごとについて最もめざましいのは、１人の男性が立ち上がり、その結果投獄されたことではない――この１人の男性の言動ではない。それよりもめざましいのは、ほかの人々が彼についていこうと決めたことである。

マグショットのページに載っているのは、実は1人のリーダーと、そのフォロワーたちだ。そしてあの日、残る11人が彼についていこうと決めたからこそ、彼ら全員の名前は約60年後の今も知られている。

あの11人は、物理的攻撃や威嚇、火炎攻撃を受けながら、特別な何かを、ついていこうと思わせる何かを、キングのなかに見た。

彼らがキングについていったからこそ、またその後の年月における数万人、数百万人、無数の人々の行動があるからこそ、キングは今なおリーダーとして認識されているのだ。

これが現実世界のリーダーから得られる真の教訓だ。

リーダーとはフォロワーをもつ人である。単純明快なことだ。ある人がリーダーかどうかを判断する唯一の基準は、フォロワーがいるかどうかなのだ。

そんなことはあたりまえだと思う人がいるかもしれないが、それが意味することは見過ごされている。

戦略と実行、ビジョン、スピーチ、人間関係、カリスマ性の模範としてのリーダーについて語られるとき、なぜだかそこにはフォロワーの存在――彼らの欲求や感情、恐れ、希望――が感じられない。

リーダーシップの概念からは、フォロワーの概念がすっぽり抜け落ちている。その人のために労力を捧げ、危険を冒そうと思わせる、きわめて人間的な関係性こそが重要だという考えが抜け落ちている。

その意味でリーダーシップという考えは、最も肝心な点を見過ごしているのだ。(1)

「組織の階層」通りではない

リーダーとはフォロワーをもつ人だというこの考えは、スキルや戦術、コンピテンシーのリストにとらわれている限り生まれないし、組織階層内のレベルとは無関係だし、実際、リーダー自身の性質についてはほとんど何も教えてくれない。

だがそれは人を導く能力の条件、いわば試金石となる。この条件は的確である——フォロワーがいるか、いないかなのだ。

したがって、本当に問わなくてはならないのはこれだ——**われわれが誰かについていこうとするのはなぜだろう?**

誰かの期待を上回る成果を挙げようとして、夜遅くまで頑張るのはなぜなのか? 誰かを列の先頭に立たせるのはなぜだろう? 自分の命運の一部を誰かに託そうとするのはなぜなのか? 誰かに息吹を吹き込もうとするのはなぜなのだろう?

自分たちの幸福と希望を囚人番号７０８９番に託そうと、あの11人に思わせたのはいったい何だったのだろう？

いいリーダーは「感情」をつくる

その答えの一部は、本書の最初に掲げた8項目に見ることができる。

この8項目で測定される感情は、高業績チームのメンバーがとくに強くもつ感情であることがわかっている。つまりここから、フォロワーがリーダーに求めるものの手がかりを得ることができるのだ。

大まかにいうと、**われわれはリーダーに何か大きなものの一部であると感じさせてほしい**――「われわれのベスト」の項目――と同時に、**リーダーが個性的な1人の人間としての自分を知り、尊重してくれていると感じたい**――「私のベスト」の項目――という欲求をもっている。

より具体的にいうと、われわれがついていこうとするリーダーとは、われわれを信じられる使命と結びつけ、期待を明確に示し、卓越性について同じ考え方をもつ人たちで周りを固め、われわれの強みを重んじ、チームメイトがいつもサポートしてくれることを示し、われわれの必勝プレーを骨身を惜しまずリプレーし、つねに成長を促し、未来に自信をもたせてくれる人である。

これはリーダーの資質のリストではなく、フォロワーが抱く感情のリストだ。

リーダーシップというものは確かにある、現にここにあると思うとき、われわれが見ているのは、誰かの定義可能な資質ではない。**フォロワーとしての自分の感情を「見ている」**のだ。

つまり、優れたリーダーはみな同じ資質やコンピテンシーをもっているのではない。優れたリーダーはみな、チーム内に「この人についていきたい」というフォロワーの感情を生み出すのだ。

リーダーシップがなくて「フォロワーシップ」がある

実際、この感情を使って、現実世界のリーダーがどれだけ優れているかを判断できる。

つまり1章で見た8項目は、リーダーの力量を評価するための、妥当性のある尺度である。

一人ひとりのリーダーにどのような行動を取るべきかを指図する必要などない。代わりに、優れたリーダーがフォロワーのなかに生み出さなくてはならない感情を定義することができる。

そしてこの測定方法は、数々の抽象的な資質に照らしてリーダーを評価するのではなく、フォロワーに自分の経験を評価してもらうから、リーダーの有効性を測る信頼性のある尺度だといえる。

信頼性のある方法で測定できないから、リーダーシップというものは存在しない。だが、**「フォロワーシップ」**というものは存在する。なぜなら信頼性のある方法で測定できるからだ。

また、フォロワーを生み出す方法がリーダーによってまったく異なることからも、リーダーシップというものがあるという考えがウソだとわかる。

人を導く方法には様々なかたちがあるというのが、現実世界での真実である。リーダーとしてのあなたの課題は、リーダーがもつべき抽象的なコンピテンシーをすべて身につけることではない——あなたはきっと失敗する、**とくに「ありのままの自分をさらけ出す」という最初のハードルで必ず失敗する**。

むしろあなたがやるべきことは、8つの感情をチーム内に生み出すための自分なりの特異な方法を見出し、それに磨きをかけていくことだ。これをうまくやる人が、優れたリーダーになる。

興味深いことに、またうれしいことに、現実世界を詳しく調べてみると、リーダーの特異性と、リーダーとしての成功が密接に結びついていることがわかる。リーダーがフォロワーから望ましい成果を引き出せるかどうかは、**リーダーがどれだけ真剣に、賢く、またどんな目的のために、自分の特異性を伸ばしていけるかということと直接関係しているの**だ。

リーダーの特異性がますます深く、ますます極端になればなるほど、フォロワーはますます情熱的にリーダーについていく。

リーダーの目的に賛同できないチームメンバーにとってはいらだたしいことかもしれないが、とにかくそういうふうになっているのだ。

「過激主義者」になる

1960年代のアラバマ州バーミングハムは、アメリカで最も人種差別が激しい街といわれていた。

1963年初め、人権のためのアラバマ・キリスト教運動が、マーティン・ルーサー・

キング・ジュニア率いる南部キリスト教指導者会議とともに、暴力に頼らない人種差別反対運動を開始した。

地元裁判所が運動を禁じる差し止め命令を出すと、公民権運動の指導者たちは命令への不服従を正式に宣言し、1963年4月12日にキングとデモ行進の参加者が逮捕、収監された。同日、8人の白人聖職者がキングとその手法を批判する意見広告を出すと、それが掲載された新聞がキングの独房にこっそり届けられた。

キングはそれを読むやいなや執筆を始めた。

最初は新聞の余白に書いた。それが埋まると、独房のトイレットペーパーや囚人仲間にもらった紙の切れ端に書き、最後は弁護士から差し入れられたメモ帳に書いた。キングがとうとう鉛筆を置いたとき、「バーミングハムの獄中からの手紙」として知られるものが完成した。

長く、情熱のこもった手紙だ。この手紙は安住や妥協、最も抵抗の少ない道を取ることに反対する訴えである。

そしてそのなかでキングは、過激主義について語っている。「問題は」と彼は書いた。「われわれが過激主義者になるかどうかではなく、**どのような種類の過激主義者になるか**なのだ」

人は「尖り」についていく

オマハの地味なコカ・コーラ愛飲家のウォーレン・バフェットは、過激主義者である。企業を見出し、買収することに並外れた能力をもっている。

ウィンストン・チャーチルは、政策立案者としての才覚は欠けていたかもしれないが、徹底抗戦を訴え国民を鼓舞することに並外れた能力をもっていた。

スティーブ・ジョブズは、使うのがうれしくなるようなハードウェアとソフトウェアを生み出すことに並外れた能力をもっていた。

ジョージ・パットンは、目の前のどんな敵とも、どんなときでも全身全霊を傾けて戦うことに並外れた能力をもっていた。

そしてジョン・F・ケネディは、未来が普遍的で道徳的向上を導くものだと感じさせることに並外れた能力をもっていた。

これらすべてのリーダーに共通するのは、何かに並外れて優れていたこと、つまり**それぞれが独自の異なる方法で過激主義者だった**ということである。

ここまで、最高の人材は均整が取れているどころか、尖っていることを見てきた。彼らは1つか2つの際立った能力に磨きをかけ、それを活用して世界に足跡を残している。

最高のリーダーにも、同じ過激主義を――時間をかけて磨き上げてきた少数の特徴的な能力を――見ることができる。その能力は非常に際立っていて、しかもリーダーは世界にそれを伝えるのが得意だから、われわれ全員の目につく。

つまり真実はこうだ――**われわれは尖りについていく**。

「安心」したくて人を選ぶ

なぜついていくかといえば、何かに深く精通したリーダーがその領域で優れた力量を発揮するからだけではない。

彼らの尖りが、われわれの未来観を変えるからなのだ。

人間に普遍的に見られる性質はそれほど多くない――人類学者のドナルド・ブラウンは著書『ヒューマン・ユニヴァーサルズ』のなかで67の性質を挙げている――が、その1つとして、これまで研究されたどの人間社会も、死を儀式化している(2)。

やり方は様々だが、どの社会も死の儀式を行う。死は大いなる未知であり、儀式を通してその恐れをなだめ、多少なりともコントロールできているという幻想を得ているのだ。

死の儀式は、すべての人間に共通する特徴の、最も明白な兆候でしかない。その特徴とは、**未知なるものへの恐れ**である。過去は過去でしかなく、現在は今いる場所だが、未来は恐ろしいほど不確実な場所だ。

不確実だから、われわれは安心を得ようとする。

とくに最も不確実だが確実に訪れる、最終的な死を儀式化することによって、安心を得ようとするのだ。

このきわめて人間的な性質は、現代のリーダーであるあなたに難問を突きつける。あなたはチームを鼓舞してよりよい未来をつくる責任を負っているが、チームメンバーの多くは未来を恐れている。その恐れは、根も葉もないものではない。もとは生存のための適応だった。

恐れをもたない祖先は、「太陽はいったいどこに沈むのだろう?」と考え、小さな筏《いかだ》で水平線を目指し、多くの場合戻ってきて子孫に遺伝子を伝えることはなかった。**少しばかりの用心は賢明**なのだ。

リーダーは「コンサルタント」とは違う

リーダーのあなたは、この恐れを頭から否定するわけにはいかない。

部下に「変化を受け入れ」、「曖昧さに慣れよ」と命じることはできない。いやできるが、かえって変化と曖昧さを意識させることになり、不安を煽り、導く力を損なってしまう。皮肉なことに、コンサルタントが変化についてあれほど熱弁を振るうのに、現実世界のリーダーは変化という言葉をめったに使わない。

なぜなら、**フォロワーが求めているのは、未来像を鮮明にしていくことであって、未来の本質的な不確実性をことさら思い出させられることではない**ことを、リーダーは心得ているからだ。

だからリーダーのあなたにとって最大の難題は、チームメンバーの未知への正当な恐れを尊重しつつ、**それを気概に変える**ことだ。

あなたのフォロワーは、今いる場所の安楽を好んでいるが、自分たちが時の流れによって未知なる世界に否応なく引き込まれつつあることを知っている。だからこそ、どんなにわずかであっても不確実性を減らしてくれるものに、必死にしがみつこうとするのだ。

1章で見た最高のチームの7つ目の特徴は、チームメンバーが「『会社の未来』に絶大な自信をもっている」ことだった。未来への自信は、蔓延する不確実性に対する特効薬のように思える。

そしてそれは、われわれがリーダーについていく理由の説明になる。誰かについていくのは交換の行為だ。**われわれが未来の一部をリーダーに託すのは、何か見返りが得られるときだけ**だ。

その「見返り」が、自信である。

そして、われわれが未来に自信をもてるのは、自分たちにとって大切な何かと関わりがある、「際立って優れた水準の能力」をリーダーのなかに見たときだ。

戦略やビジョンで人は引っ張れない

われわれは、自分たちにとって重要な何かに真に秀でた人についていく。われわれは尖りについていく。

尖りは、まるでしがみつくものを与えてくれるかのようだ。われわれは自分たちの欠点を自覚していて、人生に未知が待ち受けていることを知っている。また、誰かと組むことで、その旅が楽になることも知っている。

だから、誰かのなかに自分の欠点を埋め合わせてくれるもの、未来にかかる霧をどんなにわずかであっても取り除いてくれるものを見ると、それにしがみつくのだ。

われわれはビジョンや戦略、実行能力、関係構築といった、リーダーシップの資質についていくのではない。熟達《マスタリー》についていくのだ。

そして**この熟達は、われわれフォロワーがそれを求める限り、どういうかたちをとって現れるかは大して重要ではない**。

ジョン・F・ケネディは道義的に優れた方法で近未来を描き、われわれにその一端を担わせようとする達人だった。キューバ・ミサイル危機のさなかでさえ、キューバ人に手を差し伸べようといって、国民への演説を締めくくった。

「こんにちではほとんどのキューバ人が、真の自由を手に入れるときが来るのを待ちわびていると、私は確信しています――外国の支配からの自由、自国の指導者を選ぶ自由、自国の制度を選ぶ自由、自分の土地を所有する自由、脅かされたり貶められたりすることなく話し、書き、信仰する自由です」

弟のロバートの尖りは、兄の尖りとは違った。

ロバート・F・ケネディ（RFK）の尖りは、せき立てるような、今この瞬間の正義だった。

RFKがジョセフ・マッカーシー上院議員の赤狩りに協力して共産主義者を盗聴したのも、全米トラック運転手組合委員長のジミー・ホッファを組合犯罪で告発したのも、兄の警告に反して公民権法を強力に推進したのも、今目の前にある不正をこの場で正そうとしたからこそだった。

フォロワーは「尖り以外」目をつむる

真に優れたリーダーの一人ひとりが、確実で鮮明な何かを伝えることができるように、熟達を磨いている。

われわれが信頼するのは、われわれよりも多くの扉を開き、多くの角を曲がり、深くもぐり、真剣に自分と向き合ってきたことを証明できるリーダーだけである。

われわれはリーダーのそうした取り組みの真剣さを信頼する。期待を裏切らない点を信頼する。その特殊さに魅了される。それが本物であることを感じ取る。優れた才能の美しき明瞭さと、つかの間の畏怖の念に魅せられる。

そして、**それ以外のことには目をつむる**のだ。

9つのウソから得られる教訓の1つは、身の回りの現実から目を背け、世界はこうあるべきだ（またはできればこうなってほしい）という理論を立てると、そこから人間が消えてしまうということだ。

人間が目に入らなくなってしまう。好奇心を抑え、独断や思い込みに頼るようになる。同じことが、リーダーと呼ばれる人々についても起こる——**リーダーも理論化され始めたとたん、姿が消えてしまう**のだ。

そして彼らとともに、次に挙げる一連の真実も見えなくなる。

「聖人君子」は求められていない

同じ仕事を同じように行うリーダーは、2人として存在しない。

われわれは尖りについていけばいくほど、それに反感をもつようにもなる。

完璧なリーダーなどいない——そして最高のリーダーは、自分の欠点を補う方法を身につけている。

リーダーはいらだたしい——もっていてほしい能力をすべてもってはいない。

リーダーについていくことはある意味、許しの行為である——たとえ欠点が見えても、われわれはリーダーに注目し、労力を捧げる。

誰もがリーダーになるべきではないし、なりたいわけでもない――世界にはフォロワー、それも優れたフォロワーが必要だ。

ある人にとっての優れたリーダーが、別の人にとっても優れたリーダーであるとは限らない。

あるチームにとっての優れたリーダーが、別のチームにとっても優れたリーダーであるとも限らない。

リーダーは善へ導く力であるとは限らない――ただフォロワーがいる人というだけだ。聖人ではないし、フォロワーがいるがゆえの傲慢や自信過剰、またはさらに悪い状態に陥ることもある。

リーダーにはよいも悪いもない――リーダーとはたんに自分の個性を最も明確に打ち出す方法、しかもフォロワーのなかに本物の自信を呼び起こしながらそれを行う方法を見つけた人でしかない。それがよいとか悪いとかの話ではなく、ただそうなのだ。

人を導く力は資質の集合ではなく、フォロワーの目から見た経験の集合である。

これらの問題はあるが、われわれの経験をよりよく、より希望に満ちたものにしてくれるリーダーは特別な存在であり、だから、われわれはリーダーの尖りについていく。

「研修」を受けても開発できない

実業界はリーダーの研修開発に莫大な費用を投じている。アメリカだけでも年間140億ドルという、驚異的な金額である。[3]

リーダーシップ研修講座とは、一般にこんな感じのものだ。

まず最初に、誰かがリーダーについて話しているビデオや、現実世界の本物のリーダーを紹介するビデオを見せられる。興味深く、刺激的で感動的なビデオだ。リーダーが人々に与えた影響を、インタビューやリーダー自身の言動を通して感じ取る。

ビデオを見ていると、これから何か重要なことを学ぼうとしていて、その重要なことをわずかだが感じ取れたような気持ちになり、やる気や好奇心、元気が湧いてくる。

それが終わると講師が前に出てきて、「モデル」を説明する。このモデルのせいで、今見たり経験したりしたことがとたんにつまらなく思えてくる。

モデルはたいてい、2×2の4ボックスの形式で、各ボックスのなかに共感、真正さ、ビジョンといった抽象的な言葉が書いてある。

これからの数時間、順にボックスを見ていき、これらの資質について学び、どうしたら身につけられるかを考えましょうと、講師は言う。

講座が始まる前に受けた診断テストの結果が配られ、それを見て自分が望ましい資質をどれだけもっているかを確認したり、グループに分かれてお互いを評価したりすることもある。

各自でアクションプランを作成し、資質を伸ばすための前向きな決意をノートに書くこともあるが、講座が終わればせっかくの決意も、「もっと頻繁にフロスをする」といった約束と一緒に、「一生分のやり残しリスト」入りすることは自分でも薄々わかっている。

こういったエクササイズを最後までやり通せば、講座の冒頭で見たリーダーに近づけると教えられる。

だが講座が進むにつれ、フラストレーションはたまっていく。リーダーのビデオを見たときにもった感情を突き止めたいのに、ボックスに書かれた資質は何の助けにもならない。

実際、そういう抽象的な資質は、ビデオで見たリーダーや、自分がこれまでに出会った本物のリーダーとは何の関係もないように思える。

現実生活では、リーダーとの出会いは感情的な経験である。

なのにリーダーシップ研修で、リーダーを理解するために最初にやることは、感情を一切排除することなのだ。

「ばかばかしいこと」が大まじめに行われている

こうした研修は、「あなたは何者なのか?」という問いから始まることは、けっして、絶対にない。

小さなボックス内の抽象概念に照らしての何者かではなく、生きていて、息をし、成長し、心配や喜びや不安を抱え、愛情豊かで苦闘する複雑な人間、尖った人間としてのあなたが何者なのかということは問われない。

あなたが自分という人間をつくっている独自の状態や特性の寄せ集めを、どのように使って周囲の人々のために経験を生み出し、ともに歩んでいるこの世界をよりよいものに感じられるよう手助けするのか、という問いを考えることはけっしてない。

また、途中で進路を修正するのに役立つ尺度を教えてくれることもない。

だから、**モデルを使うのは金輪際やめにしなくてはならない**。

360度評価をやめよう。「有効なコミュニケーション能力」の評点を3・8から3・

9に高めるにはどうするか、なぜ同僚が「戦略的思考」に4・1をつけてくれたのに、上司は3・0しかくれなかったのか、といったささいで無意味な分析をやめよう。抽象概念を延々と列挙するのはやめよう。最新の理想的リーダーシップが自然体のリーダーシップなのか、集団のリーダーシップなのか、状況対応的リーダーシップなのか、レベルファイブ・リーダーシップなのかといった議論をやめよう。一般論はやめよう。

代わりに、謙虚になろう。チームメンバーや組織内の人々の経験こそがまごうかたない真実であり、それらは厳として存在する。

彼らがどういう経験をしているのか、あなたの行動がそれにどういう影響を与えるかをじっくり考えよう。

それから、現実世界の現実の人々に対する自分の反応に目を向けよう。誰かの言動に高揚感を覚えたら、立ち止まってなぜなのかを考える。誰かと話して力がみなぎるのを感じたら、なぜなのかを考える。

現実世界の現実のリーダーと知り合い、あなた自身がフォロワーとなってリーダーを知ろう。そうすれば、学び始めることができる。

上役とフォロワーで「リーダー像」が違う

ここで再び、旅の最初のほうに戻ってみよう。モンゴメリーのキングの教会に、数十人の地元聖職者が集まり、キングにボイコット運動を指揮してほしいと要請したときだ。もしもこの会議が、こんにちの企業組織で行われたらどうなるか想像してみよう。会議では重要な全社的取り組みのリーダーを選出しようとしている。

出席者はまずリーダーに必要な資質を挙げるよう求められる。そしてできあがったリスト――結果志向、戦略志向、協調性、影響力、チーム統率力、組織能力の開発、変革のリーダーシップ、市場理解など――を見て、リーダーが成功するためにはそれぞれの資質がどれだけ必要かを考える。(4)

次に、キングを含む各候補者の資質を、現在の能力水準と成長余力の両面で評価して、求められる水準と比較する。これらの数値をもとに各候補者の成功確率を予測し、それを叩き台として、誰にリーダーを任せるかを決定する。適任者が決定したら、最も重要と考えられる分野で成長できるように、能力開発の機会を提案する――。

これが、リーダーシップ理論の実践例である。

この手法のどこが問題かといえば、キングがおそらく選ばれないという点ではなく、彼のことを本当の意味でまったく見ていない点なのだ。

だがここでもう一度、この旅そのものを成り立たせていたフォロワーについて考えてみよう。

フォロワーにとって、こうした理論上のあれこれは何の意味もないことだ。フォロワーが見たのは、完全にバランスの取れた抽象的な資質の集合などではなかった。**彼らが見たのは、自分がどんな過激主義者になればいいかを心得ている、不完全な男性だった**。

キングにとって人を導くとは、目標をありありと描き出し、あらゆる機会を利用して、その目標に向かって人々を突き進ませることだった。

「今、正しい」行動を取る

最初に何をして、次はこうで、その次はこうするといった詳細な実行計画などなかった。彼にあったのは響き渡るビジョン――「自由の鐘を打ち鳴らすのだ」――と、そのビジョンに向かって前進できる機会になりそうなときは、いつでもどこでも介入するというゆるぎない決意、そして個人的、身体的な危険を厭《いと》わない姿勢だった。

キングが取ったのは、臨機応変で試行錯誤的で段階的な手法である。計画をその通り実行に移すことではなく、変化を遂げた世界を描き出して見せる手法である。

彼の手法は幅広いビジョンと、今ここでなすべきことという焦点を与えたが、**それらの中間点や、どんな成功へのロードマップ上の点も眼中になかった。**

目標を達成する確実性よりも、**今正しい行動を取り、将来のあらゆる機会をとらえてそれをくり返せば、必ず勝利が得られるのだという信頼を築くことに専念した。**

当時、キングのフォロワーにこのことを俯瞰する余裕はなかった。

憲法にうたわれた権利を主張した、1950年代と1960年代のアフリカ系アメリカ人の目の前にあったのは、博物館の展示のように明確な手順が示された整然とした旅ではなかった。

彼らの前にはとてつもない不安が広がっていた。

だから、尖った過激主義者のキングは、その未来を垣間見せた。未来が大まかにどんなものになるのか、彼らがどんなかたちでそれに関わることになるのかを、漠然とであれ示したのだ。

必要なら「引け」と言われても押す

1968年春のメンフィスは問題を抱えていた。

2月にメンフィスの黒人清掃作業員が、低賃金と劣悪な労働環境への不満、そしてゴミ圧縮機で2人の仲間が粉砕されて死亡した事件への怒りから、ストライキを起こした。ストライキを支持するデモ行進は、キングの見守る前で暴力に発展し、抗議者の若者が1人殺された。

2度目の行進が翌週に予定されていて、キングはそれにも参加するつもりだった。

キングのスタッフや親しい友人は彼を行かせたくなかった。

彼は疲れを覚え、ふさぎ込み、夜も眠れず、深酒をしていた。マスコミや地元メンフィスの指導者、それに運動の仲間からも、たえず批判されていた。行く先々で監視を受けた。2週間ほど前には、自分がいなくなっても持っていられるものをあげたいと、妻に生花ではなく造花の赤いカーネーションを贈った。(5)

しかし、キングにはわかっていた。メンフィスで、今度は暴力によらない抗議運動を指揮し、高い道徳性を取り戻さなければ、これまでの取り組みがすべて危うくなってしまうことを。

だから反対を押してメンフィスへもう一度向かった。メンフィスへのフライトは爆弾予告のために遅延し、ようやくテネシーに到着すると警察特殊任務部隊の出迎えを受けた。部隊はキングを保護するためではなく、監視するために待機していたようだ。

その日の最初の会合に、メンフィス市が行進を禁じる差し止め命令を出したという知らせが届いた。2つ目の会合は、最初の行進で暴力を扇動したとされる黒人活動家とのもので、2度目の行進が決行された場合には平穏に行動するよう、キングは説得に努めた。

この会合中、キングは一度離席して、差し止め命令の解除を求める戦略を弁護士と話し合い、それから活動家との協議に戻った。空は暗くなり、嵐が近づいていた。

問題をありのまま見つめる

疲れ果て、喉頭炎に苦しんでいたキングは、その夜に予定されていた決起集会での講演はできないと仲間に伝え、代わりにラルフ・アバナシー牧師に話をしてくれないかと頼んだ。

モーテルの部屋のベッドに横になって休もうとしたが、すぐにアバナシーが電話をかけてきた。君の姿を見ようと、大勢の人が詰めかけている。やっぱり来てくれないか？

キングは即興で語ることが多かった。

この夜の演説もそうだ。まず、人類の全歴史のなかでお前はどの時代に生きてみたいかと、神に聞かれたという想像を語った。

古代エジプトから古代ギリシア、ローマ、そしてルネサンスまで、それぞれの時代に目撃できる重要なできごとを挙げていき、そのたびこういって却下した。「しかし、私はそこにとどまらなかった」

それからリンカーンの奴隷解放宣言と、ローズヴェルトのニューディール政策を挙げ、とうとう20世紀後半にやってきた。

これはもちろん、おなじみのレトリックの技法だ――これではなく、これでもない、しかしこれだ。この技法は、歴史が描く弧のなかの今この瞬間に注目を集める効果があった。全歴史のなかでキングが選んだ瞬間は、今この瞬間である。なぜなら、少なくともわれわれにとって、今が最も重要な瞬間だからだ。

それから彼は現実に戻り、指示を与えた。結束の大切さを訴え――分裂は敗北を招く――「問題をありのままに見据える」ことが重要だと主張した。


問題は、メンフィス市が公務員を、この場合は清掃作業員を、公平かつ正直に処遇しようとしていないことだ。**今目を向け続けなくてはならない問題は、このことなの**

だ。……だからわれわれは再びデモ行進をしなくてはならない。問題をありのままに見据えるために――そしてここメンフィスで1300人の神の子が苦しみ、ときには飢え、行く末を案じながら、暗くわびしい夜を過ごしていることを、すべての人の目に突きつけるために。それこそが問題なのだ。

キングは経済的な抗議運動の重要性を強調し、黒人が全体として大きな経済力をもっているいることを指摘し、その力を利用して、黒人を差別する企業に対し、責任ある行動を促そうと訴えた。

買ってはいけないパンのメーカーまで指定し、隣人たちにもこういったブランドの商品を買わないように言ってほしいと呼びかけた。黒人経営の銀行や保険会社を利用するよう要請した。

こうしたすべての活動の目的は、抗議を激化させることにあると、キングは述べた。

「これまでつらい思いをしてきたのは、清掃作業員だけだった。これからは、**つらさをいわば公平に分かち合わなくてはならない**」

「何を考えるべきか」を示す

続いてキングは善きサマリア人《びと》のたとえを引いて、とても具体的な主張をした。なぜ祭司とレビ人は立ち止まって強盗に襲われた人を助けようとしなかったのだろうと、聴衆に問いかけた。自分の身の上に悪いことが起こるのを心配したのだろうか？

そしてこの寓話の舞台となった、エルサレムからエリコまでの道を車で通ったときのことを話し、とてもへんぴで危険な場所だった（「待ち伏せして襲うのに最適な場所だ」）と教えた。

それからキングは、聴衆がおそらく不安を感じながら当面していた問題、次の行進に参加するかどうかという問題を、サマリア人が直面していた問題に置き換えて説明した。

これこそが今夜、われわれに突きつけられている問題なのだ。「もしも私が立ち止まって清掃作業員を支援したら、仕事を失ってしまうだろうか？」や、「もしも私が立ち止まって清掃作業員を支援したら、毎日、毎週、執務室で牧師として仕事をしている時間はどうなってしまうのか？」と問うのではない。「もしも私が立ち止まってこの困っている人を助けたら、私はどうなってしまうだろう？」と問うのではない。

問うべきは、**「もしも私が立ち止まって清掃作業員を支援しなかったら、彼らはどうなってしまうのか？」**である。それこそが問題なのだ。

そしてキングは演説の締めに入った。冒頭の歴史の旅を思い出させ、さらに続けるように、以前精神錯乱の女性に刃物で胸を刺されたときの話をした。刃先が大動脈近くに達していたため、もしもくしゃみでもしていたなら、大動脈が破裂して死んでいたという。キングは「もしもくしゃみをしていたら」というフレーズをくり返しながら、20世紀後半の数年間に自分が目撃してきたことを語った。

もしもくしゃみをしていたら、１９６０年代のすわり込み運動を見ることはなかっただろう。もしもくしゃみをしていたら、フリーダムライダーを目の当たりにすることもなかった。バーミングハムでの抗議運動にも、セルマでの「偉大な運動」にも立ち会うことはなかっただろう。

そしてこう結んだ。

もしもくしゃみをしていたら、ここメンフィスにいて、苦しむ兄弟姉妹のために黒人社会が結集するのを見ることもなかっただろう。
私はくしゃみをしなくて本当によかった。

大事なことは「くり返す」ことで伝わる

こうしてまたさっきの話に戻った。今この瞬間こそが最も重要なときだ。ここメンフィスが、最も重要な場所なのだと。

キングの話を、これらすべてをつなぐのは、いったい何だろう?

われわれがリーダーについていくのは、リーダーが何かに深く傾倒していて、かつその「何か」が何であるかを知り抜いているからだ。

リーダーがそれを知っているということ、そしてそれを知っているという証拠を通して、われわれは現在に確信を、未来に自信をもつことができる。

そして突き詰めれば、われわれがマーティン・ルーサー・キング・ジュニアのなかに見るその「何か」とは、優れた演説術でもなく、勇気を与える自己犠牲でもなく、高邁《こうまい》な非暴力の思想でもなく、不屈の忍耐心でもない——その「何か」とは、キングがこれらをくり返し活用して達成しようとした目的である。

マーティン・ルーサー・キング・ジュニアのすごみは、**自ら試練を生み出し、それを人々に突きつけたこと**にあった。

彼は様々な問題を意図的に、容赦なく、危機的状況に至らしめた。キングの卓越性はけっしてあきらめないことにあった。問題をあぶり出し、焦点を明らかにし、今この時とこの場所の重要性を説き、そこに燃料をくべて切迫感とエネルギーを高め、その白熱状態から成果を生み出すことにあった。

それが彼の尖りだったのだ。

このことは、あの夜のメンフィスでの演説の構造に表れている。まず冒頭で「私はそこにとどまらなかった」とくり返すことで、われわれの目を今に集中させ、結びでは「もしもくしゃみをしていたら」のリフレインによって、われわれの目をここに向けた。この能力は、もしかするとキングが若い時分に身につけた、テンションを高めていく演説の技法から生まれたのかもしれない。

演説で、キングは自分の卓越性を直接言葉に表している。

……人間がこれまでの歴史のなかで、取り組もうとはしてきたが、取り組むことをあえて迫られず、そのままにしてきた問題がある。われわれは今、そうした問題をもはや先延ばしにはできない地点に立たされている。生き残るためには、正面から取り組まざるを得ないのだ。……世界はもはや暴力か、非暴力かのどちらを選ぶかという状況ではない。非暴力か、さもなければ滅亡かの状況だ。それがこんにち、われわれの立つ地点なのだ。

暴力か、非暴力かの選択ではない。それでは試練にはならない。非暴力か、滅亡かの選択だ。それが試練だ。

キングは次の摩擦点が何になるかをつねに知っていたわけではない。だが**1つの瞬間を選び取り、それを試練に変えるという芸当を、何度もくり返し行った。**

キングはこの手法を通して、彼にとっての真実を示した――つまり今の状態が理想の状態ではないことを人々に示したのだ。

またこの手法を通して、フォロワーが未来に抱く不安を認識し、尊重し、軽減した。もちろんそれだけでキングという人間をとらえることはできないが、われわれの目から見たキングの最も際立った点、われわれがしがみつき、ついていこうとするのは、この手法なのだ。

「試練」をつくり、熱に巻き込む

また、問題への対処を迫るキングの能力がどれだけ個性的なものだったかは、同時代のリーダーたちの言動と比較するといっそうはっきりする。

ジョン・F・ケネディは、「松明《たいまつ》は新しい世代のアメリカ人に引き継がれました」の言葉が示すとおり、国民を鼓舞し、未来を垣間見せたが、試練を生み出すことはなかった。マルコム・Xは、「非暴力的な革命などない」の言葉が示すとおり、熱量は高めたが、切迫感を煽ることはなく、したがって試練を生み出しはしなかった。

またロバート・F・ケネディは、「ギリシア人がはるか昔に書いた言葉を、ひたむきに追い求めましょう。人間の野蛮さを飼いならし、この世の生活を穏やかなものにするのです」の言葉が示すとおり、崇高で正しい大義に聴衆の目を向けたが、試練を生み出すことはなかった。

試練を生み出すことはキングの人生のパターンであり、手法だった。彼が仲間の反対を押してメンフィスに向かったのは、試練を生み出さなくてはという切迫感に駆られたからだ。人々に問題への対処を迫るには、メンフィスに戻るしかなかった。

彼は知っていた。試練を生み出すことに長《た》けているからこそ、遅かれ早かれわが身に必ず悪いことが起こり、渦中に巻き込まれるだろうことを。さらには、自分の命をくり返し危険にさらすことが、問題への対処を迫る自分の能力に欠かせない要素だということを知っていた。

だから周囲の騒音が大きくなり始めた数週間前から、自分がいなくなったときに起こることを予測する必要があるのを知っていた。自分が起こしたこの運動が――試練を通じて一つひとつ突破口を開き、次の可能性を生み出してきた運動が――自分の死後も続くことを望み、そのためにはわが身を運動に捧げ、止めどないエネルギーを吹き込む必要があることを知っていた。

キングはそれを、彼にしかできない方法で行った。

さて、これからどんなことが起こるのかはわからない。これから多難な日々が待ち受けている。だが私にとってそんなことは、もう大した問題ではない。私は山の頂に登ってきたからだ。

だからもう気にならないのだ。

私だって人並みに長生きをしたい。長生きをすれば、それなりにいいこともある。

だがもう今となってはもうどうでもいいことだ。ただ神の御心を行いたいだけだ。そして神は私を山に登らせてくださった。私は頂から周りを見渡した。そして約束の地を見てきた。みなさんとそこに行くことはできないかもしれない。だが今夜知ってほしいのだ。私たちが一つの民として、約束の地にたどり着くだろうということを。

だから私は今夜しあわせだ。

どんなことにも心が騒がない。

どんな人を恐れてもいない！

私の目は主の来臨の栄光を見ているのだから！

「理論」はマスターしなくてかまわない

これを書いている今、キングの暗殺50周年まであと数日に迫っている。約束の地への旅はその後もさらに進んだが、今も道半ばで、抵抗に遭い続けている。

そしてこの人物の偉業は、その死後に生まれた人たちにも、また説教や演説、記念館を通してしか彼を知らない人たちにも、50年経った今なお強い影響を与えている。それほど影響力が強いのは、彼が広範な能力を兼ね備えていたからではない。

むしろ彼の能力の幅が狭く、的が絞られていて、その結果として際立ち、力を帯びるようになったからである。
彼の生涯のうちに数百万人のフォロワーを引きつけたもの、彼の没後も力を失わず、今なおわれわれをその大義に引きつけているものが、この能力なのだ。

「人を導くこと」と「人についていくこと」は、抽象概念ではない。それらは人と人との交流であり、人間関係である。そしてこれらを結びつける感情的つながりと信頼、愛は、すべての人間関係の共通項なのだ。

リーダーであるあなたがそのことを忘れてしまえば、たとえ理論上の世界で重要とされるすべてをマスターしたとしても、誰もあなたについてこないだろう。

だがもしもあなたが、自分が何者であるかを理解し、その理解をもとにあなたの意図、あなたの本質、あなたの人間性を解き放ち、拡大する、特別な能力を磨くことができれば、現実世界にいるわれわれの目にはあなたが見えるようになるだろう。

そしてわれわれはあなたについていくだろう。

ホント

ホント
＃１
「どのチーム」で働くかが大事
そこが実際の仕事が行われる場所だから

ホント
＃２
「最高の情報」があれば勝てる
計画は世界の動きについていけないから

ホント
＃３
最高の企業は「意味」を連鎖させる
集団としての価値観を誰もが知りたがっているから

ホント
＃４
最高の人材は「尖っている」
個性は仕様であってバグではないから

ホント
＃5
人は「注目」を求めている
最高の自分を認識してほしいから

ホント
＃6
人は「自分の経験」なら正しく評価できる
それしか頼れるものがないから

ホント
＃7
人には「モメンタム」がある
それぞれの人が違う方法で世界をわたっていくから

ホント
＃8
「仕事への愛」が一番大切
それが仕事の本当の目的だから

ホント
＃9
われわれは「尖り」についていく
尖りは確実性をくれるから

付録

A

ADPRIのグローバルエンゲージメント調査

生産性の高い国、低い国……世界の労働者の実態

メアリー・ヘイズ博士、フランシス・チャムニー博士
コリーヌ・ライト博士、マーカス・バッキンガム

ADPリサーチ・インスティテュート（ADPRI）は2018年7月、世界の労働力に関する調査を19か国で実施した。調査の目的は、各国のエンゲージメントの相対的な水準を測定することと、優れた従業員を引きつけ、つなぎ止める可能性が最も高い職場の状態を突き止めることにあった。

本調査は、2015年に13か国を対象に行われた同様のグローバル調査を再現し、拡大したものである。

各対象国において、年齢、性、学齢水準等の人口統計学的条件で層化し、業種・職種別に区分した1000人のフルタイムおよびパートタイム従業員の代表的なランダムサンプルを同定した。また、オーバーサンプリングにより、総計1万9346人の従業員を選び、これを調査群とした。

本調査では、回答者の仕事に対する姿勢を様々な側面からとらえようとしたが、その中核となったのが、過去10年間に開発された、8つの質問項目からなる信頼性と妥当性のあるエンゲージメント尺度である。

過去の広範な研究から、これら8つの質問項目に肯定的な回答をする人は、生産性がきわめて高く、離職率が低いと見なされる可能性が高いことがわかっており、またこれらの項目での高スコアと、高業績、高定着率との予測可能な関係は、統計的に有意で、すべての業種と職種にわたり安定している。

この調査を用いることによって、あらゆるチーム、企業、国において、「高エンゲージメント労働者」の比率を算出し、どのような条件が仕事での高エンゲージメントをもたらす可能性が最も高いかを調べることができる。

●高エンゲージメント労働者の比率は、各質問項目に対するきわめて肯定的な評価をとらえる公式を使って算出し、それから各質問項目の回答を相対的な説明力の高さに応じて加重し、説明力の高い質問項目ほど比重を高くした。

●高エンゲージメントでない労働者は、われわれが「惰性で出社する」と名づけたカテゴリーに該当する。こうした労働者は、必ずしも仕事に反感をもっていたり無気力だったりするわけではなく──本調査は回答者の精神状態ではなく、仕事での積極性を測るために作成された──たんに仕事に全力で取り組んでいない労働者というだけにすぎない。

2018年の調査では、2015年と同じ調査票とサンプリング手法を用い、同じ国別の調整を適用した（国籍による評価傾向の違いを考慮に入れるため）。われわれの知る限り、この2018年の調査はこれまでに実施された労働者エンゲージメントに関する世界的調査のなかで、最も規模が大きく最も信頼性の高いものである。

本調査で考察した10の主な問いと調査成果を以下に示す。

①過去3年間で世界全体のエンゲージメントは上昇したか、下落したか？

世界全体のエンゲージメントは、2015年と2018年の両方の調査の対象となった13か国で、ほぼ同水準にとどまっている。

●高エンゲージメント労働者の比率は、2015年の16・2%に対し、2018年は15・9%である。つまり、**世界全体で見ると約84%もの従業員が惰性で仕事をし、組織に全力で貢献していないことになる。**

仕事とは自分の全力を発揮し、最高の自分を認識、尊重してもらう場であることを、大半の従業員に認識させるという課題を、組織がまだ達成できていないのは明らかである。

これには当然ながら多くの根深い理由がある。マクロ経済学的要因や、一部の仕事の困難、危険、単調な性質、国の労働政策などがその例である。

だがこのあと説明するように、組織がより意図的で系統的な方法によって労働者のエンゲージメントを高める余地があることを、データは示している。

全体的なエンゲージメントの水準は2015年と2018年とでほぼ変わらなかったが、国別の高エンゲージメント労働者の比率には大きな変動が見られた。

●高エンゲージメント労働者の比率が上昇した国は、8か国（アルゼンチン、オーストラリア、カナダ、フランス、インド、イタリア、スペイン、イギリス）である。

●高エンゲージメント労働者の比率が低下した国は、4か国（ブラジル、中国、メキシコ、アメリカ）である。

このうち最大の伸びを記録したのはインドで、高エンゲージメント労働者の比率が5％から22％へと上昇し、最大の下げ幅を記録した中国は13ポイント低下して6％となった。

②エンゲージメントが最も高い国、最も低い国は？

2018年の調査では、2015年の調査対象国に新たに6国（エジプト、オランダ、サウジアラビア、シンガポール、南アフリカ、アラブ首長国連邦〔UAE〕）が加わった。

高エンゲージメント労働者の比率が最も高い国はUAEで26％、最も低い国は中国で6％である。

③高エンゲージメントに最も大きな影響を与える要因は何か？

本調査では、仕事でのエンゲージメントに影響を与えうる多くの要因を特定し、検証した。たとえば業種、肩書き、パートタイムか正社員か、ギグワーク（専門性のある単発的仕事）か従来型の仕事かなどである。

それぞれの要因から興味深い関係が明らかになった（以下で説明する）が、高エンゲージメントを説明する要因として最も強力なものが判明した。

それは、**チームで仕事をしているかどうか**である。

●「チームで仕事をしている」と答える回答者は、それ以外の回答者に比べ、高エンゲージメントである確率が2・3倍高い。

この結果はすべての調査対象国に当てはまり、また多くの国で、チームで仕事をする人としない人の差はさらに大きかった。

●たとえばブラジルでは、高エンゲージメントはチームに属さない労働者が5％にすぎないのに対し、チームで働く労働者の場合は15％にも上る。シンガポールでも同様に、それぞれ4％と22％である。

世界中どこでも、チームの一員だと感じていない労働者のエンゲージメントを高めることが非常に困難だということを、データは示している。

だがこんにちのほぼすべての組織にとっての問題は、チームについて多くを知るための機能をもっていないことにある。現行の人材管理システムは、財務システムの延長線上にあり、組織図に記載された報告関係を示すことしかできない。そして困ったことに、ほとんどの仕事は、こうした組織図の「箱」の中では行われていないのだ。

●「チームで仕事をしている」と答えた回答者のうち、65%が複数のチームで働いていると答え、かつ**そのチームは組織図に記載されていないと答えた。**

エンゲージメントが世界全体で低水準にとどまっていることには、当然多くの理由があり、その一因は、仕事そのものの性質や、地域や国のマクロ経済状況、業界や国の特殊要因にある。

それでもエンゲージメントが世界全体で比較的低い水準にとどまっているのは、組織がチームのもつ重要な力を理解せず、活用できていないことにも、その原因があるように思われる。

●組織内にチームがいくつあるのか、誰が所属しているのか、最もエンゲージメントの高い最高のチームがどれなのかを、組織は把握していない。

●組織が優れたチームをつくることを第一に考え、何が優れたチームをつくるのか、ダメにするのかを真剣に考えるようになれば、世界全体のエンゲージメントは大幅に高まるだろう。

④高エンゲージメントチームを生み出す要因とは？

回答者の83%がチームに所属していると答えた。だがエンゲージメントの水準は、チームによって大きく異なる。

エンゲージメントが最も高いチームを調べたところ、チームのエンゲージメントの高さをずば抜けてよく説明する要因は、**チームメンバーがチームリーダーを信頼しているかどうか**だった。

● 「チームリーダーを信頼している」に強くそう思うと答えた回答者の45%が高エンゲージメントだったのに対し、それ以外の回答者ではわずか6%だった。**チームリーダーを信頼している労働者の集団は、それ以外の労働者の集団に比べ、高エンゲージメント労働者と見なされる確率が12倍高い。**

チームリーダーはあらゆる国、業種、職位で、高エンゲージメントチームをつくる土台である。

⑤チームリーダーへの信頼を生み出す要因とは？

チームメンバーのチームリーダーに対する信頼感と最も強い相関を示したのは、次の2つの質問項目である。

● 「仕事で『自分に期待されていること』をはっきりと理解している」
● 「仕事で『強みを発揮する機会』が毎日ある」

これら2つの条件――自分に期待されていることを知っていることと、自分の強みを発揮できること――が信頼の土台であることを、データは示している。

曖昧で流動的でペースの速いこの仕事世界で、チームメンバーが自分に期待されていることをはっきり理解していると感じ、自分の最高の仕事が認められ、頻繁に活用されていると感じることができるよう、チームリーダーが手助けできれば、信頼が築かれ、高エンゲージメントのチームが生まれる可能性が高い。

⑥正社員の仕事、パートタイムの仕事、リモートワーク、ギグワークのうち、どの就労形態がエンゲージメントが高いのか？

調査では、**エンゲージメントが最も高い就労形態は、別々の会社で正社員の職とパートタイムの職に1つずつ就いている状態である**。

●この就労形態の人の25％が高エンゲージメントだったのに対し、正社員またはパートタイムのどちらかにしか就いていない人の高エンゲージメント比率は14％から16％だった。

●この理由として考えられるのは、正社員の職では安定性と福利厚生が得られるのに対し、パートタイムの職では副収入のほか、柔軟性と、本当に楽しいと思える仕事をする機会が手に入るため、いわば両方の世界のいいとこ取りができる、というものだ。

チームに所属するギグワーク専門の労働者もエンゲージメントが高い。

●チームで働くギグワーク専門の労働者の21％が高エンゲージメントだったのに

対し、従来型の従業員では16%だった。

ギグワークを引き受ける最も一般的な2つの理由は、勤務時間が柔軟であることと、好きな仕事をする機会があることだった。

したがってギグワーカーのエンゲージメント水準の高さには、パートタイムの職と同様、これら2つの要因が関係していると考えられる。

●ギグワーク専門の労働者に最も多い肩書きは、「社長」である。このことから、自分で仕事のやり方をコントロールできることを好んで、ギグワークを引き受ける人が多いことがわかる。

エンゲージメントの8つの質問項目を詳しく調べてみると、ギグワーク専門の労働者は8項目のうちの6項目により高いスコアをつけるが、残りの2項目には著しく低いスコアをつけている。

ギグワーク専門の労働者のスコアが従来型の従業員に比べて低いのは、次の2項目である。

●「所属チームでは『価値観が同じ人』に囲まれている」
●「私には『チームメイト』がついている」

つまり、ほかの研究者によっても指摘されている通り、**ギグワーク専門の労働者はそれ以外の労働者に比べ、孤立感を感じやすい**ことがわかる。

だがチームで働くギグワーク専門労働者の場合、これらの2項目における差は見られなかった。

このことから、ギグワークは必ずしも孤立感を伴わないこと、またギグワーカーがチームで働くことができれば、ギグワークのよい面（勤務時間の柔軟性が高い、好きな仕事ができる可能性が高い、自分で仕事のやり方をコントロールできる）のすべてを手に入れつつ、従来型の仕事のよさ（安心感とチームメイトによるサポート）を感じることが可能だとわかる。

したがって、**企業が契約社員やギグワーカーを利用する場合、彼らをより早く、より真剣にチームに迎え入れることができれば、彼らのエンゲージメントと生産性、定着率を高めることができる**。

逆もまた真である。企業は従来型のフルタイムの仕事を――勤務時間の柔軟性の高さ、好きな仕事ができる可能性、仕事のやり方の自由度という点で――ギグワークに近づければ近づけるほど、正社員のエンゲージメント、生産性、定着率を高めることができるのだ。

リモートワーカーは――チームで働く限り――すべての国と業種で、オフィスワーカーよりも高エンゲージメントである確率が高い。

- リモートワーカーの29%が高エンゲージメントであるのに対し、従来型のオフィスワーカーでは14%である。

このことから、**チームの一体感を生み出すうえで物理的にそばにいることは必要条件ではない**こと、また**リモートワークの柔軟性と気楽さはすべての労働者にとって（チームの一員だと感じられる限りにおいて）魅力的**だということがわかる。

ただし、リモートワークは出張と同等ではない。出張中だと答えた回答者は、エンゲージメントの水準が最も低かった。

- 出張中と答えた回答者の9%が高エンゲージメントであるのに対し、出張中でないと答えた回答者では15%である。

⑦高学歴の労働者は概してエンゲージメントが高いのか？

その通りである。

- 大卒以上の回答者の19％が高エンゲージメントであるのに対し、高卒以下の回答者では12％である。

⑧職位が高い人は新入社員よりエンゲージメントが高いのか？

その通りである。

- 経営幹部および副社長クラスの労働者の24％が高エンゲージメントである。
- 中級および初級チームリーダーの14％が高エンゲージメントである。
- 平社員の8％が高エンゲージメントである。

⑨ミレニアル世代はベビーブーム世代（1946年〜1964年頃生まれ）よりもエンゲージメントが低いのか？

わずかに低い。だがわれわれの当初の仮説に反して、世代ごとのエンゲージメントの差はほんのわずかだった。

●ミレニアル世代の16%が高エンゲージメントであるのに対し、ベビーブーム世代では18%である。

⑩男性は女性よりもエンゲージメントが高いのか？

違う。**データはわずかながら逆を示している。**

●世界全体では女性の17%が高エンゲージメントであるのに対し、男性では15%である。サンプルサイズが大きいため、この差は統計的に有意だが、このような2ポイントの差は実質的には有意とはいえない。

付録 B

シスコがたしかに知っている7つのこと

巨大企業のマンパワーで追求した「職場の真実」

ロクサンヌ・ビスビー・デイビス
アシュリー・グッドール

4年前、シスコの人材管理チームは仕事世界の実態をできる限り注意深く、信頼性をもって測定することに着手した。

それ以来、われわれは12人の研究員とデータ分析専門家の集団を率いて、シスコの最高のチームの性質や、注目とパフォーマンスとの関係、従業員の経験におけるチームと会社の相対的な重要性を探究してきた。

以下にこれまでの成果のハイライトを示そう。

①最高のチームは強みの上に成り立っている

われわれはまず、シスコ内の最高のチームを詳しく理解しようとした。

この「ベストチーム調査」と銘打った調査は、ギャラップやデロイト、その他の組織によって過去20年間に実施された調査を再現するもので、「高業績チームでの仕事経験は、高業績でないチームでの仕事経験と著しく異なる」という仮説を出発点としていた。

これを検証するために、2015年末にシスコの全リーダーを対象に、社内にもっとたくさんあればいいのにと思うチーム――できるものなら複製をつくりたいチーム――を挙げてもらい、97の高業績チームを特定し、これを調査群とした。

次に、平均的なチームにおけるチームメンバーの経験を代表するために、シスコ全体から3600人を層化無作為抽出し、これを対照群とした。これらの2つの集団を対象に、同一の文章からなる8つの質問項目を使って匿名調査を実施した。

回答を収集後、内容妥当性*(項目間相関によって判定した)、構成概念妥当性*(確証的因子分析、項目―全体相関、回帰分析によって確立した)、基準関連妥当性*(調査群/対照群における質問項目と既存の外的基準との関連の強さによって測定した)を評価した。

これらの評価から、次のことがわかった。

●8つの質問項目のすべてが、たった1つの因子を測定していることがわかった。シスコの最高のチームととくに関連するこの因子を、「エンゲージメント因子」と名づけた。

●**質問項目「仕事で『強みを発揮する機会』が毎日ある」が、全体的なエンゲージメントとも、それ以外の7つの質問項目とも、最も強い関連を示した。**項目「私には『チームメイト』がついている」が2番目に強い関連を、「所属チームでは『価値観が同じ人』に囲まれている」が3番目に強い関連を示した。

●調査群（「ベストチーム」と名づけた）は、8項目のうちの6項目のスコアで対照群（「その他チーム」と名づけた）を集計（全社）レベルで大きく上回った。しかし残りの2項目は両群で差が見られず、どちらの項目も同じように高かった（この結果は他の調査では見られない結果だったため、検証するためにさらに調査を行った。詳細については、「③エンゲージメントを高める『原動力』は3つある」を参照のこと）。

＊内容妥当性：質問項目がこの調査で測定しようとしている内容を漏れなく含んでいるかどうか。
構成概念妥当性：質問項目が全体としてこの調査で測定しようとしている概念を偏りなく反映しているかどうか。
基準関連妥当性：この質問項目のスコアが、別の外的基準のスコアとどれだけ関連しているか。

本調査では、ベストチームとその他チームの間に統計的に有意かつ意味のある違いが見られた。

このことから、シスコのベストチームは、各チームメンバーの個人的な卓越性を活用するとともに、チームの集団的な卓越性を解き放ち、しかもそれを安心と信頼が感じられる環境で行っていると考えられる。

②「頻繁なチェックイン」が強みの活用を高める

何がベストチームに違いをもたらしているのかを理解するために、われわれは「チームメンバーと頻繁にチェックイン（現状確認の会議）を行う」というリーダーの単純な行動が、チームメンバーのエンゲージメントの水準に影響を与えるのではないかと考えた。

先に説明した「ベストチーム調査」の完了後、シスコの全チームリーダーが、同調査で用いられた8項目を使って、自分のチームのメンバーのエンゲージメントを測定できるようにした。その際、各チームのデータはそのチームのリーダーだけに公開したが――この調査の目的はリーダーを評価することではなく、リーダーにチームの現状を認識させることにあったため――われわれは匿名化したデータを研究のために利用することができた。

チームリーダーが行うこの調査を「エンゲージメントパルス（短期反復型）調査」、この調査によって測定される尺度を「エンゲージメントパルス」と名づけた。

チェックインとエンゲージメントの関係を調べるために、過去の連続する2四半期間にエンゲージメントパルス調査に1回以上回答したチームメンバーをサンプルに選んだ。最初の四半期につき1万6485人、2番目の四半期につき1万8816人のチームメンバーの調査サンプルが得られた。続いて、これらのチームメンバーが各四半期にチェックインを行う頻度が高かったか（80％以上）、低かったか（80％未満）を判定した。

各四半期につき、エンゲージメントパルス調査の8項目の平均スコアを算出し、チェックインの頻度が高い集団とそうでない集団に差があるかどうかを調べた。

どちらの四半期でも、**頻繁にチェックインを行ったチームメンバーは、8項目のうち次の3項目のスコアが統計的に有意に高かった。**

●チェックインの頻度が高い集団と低い集団の間でスコアの差が最も大きかった項目は、「仕事で『強みを発揮する機会』が毎日ある」である。「仕事でつねに『成長』を促されている」が2番目、「『優れた仕事』をすれば必ず認められると知っている」が3番目に大きな差を示した。

このことから、**リーダーと頻繁にチェックインを行うチームメンバーは、自分の強みを毎日発揮することができ、優れた仕事をすれば認められ、成長する機会を与えられていると強く感じている**ことがわかる。

この調査は相関関係と因果関係を区別しなかった（高頻度の対話がエンゲージメントを高めるのか、エンゲージメントが高いから対話の頻度が高いのかを判別できなかった）が、その後の調査（本付録の最後の節で一部を説明する）により、頻繁な対話を通じた目配りがエンゲージメントを高めることが示された。

③エンゲージメントを高める「原動力」は3つある

次に、チームメンバーのエンゲージメントに最大の影響を与える人を明らかにしようとした。このために、まず「エンゲージメント」という構成概念について理解を深め、その上で複数のチームに所属するチームメンバーのエンゲージメントが、チーム間で違うかどうかを調べることにした。

1章で説明したように、チームのパフォーマンスを最もよくとらえる8項目――「エンゲージメントパルス調査」の項目と同じ項目である――は、「われわれ」の4項目と「私」

の4項目に分けることができる。

前者はチームが置かれた環境と、会社での仕事経験をとらえる項目、後者は各個人の仕事経験をとらえる項目だ。エンゲージメントという概念をさらに詳しく調べるために、過去6か月間に1回以上のエンゲージメントパルス調査に参加した3万3018人の回答を集め、次の2種類の調査を行った。

第一の調査では、分割サンプルの探索的・確証的因子分析により、（少なくともシスコでは）エンゲージメントパルスにはエンゲージメントに関与する因子が2種類あることを発見した。

1つ目の因子は、「私」の全4項目と、「われわれ」の項目のうちのチーム環境を問う2項目で構成される。

- 仕事で「自分に期待されていること」をはっきりと理解している（私）
- 仕事で「強みを発揮する機会」が毎日ある（私）
- 「優れた仕事」をすれば必ず認められると知っている（私）
- 仕事でつねに「成長」を促されている（私）
- 所属チームでは「価値観が同じ人」に囲まれている（われわれ）
- 私には「チームメイト」がついている（われわれ）

この因子を「チーム因子」と名づけた。

もう一方の因子は、「われわれ」の残り2項目からなる。

●「会社の使命」に貢献したいと心から思っている（われわれ）

●「会社の未来」に絶大な自信をもっている（われわれ）

この因子を「会社因子」と名づけた。＊

第二の調査では、これら2つの因子が、複数のチームに所属する個人では、1つのチームにだけ所属する個人と違うのかどうか、また同じ個人でも所属チームごとに変化するのかどうかを調べた。

その結果、エンゲージメントを構成する項目に、異なる原動力が働いていることがわかった。とくに、同じ個人で見た場合、所属チームによる違いが最も小さかったのは会社因子で、違いが最も大きかったのは「所属チームでは『価値観が同じ人』に囲まれている」と「私には『チームメイト』がついている」の項目だった。

この調査と、先に説明した「ベストチーム調査」の結果を総合することにより、エンゲージメントとチーム、チームリーダーとの関係をより深く理解することができた。

1. 最も業績が高いチームはエンゲージメントの全8項目のスコアが高く、高エンゲージメントが高業績をもたらすことを示唆する強力な証拠が（われわれの調査のほか、ほかの調査からも）得られた。
2. 8項目のうち、**同じ個人で見た場合の所属チームによる違いが最も小さい項目は、会社因子を構成する2項目**である。
3. 8項目のうち、**同じ個人でも所属チームによる違いが最も大きい項目は、「所属チームでは『価値観が同じ人』に囲まれている」と「私には『チームメイト』がついている」である。**
4. 8項目のうち、**「私」の4項目（明確な期待、強みの活用、承認、成長を促される）は、個人とチームリーダーとの関係に最も影響を受けやすい。**

これらの結果を解釈する際、チームリーダーには3つの仕事があると考えるとわかりやすい。

第一の仕事は、チームメンバーが会社の目的と未来を（必ずしも直接定義する必要はないが）自分のものと感じられるよう手助けすること（「われわれ」の4項目のうちの会社

＊これが、3章で説明した発見である。

因子の2項目に相当)。

第二の仕事が、チームメンバーが集団として互いを理解し合い、支え合えるよう図ること(「われわれ」の残りの2項目に相当)。

第三の仕事は、チームメンバーが、自分は1人の人間として認められていると感じながら、自分は何を期待されていて、どうすれば今後ベストな仕事ができるかを理解できるよう手助けすることだ(「私」の4項目に相当)。

④エンゲージメントの低下は「自発的離職」につながる

一般に、自発的離職は組織のリーダーの大きな懸念事項の1つである。そのため本調査では、チームメンバーのエンゲージメントと離職率の関係を調べることにした。具体的にいうと、「エンゲージメントパルス調査」で用いられた項目のうちのどの項目が、チームメンバーの自発的離職の決定に影響をおよぼすかということである。

ある事業年度の離職データとエンゲージメントパルス調査の結果をもとに、エンゲージメントパルス調査の回答者を、その年度中シスコにとどまった人たちの集団と、年度中にシスコをやめた人たちの集団に分けた。

調査結果の安定性を確認するために、予測因子と結果変数間のピアソン相関、様々な回帰モデル、ブートストラップ法を用い、エンゲージメントパルスのうちの4項目を、自発的離職の有意な予測因子として特定することができた。これら4項目を、自発的離職を予測するうえで有効性が高い順に挙げると次の通り。

- 「仕事で『強みを発揮する機会』が毎日ある」
- 「仕事でつねに『成長』を促されている」
- 「『会社の使命』に貢献したいと心から思っている」
- 「『会社の未来』に絶大な自信をもっている」

この結果は、チームメンバーのエンゲージメントと、その後の離職決定との間に関係があることを裏づけている。

さらに、チームメンバーが自分の現在と将来の強み（前半2項目）、および会社の使命と将来展望（後半2項目）を肯定的にとらえていればいるほど、会社にとどまる確率が高いことをも示している。

ただし本文中でも示した通り、一般には、会社の使命に対する情熱と会社の未来への信頼感は、チームによって異なる。いい換えれば、会社での経験はチームでの経験に大いに影響される。

本調査でわかったのは、チームメンバーが強みを活用できるよう、リーダーが手助けすることが、チームを離職から守るうえで最も大切だということだ。

⑤「社内行事への参加」は目的意識と自信を高める

シスコは2015年から、経営陣主催の全員参加会議、通称「シスコビート」を毎月実施している。この月例会議の狙いは、会社の目的についての社員の理解を徹底し、シスコの未来に自信をもたせることにある。

そうした効果が実際に得られているかどうかを確かめるために、次の事項間の関係を調べた。

- チームメンバーが参加したシスコビートの回数
- チームメンバーの「会社因子」項目（集団的目的と未来への自信）の平均スコア

過去の3四半期間に行われたエンゲージメントパルス調査に回答した5万2819人のデータをもとに、各チームメンバーが同期間中に開催された8回のシスコビートのうち、何回参加したかを割り出した。参加の定義は、イベントに実際に参加したか、シスコの放送技術を介してイベントを生で視聴したか、開催2週間以内にイベントの再放送を視聴したかのいずれかとした。

そしてチームメンバーを参加状況によって未参加、1～3回参加、4～6回参加、7～8回参加の4つの区分に分けた。続いて、各区分のチームメンバーの「『会社の使命』に貢献したいと心から思っている」および「『会社の未来』に絶大な自信をもっている」（会社因子を構成する2項目）の平均スコアを算出した。

この分析から、**チームメンバーのシスコビート参加回数が多いほど、会社因子項目のスコアが高い**ことがわかった。

- 「『会社の使命』に貢献したいと心から思っている」のスコアは、シスコビート未参加者が4・37点だったのに対し、7～8回参加者（すべて参加、または1回を除きすべて参加）は4・48点だった。この差は統計的に有意だった。
- 「『会社の未来』に絶大な自信をもっている」のスコアは、シスコビート未参加者が4・25点、7～8回参加者は4・35点だった。この差も統計的に有意だった。

シスコビートに定期的に参加するチームメンバーは、集団的目的により意欲的で、会社の未来により自信をもっている。

イベントへの参加がエンゲージメントを高めるのか、それとももともとエンゲージメントの高い人がシスコビートに参加する確率が高いのかについては、まだ調査を行っていない。

⑥エンゲージメントが高い人は「仕事の語り方」が違う

調査を進めるなかで、エンゲージメントがとくに高いチームメンバーを、それ以外のチームメンバーと区別することが、分析の役に立つことがわかった。

そこでエンゲージメントが高い集団に属する人々を「高エンゲージメント」、それ以外の人々を「高エンゲージメントでない」と呼ぶことにした。

われわれは研究を通して、これら2集団の定量的な違いについて理解を深めることができた。ここでは、高エンゲージメントのチームメンバーが仕事について語る方法と、高エンゲージメントでないチームメンバーが語る方法の違いに関心があった。

そこで自由回答項目の回答を調べることによって、次の問いに答えを出そうとした。

●各集団の全体的なムードはどうだったか？
●各集団はどんなテーマを議論したか？
●集団間でムードやテーマに違いはあったか？

これを調べるために、「リアルディール調査」を利用した。
シスコが開発したこの調査は、母集団を代表するサンプルに毎四半期送付されるもので、自由記述項目を含んでいる。リアルディール調査の自由記述項目「部署のリーダーには、部署内のどのようなできごとを報告しますか？」に答えた人の中から、同じ四半期にエンゲージメントパルス調査にも回答した人を選び出した。両方の基準を満たしたチームメンバーは1275人いた。

自然言語処理技術とシスコ独自の分析的手法を用いて、高エンゲージメント集団と高エンゲージメントでない集団のムードの違いを調べることができた。

各集団のEPS（エモーショナルプロモータースコア。第三者が提供するアルゴリズムを用いて算出した、マイナス100から100までの感情尺度）と、各集団の自由記述から選び出された特徴的な単語をもとに、議論のテーマの違いをとらえ、回答をテーマ別に自動的に分類した。これによって、各集団が特定のテーマで議論した頻度を調べることができた。

これらのデータセットから、2集団間の明白な違いが明らかになった。

●高エンゲージメントの集団は、EPSの平均値が26で、自由記述ではチームの卓越性や未来への希望を述べることが多かった。この集団の代表的な回答例を挙げる。「マネジャーが新しいアイデアや新しいメンバーをチームに積極的に取り入れ、チームの向上や売上目標の達成を目指す姿勢にとても励まされる。これは非常にクリエイティブで生産的な働き方だ。チームが生産的で満足していれば、顧客にもそれが伝わる」

●高エンゲージメントでない集団は、EPSの平均値がマイナス16で、自由記述ではチームでの経験に対しより否定的なコメントが目立った。これらのコメントには、未来の不確実性と社内の官僚的な体制へのいらだちが表れていた。この集団の代表的な回答例を挙げる。「組織階層を超えた信頼関係を築くには、何らかの『オフサイト』の催しが必要だろう。他部門との連携を図らず孤立化する行動はいまも根深く、それを破壊する方法を示せればいいのだが」

シスコでは今後も自由記述の自然言語処理を進め、次はチームメンバーがキャリアやキャリア願望を語る際の言葉に焦点を合わせることになるだろう。

⑦エンゲージメントを高めるのにとくに有効な「注目の種類」がある

シスコが知りたいのはもちろん、仕事世界の「何と何が関係しているか」（たとえばイベントへの参加と会社の未来への自信との関係、調査での特定の自由記述と高エンゲージメントとの関係など）にとどまらず、「何が何を引き起こすか」である。最終節では、そうした因果関係の研究の例を紹介する。

この研究では、チームリーダーがチェックインでメンバーに与える注目の違いが、メンバーのエンゲージメントに長期的な影響をおよぼすかどうかを調べようとした。チームリーダーに頻繁に注目されるチームメンバーは、そうでないチームメンバーに比べ、エンゲージメントの水準が高くなるだろうか？　またリーダーとチームメンバーの直接の対話は、リーダーがチームメンバーに提供しうる最良の注目だろうか？

これらを明らかにするために、次を調査した。

- チームメンバーは、シスコが開発したチームテクノロジー・ツールに入力したチェックインに対する返答というかたちで、リーダーからどれくらいの頻度で注目を受けていたか。

●チームリーダーが注目を与える方法（オンラインでチェックインを確認する、オンラインでチェックインに返信する、直接対話する）のうち、とくに有効なものはあるか。
●チームメンバーは主にどの種類の注目を受けていたか（注目なし、一定の注目、対話を含む注目）。
●注目の頻度と種類によって、チームメンバーのエンゲージメントにどのような違いが見られたか。

2018年初頭からのデータを利用して、エンゲージメントパルス調査に2回以上回答したチームメンバー6726人を特定した。彼らが回答した最初と最後の調査をもとに、時間1（最初の調査時）と時間2（最後の調査時）において、高エンゲージメント（FE）だったか、高エンゲージメントでなかった（NFE）かを判定し、分類した。

これにより、調査期間中にエンゲージメント水準が上昇した（時間1のNFEから時間2のFEへ）人々と、変化しなかった（時間1と時間2の両方でFEまたはNFE）人々を特定することができた。

次に、チェックイン行動と、それに対する注目の種類を調べた。

●チームメンバーについては、注目を求めたかどうか（期間中に1回以上オンラインでチェックインを提出したか）を調べた。
●チームリーダーについては、チームメンバーの注目要求にどう反応をしたかを調べた。①オンラインでチェックインを確認、②オンラインで返信、③チームメンバーと直接対話する（のちにチームメンバーに確認した）、④上記の3つの方法での反応をせず、何の注目も与えない。データ分析後、これらの反応を「注目なし（④）」「一定の注目（①②）」「対話を含む注目（③）」の3つの種類に分けた。

このようにして、時間1から時間2にかけてのエンゲージメントの変化を、各チームメンバーが主に受けた注目の種類の関数として調べることができた。シスコではほとんどのチームメンバーが、3か月ごとに実施されるエンゲージメントパルス調査に回答することから、こうした変化にはチームメンバーが3か月間に与えられた注目の種類と頻度の違いが表れている。

●チェックインを行わず、注目を求めなかったチームメンバーの場合、高エンゲージメント比率は13ポイント低下し、エンゲージメントの絶対水準が最も低かった。

●必ずまたはほぼ必ずチェックインを行ったが、それに対して何の注目も得られなかったチームメンバーの場合、高エンゲージメント比率は2ポイント低下した。また、**チームリーダーの反応が得られないとき、チェックインの頻度が著しく低下する**ことが〔他の調査から〕わかっている。したがってこの集団は、今後先のチェックインを一度も行わなかった集団に近づき、エンゲージメントが大幅に低下すると予想される。

●リーダーからつねに何らかの注目を受けていたチームメンバーの場合、高エンゲージメント比率が2ポイント上昇した。

●リーダーからつねに対話というかたちで注目を受けていたチームメンバーの場合、高エンゲージメント比率が3ポイント上昇した。

このことから、何らかの方法での注目は、注目しないよりも望ましく、頻繁な注目は、たまの注目よりも望ましく、そしてリーダーが与える注目の種類が重要であると結論づけることができる。**チームリーダーが与える注目に直接の対話が含まれるとき、リーダーの対話能力や対話の質とは関係なく、チームメンバーのエンゲージメント水準が最も高く、エンゲージメントの伸びが最も大きい。**

調査協力

ジョン・ランゴニグロ、マディソン・ビアード、メアリー・ウィリアムズ、ハンキ・ズー、トーマス・ペイン

謝辞

エンゲージメントの8項目には、僕らがまだ調べていない分類方法がもう1つある。

最初の2項目

1.「会社の使命」に貢献したいと心から思っている
2. 仕事で「自分に期待されていること」をはっきりと理解している

は、われわれが集団として、また個人として、仕事における目的をどのように感じ取るかを尋ねる質問だ。

次の2項目

3. 所属チームでは「価値観が同じ人」に囲まれている
4. 仕事で「強みを発揮する機会」が毎日ある

は、われわれが集団として、また個人として、卓越性を達成するのを、周りの人たちがどのように助けてくれるかを問う質問だ。

その次の2項目

5．私には「チームメイト」がついている
6．「優れた仕事」をすれば必ず認められると知っている

は、支えについて、つまりわれわれがチームや周りの人たちからどうやって支えを得ているかを問う質問だ。

そして最後の2項目

7．「会社の未来」に絶大な自信をもっている
8．仕事でつねに「成長」を促されている

は、われわれが集団としての、また個人としての未来を垣間見ることができるように、周りの人たちがどのような手助けをしてくれるかに関する質問だ。

これらの方法で僕らの執筆を助けてくれた全員に、この場を借りて感謝したい――みなさん一人ひとりのおかげで、僕ら2人はより強力なチームになることができた。

本書を書く目的をはっきりと理解できるよう助けてくれた、優秀な編集者のジェフ・キーオと、冷静かつ圧倒的なサポートをくれたアディ・イグネイシャス、そしてすばらしいエージェントのジェニファー・ルドルフ・ウォルシュに感謝する。

僕らの話に何時間も耳を傾け、質問を投げかけ、メッセージに磨きをかけ、本書を本当に必要としている読者に役立つものにしてくれた、ミシェル・ローマンズ、ティナ・ベネット、フラン・カツォーダス、トレイシー・ハットンに感謝を捧げる。

すべての章、すべての節、すべてのいい回しをもっとよくするようにと僕らを促し、卓越性とはこういうものだと教えてくれた、エイドリアン・フレッツ、ヨシ・コソウスキ、アダム・グラント、アリ・ワトソン、ケイティ・フローレスに感謝したい。

原稿への感想をシェアしてくれた、ジェン・ワーリング、アニア・ビエツコフスキ、エイミー・バーンスタイン、そしてハーバード・ビジネス・レビューの編集・制作チーム全体にお礼をいいたい。

僕らが厳密な研究手法とそこから得られる信頼性のあるデータ主導型の発見に徹するのを助けてくれた、ＡＤＰリサーチ・インスティテュートのメアリー・ヘイズ博士、フランシス・チャムニー博士、コリーヌ・ライト博士に、またシスコのロクサンヌ・ビスビー・デイビスとチーム・アナリティクスおよびリサーチ部隊に感謝を捧げる。

そして現実の仕事世界での卓越性がどのように見え、どのように感じられるかという物語を共有させてくれた、リサとアンディ、マイルズを始めとする多くの匿名のみなさんに、ことに感謝する。

アイデアからプロポーザル、原稿、そして本へと至る、この実り多い旅をサポートしてくれた、シスコのチャック・ロビンス、ミーガン・バーバ、ジャンパウロ・バロッツィ、クリスティーヌ・バスティアン、ミーガン・ベイザン、マディソン・ビアード、エル・カバナー＝ロマス、ジェン・デュデック、シャノン・フライホフ、ダン・ギブス、レスリー・ゴードン、スコット・ハーポルシャイマー、チャーリー・ジョンストン、ジャン・カー、ロバート・コバック、ジョン・ラゴニグロ、アリシア・ロペス、エイミー・マニング、エレイン・メイソン、ドローレス・ニコルス、ジェイソン・フィリップス、オリバー・ロール、レイチェル・サミット、シャリ・スレイト、チューディ・スミス、ギャビー・トンプソン、メアリー・ウィリアムズ、テ・ヨーには本当にお世話になった。みなさん全員が、現実世界での仕事がどんなに厄介なものかを知っていて、自分たちの努力でよりよい、より人間的な世界に変えられると知っている。

ＡＤＰのカルロス・ロドリゲス、ドン・ワインスタイン、ダーモット・オブライエン、スリーニ・クタム、ジョー・サリバン、シャーロット・ソールニー、そしてスタンドアウトチームのみなさんにご協力いただいた。

美しい文章とコミュニティづくりで助けてくれたメレディス・ボーリング、ウェブを構築してくれたケビン・ホートン、「ポテンシャル」で貢献してくれたダレン・レイモンド、説得力を駆使してくれたクリスチャン・ゴメスに感謝する。

またHBRのデザイナーのステファニ・フィンクス、広報マーケティングチームのジュリー・デボルとエリカ・ハイルマンに感謝を捧げる。

そして最後に、僕らにキーボードを叩き続ける自信を与え、本書に全力を尽くすよう促し、未来の仕事世界を意味のある方法で改善できる本を書くように励ましてくれた僕らの家族——クリス、ジェニー、ティナ、ウィリアム、グラム、ジョー、ジャック、リリア、マーシー、フィッツ、モジョ——にありがとうといいたい。

3. 以下を参照のこと。 https://www.britannica.com/biography/Elon-Musk
4. John Paul MacDuffie, "The Future of Electric Cars Is Brighter with Elon Musk in It," *New York Times*, October 1, 2018.

ウソ＃8　「ワークライフバランス」が何より大切だ

1. Kristine D. Olson, "Physician Burnout—A Leading Indicator of Health System Performance?" *Mayo Clinic Proceedings* 92, no. 11 (2017): 1608.

ウソ＃9　「リーダーシップ」というものがある

1. この主張をするのは僕らが最初ではない。だが僕らより前にこの主張をした人たちはみな、フォロワーを引きつけるためにリーダーが身につけなくてはならない、一連の特性を挙げている——結局、「リーダーシップというものがある」という考えに逆戻りだ。僕らの議論はそれとは違う方向に向かう。
2. Donald E. Brown, *Human Universals* (New York: McGraw Hill, 1991). (ドナルド・E・ブラウン著、鈴木光太郎・中村潔訳『ヒューマン・ユニヴァーサルズ—文化相対主義から普遍性の認識へ』新曜社、2002年)
3. Pierre Gurdjian, Thomas Halbeisen, and Kevin Lane, "Why Leadership-Development Programs Fail," *McKinsey Quarterly*, January 2014.
4. このリストは以下から取った。Claudio Fernandez-Araoz, Andrew Roscoe, and Kentaro Aramaki, "Turning Potential into Success: The Missing Link in Leadership Development," *Harvard Business Review*, November–December 2017, 88. (クラウディオ・フェルナンデス＝アラオス、アンドリュー・ロスコー、荒巻健太郎「潜在能力を開花させる経営リーダーの育成法　現在のコンピテンシー水準とのギャップを埋めよ」DIAMONDハーバード・ビジネス・レビュー2018年2月号)
5. Joseph Rosenbloom, "Martin Luther King's Last 31 Hours: The Story of His Final Prophetic Speech," *The Guardian*, April 4, 2018.

com/2009/12/vox-populi-sir-francis-galton.html

8. やや専門的な話かもしれないが、「ドライバー分析」なるものには用心してほしい。
ドライバー分析では調査作成者が、調査で測定しようとしている概念（たとえば従業員エンゲージメント）に関わる多くの質問項目を列挙したうえで、最後に少数の要約的な質問項目（たとえば「この会社で働けることを誇りに思っている」「この会社にあと１年勤めるつもりだ」など）をつけ加える。作成者は、続いて調査のどの質問項目が、要約項目を「ドライブ（駆り立てる）」のかを調べるドライバー分析を行い、最終的に「これこれの質問項目が従業員エンゲージメントを高める要因（ドライバー）である」と宣言する。その根拠は、それら項目のスコアが高い人たちは、要約項目のスコアも高いからだという。

これは一見、有効なデータに基づく結論のようだが、ほとんど役に立たない。現実世界での行動を駆り立てる要因は、１回限りの分析では知ることはけっしてできない。たんに、調査の前のほうで特定の項目に高めのスコアをつけた人たちが、調査のあとのほうでほかの項目にも高いスコアをつけたことを明らかにするだけだ。この結論は技術的にいえば妥当性があるが、ほとんど意味がない。
9. イギリスの科学者で、とくに絶対零度の値を定義したことで知られ、測定（と温度計）に一家言あったはずのケルビン卿（ウィリアム・トムソン）は、こんな名言を残している。「物理科学においては、何を学習するにあたっても、数値計算の原理と、それと関係のある何らかの性質を実際に測定する方法を見つけることが、重要な第一歩になる。私はいつもこういっている。何かを測定することができ、それを数字で表すことができて初めて、それについて何かを知っているということができる。だが何かを測定できず、数値で表すこともできなければ、それについてあなたが持っている知識は貧弱で不十分だ。それは知識の始まりかもしれないが、対象が何であれ、あなたの思考は科学の段階には進んでいない」。サー・ウィリアム・トムソンが 1883 年５月３日にイギリス土木技師学会で行った講演「測定の電気単位」より。講演は以下に掲載されている。*Popular Lectures and Addresses, vol. 1, Constitution of Matter* (London: Macmillan and Co., 1889), 73.
10. また、同僚があなたのパフォーマンスをどう考えているかを知りたい場合も、このアプローチを利用して、よりよい 360 度評価ツールを設計できる。その際、これまで説明してきたように、同僚に自分自身の感情や経験を評価させる質問を考えなくてはならない。だがそれだけでなく、データ充足性に関わる２つの問題に答えを出す必要がある。第一に、あなたを適切に評価できるのは誰で、何人から回答を得る必要があるか？　第二に、回答者がよいデータを提供できるほどあなたの仕事を十分理解しているかどうかをどうやって判断するか？　これらは一筋縄ではいかない問題だ。

ウソ＃７　人には「ポテンシャル」がある

1. Douglas A. Ready, Jay A. Conger, and Linda A. Hill, “Are You a High Potential?” *Harvard Business Review*, June 2010.（ダグラス・A・レディ、ジェイ・A・コンガー、リンダ・A・ヒル「あなたは企業に選ばれた存在か　ハイ・ポテンシャル人材の条件」DIAMOND ハーバード・ビジネス・レビュー 2010 年 12 月号）
2. これに関する優れた議論は以下を参照のこと。Ken Richardson and Sarah H. Norgate, “Does IQ Really Predict Job Performance?” *Applied Developmental Science* 19, no. 3 (2015): 153.

Adult, 2002).
6. Richard Boyatzis, “Neuroscience and Leadership: The Promise of Insights,” *Ivey Business Journal*, January/February 2011.
7. 前掲書
8. Rick Hanson, “Take in the Good,” https://www.rickhanson.net/take-in-the-good/
9. 最近のある研究によれば、これにはそもそもネガティブなフィードバックを聞かずにすむように、あまり批判的でないソーシャルネットワークを探すことも含まれる。以下を参照のこと。Scott Berinato, “Negative Feedback Rarely Leads to Improvement,” *Harvard Business Review*, January–February 2018.
10. David Cooperrider and Associates, “What Is Appreciative Inquiry?”https://www.davidcooperrider.com/ai-process/
11. John M. Gottman and Nan Silver, *The Seven Principles for Making Marriage Work: A Practical Guide from the Country's Foremost Relationship Expert* (New York: Crown Publishers, 1999)(ジョン・M・ゴットマン、ナン・シルバー著、松浦秀明訳『愛する二人別れる二人――結婚生活を成功させる七つの原則』第三文明社、2000年); and Barbara L. Fredrickson, “The Broaden-and-Build Theory of Positive Emotions,” Philosophical Transactions of the Royal Society B: Biological Sciences 359, no. 1449 (2004): 1367.
12. 以下を参照のこと。https://www.chronicle.com/blogs/percolator/the-magic-ratio-that-wasnt/33279
13. Barbara L. Fredrickson, “The Role of Positive Emotions in Positive Psychology: The Broaden-and-Build Theory of Positive Emotions,” *The American Psychologist* 56, no. 3 (2001): 218.

ウソ#6　人は「他人」を正しく評価できる

1. Robert J. Wherry Sr. and C. J. Bartlett, “The Control of Bias in Ratings: A Theory of Rating,” *Personnel Psychology* 35, no. 3 (1982): 521; Michael K. Mount et al., “Trait, Rater and Level Effects in 360-Degree Performance Ratings,” *Personnel Psychology* 51, no. 3 (2006): 557; and Brian Hoffman et al., “Rater Source Effects Are Alive and Well after All,” *Personnel Psychology* 63, no. 1 (2010): 119.
2. Steven E. Scullen, Michael K. Mount, and Maynard Goff, “Understanding the Latent Structure of Job Performance Ratings,” *Journal of Applied Psychology* 85, no. 6 (2000): 956.
3. より正確にいえば、対象者の個人的なパフォーマンスと直接関連づけることができたのは、評価のばらつきの16%にすぎず、残りの84%は評価者自身の性格を反映していた。
4. Hoffman et al., “Rater Source Effects Are Alive and Well after All.”
5. この定義はフィナンシャル・タイムズ紙のもので、以下で読むことができる。http://lexicon.ft.com/Term?term=business-acumen (2018年2月17日取得)
6. James Surowiecki, *The Wisdom of Crowds* (New York: Anchor Books, 2005).(ジェームズ・スロウィッキー著、小髙尚子訳『「みんなの意見」は案外正しい』角川文庫、2009年)
7. ゴルトンがこの発見を記した手紙の原文は、以下で読むことができる。“Vox Populi-Sir Francis Galton,” The Wisdom of Crowds blog, http://wisdomofcrowds.blogspot.

2. Teresa Amabile and Steven Kramer, *The Progress Principle: Using Small Wins to Ignite Joy, Engagement, and Creativity at Work* (Boston: Harvard Business Review Press, 2011).（テレサ・アマビール、スティーブン・クレイマー著、樋口武志訳『マネジャーの最も大切な仕事――95% の人が見過ごす「小さな進捗」の力』英治出版、2017 年）
3. マーク・ザッカーバーグによる 2018 年 1 月 11 日のフェイスブック投稿。https://www.facebook.com/zuck/posts/10104413015393571
4. Cammie McGovern, "Looking into the Future for a Child with Autism," New York Times, August 31, 2017.

ウソ＃4　最高の人材は「オールラウンダー」である

1. 次の動画を参照のこと。 https://www.youtube.com/watch?v=ch-vWyK2yJs
2. Stephen Pile, *The Ultimate Book of Heroic Failures* (London: Faber and Faber, 2011), 115.
3. デイビッド・オースティン監督による 2017 年のドキュメンタリー、「ジョージ・マイケル：フリーダム」に出演時の発言。
4. "IBM Kenexa Core (Foundational) Skills and Competencies: A Framework with Core Skills Required for General Job Roles," IBM Corporation, 2015.
5. 以下を参照のこと。https://performancemanager4.successfactors.com/doc/roboHelp/12-Getting_Familiar_With_PA_Forms/ph_wa_use.htm (retrieved 8/25/18)
6. たとえば、2016 年ニューロリーダーシップ・サミットにおけるロバート・キーガン博士の講演など。この講演は以下で視聴することができる。https://neuroleadership.com/bob-kegan-feedback/
7. Walter Isaacson, *Steve Jobs* (New York: Simon & Schuster, 2011), 42.（ウォルター・アイザックソン著、井口耕二訳『スティーブ・ジョブズ I・II』講談社＋α文庫、2015 年）
8. この物語は以下のすばらしい本に詳しい。Todd Rose, *The End of Average: How We Succeed in a World That Values Sameness* (New York:HarperCollins, 2016).（トッド・ローズ著、小坂恵理訳『ハーバードの個性学入門――平均思考は捨てなさい』〔ハヤカワ・ノンフィクション文庫〕早川書房、2019 年）。ここに要約を載せることを許可してくれたトッド・ローズに感謝する。
9. 正確にいうと、ある集団の平均的な性質が、その集団内のだれか 1 人の個人に当てはまったという証拠はなかった。

ウソ＃5　人は「フィードバック」を求めている

1. 以下で見ることができる。 https://www.youtube.com/watch?v=EqVyHMtSvFE
2. Ray Dalio, *Principles* (New York: Simon & Schuster, 2017).（レイ・ダリオ著、斎藤聖美訳『PRINCIPLES（プリンシプルズ）人生と仕事の原則』日本経済新聞出版社、2019 年）
3. Adam Grant, "Billionaire Ray Dalio Had an Amazing Reaction to an Employee Calling Him Out on a Mistake," *Business Insider*, February 2, 2016.
4. Brian Brim and Jim Asplund, "Driving Engagement by Focusing on Strengths," *Gallup Business Journal*, November 12, 2009.
5. Joseph LeDoux, *Synaptic Self: How Our Brains Become Who We Are* (New York: Viking

脚　注

はじめに

1. "23 Economic Experts Weigh In: Why Is Productivity Growth So Low?" Focus Economics, accessed November 10, 2018, https://www.focus-economics.com/blog/why-is-productivity-growth-so-low-23-economic-experts-weigh-in（アクセス確認日 2018 年 11 月 10 日）

ウソ＃1　「どの会社」で働くかが大事

1. 1つだけ例を挙げると、最近のハーバード・ビジネス・レビューの論文によれば、文化には8つの特性（学習、目的意識、思いやり、秩序、安全性、権力、結果志向、楽しさ）があり、それぞれの特性は全社的に測定可能であり、会社はいくつかの特性の組み合わせを全社的な文化に取り入れることができ、会社の将来を担うリーダーを選抜する際には、彼らの本来の性質と、目指す企業文化との親和性を基準に評価することが重要だという。Boris Groysberg et al., "The Leader's Guide to Corporate Culture," *Harvard Business Review*, January–February 2018.（ボリス・グロイスバーグ他「変革は企業文化に従う」DIAMOND ハーバード・ビジネス・レビュー 2018 年 5 月号）
2. Edmund Burke, *Reflections on the Revolution in France* (London: James Dodsley, 1790).（エドマンド・バーク著、佐藤健志訳『【新訳】フランス革命の省察　「保守主義の父」かく語りき』ＰＨＰ研究所、2011 年）
3. Yuval Noah Harari, *Sapiens: A Brief History of Humankind* (London: Harvill Secker, 2014).（ユヴァル・ノア・ハラリ著、柴田裕之訳『サピエンス全史（上）（下）』河出書房新社、2016 年）
4. Yuval Noah Harari, *Homo Deus: A Brief History of Tomorrow* (London: Harvill Secker, 2016).（ユヴァル・ノア・ハラリ著、柴田裕之訳『ホモ・デウス　テクノロジーとサピエンスの未来（上）（下）』河出書房新社、2018 年）

ウソ＃2　「最高の計画」があれば勝てる

1. Stanley McChrystal et al., *Team of Teams: New Rules of Engagement for a Complex World* (New York: Penguin, 2015).（スタンリー・マクリスタル、タントゥム・コリンズ、デビッド・シルバーマン、クリス・ファッセル著、吉川南、尼丁千津子、高取芳彦訳『TEAM OF TEAMS〈チーム・オブ・チームズ〉』日経BP、2016 年）
2. *The Battle of Britain, August–October 1940: An Air Ministry Record of the Great Days from 8th August–31st October, 1940* (London: H.M. Stationery Office, 1941)
3. McChrystal, *Team of Teams*, 216.
4. 前掲書, 217.
5. 米国産業・組織心理学会（SIOP）2017 年度年次大会で発表されたシスコのデータ。

ウソ＃3　最高の企業は「目標」を連鎖させる

1. Lisa D. Ordóñez et al., "Goals Gone Wild: The Systematic Side Effects of Overprescribing Goal Setting," *Academy of Management Perspectives* 23, no. 1 (2009): 6.

【著　者】

マーカス・バッキンガム

人々の強みを解き放ち、パフォーマンスを高め、未来の仕事のあり方を示すことに全力を尽くす、「最も影響力のある経営思想家ベスト50」に選出された世界的研究者、思想リーダー。ＡＤＰリサーチ・インスティテュートで「ピープル＆パフォーマンス」に関わるすべての調査を指揮する。
著書に『さあ、才能に目覚めよう』（ドナルド・O・クリフトンとの共著、田口俊樹訳、2001年、日本経済新聞出版社）、『最高のリーダー、マネジャーがいつも考えているたったひとつのこと』（加賀山卓朗訳、2006年、日本経済新聞出版社）など、ベストセラー多数。

アシュリー・グッドール

シスコのリーダーシップ・アンド・チームインテリジェンス部門担当シニアバイスプレジデント。前職ではデロイトのディレクター兼最高人材育成責任者を務めた。
マーカス・バッキンガムとの共著に、「社員の成長につながる人事評価システムをつくる」（DIAMONDハーバード・ビジネス・レビュー、2015年10月号）などがある。

【訳　者】

櫻井祐子（さくらい・ゆうこ）

翻訳家。京都大学経済学部経済学科卒、大手都市銀行在籍中にオックスフォード大学大学院で経営学修士号を取得。訳書に『1兆ドルコーチ』（ダイヤモンド社）、『NETFLIXの最強人事戦略』（光文社）、『選択の科学』（文藝春秋）、『OPTION B 逆境、レジリエンス、そして喜び』（日本経済新聞出版社）などがある。

NINE LIES ABOUT WORK
仕事に関する9つの嘘

2020年6月30日　初版発行
2020年7月1日　第2刷発行

著者　マーカス・バッキンガム、アシュリー・グッドール
訳者　櫻井祐子
発行人　植木宣隆
発行所　株式会社サンマーク出版
東京都新宿区高田馬場2-16-11
電話　03-5272-3166
印刷　中央精版印刷株式会社
製本　株式会社村上製本所

定価はカバー、帯に表示してあります。落丁、乱丁本はお取り替えいたします。
ISBN978-4-7631-3816-3 C0030
ホームページ　https://www.sunmark.co.jp